술과 장미의 나날

Days of Wine and Roses

술과 장미의 나날

이종학 지음

사실 인생이란 게 그리 대단치 않다.
　　때로는 한 잔의 술이 주는 위안만으로도
　더없이 행복해질 수 있으니 말이다.

prologue

술과 함께 인생은
오블라디 오블라다!

왜 술을 마시냐는 질문에 대한 대답은, 세상에 존재하는 모든 묘비명만큼이나 다양하다. 누군가는 즐겁기 위해, 누군가는 슬프기 위해, 또 누군가는 무언가를 잊기 위해, 사람들은 수많은 이유를 들어가며 술을 마신다. 하지만 대부분의 경우 그저 습관적으로 마신다는 것이 정답일 듯하다. 매일 마시지 않더라도 이 사람을 만나면 늘 술자리로 이어졌으니까, 혹은 오늘은 왠지 한잔 생각이 나니까 하는 식으로 핑계는 끝이 없다.

우리나라만의 특성도 무시할 수 없다. 동북아 3국을 비교하면 집에 손님이 왔을 때 중국은 요리를, 일본은 차를 대접한다. 그러나 우리는 항상 술상을 봐왔다. 우리 식탁에 오르는 반찬이며 요리 대부분이 그대로 안주로 쓰일 수 있는 점이 이를 증명한다. 예전부터 우리 민족이 음주가무에 능했다는 기록도 많다. 동네 곳곳에 노래방이 이처럼 많고, 술집이 즐비한 것도 이런 전통과 무관하지 않을 것이다. 실제로 술 소비량을 체크해보면, 우리나라의 술 소비 순위는 상당히 높은 편이다.

그런데 요즘 젊은이들을 보면 의외로 술이나 담배를 하지 않는 경우가 많다. 다만 여성 음주자들이 급속도로 늘어나는 것은 주목할 만하다. 여성 음주자들이 늘어난 탓인지 전반적인 술 소비 패턴도 독주보다는 맥주나 와인, 최근에는 막걸리에 이르기까지 주로 약주 계통의 소비가 늘었다고 한다. 덕분에 과거와는 달리 강압적이고 폭력적인 음주문화에서는 많이 벗어나리라고 본다.

사실 음주는 폐해가 참 많다. 하지만 꼭 술이 아니더라도 인간이라는 종족은 무엇인가에 중독되는 일이 잦은 것 같다. 마약이나 도박, 흡연은 물론이고, 이성(異性), 자동차, 오디오, 카메라, 여행 등 중독의 대상들은 무궁무진하다. 정도의 차이는 있겠지만, 일단 한 번 중독이 되면 일상생활의 리듬이 깨지고, 인간관계며 사회적인 관계를 깨트리게 하는 요소들이 주변에 허다하다. 물론 이런 유혹을 뿌리치고 '착하게' 사는 것이 정답일 수도 있겠으나, 술도 안 마시고 담배도 안 피고 여행도 안 가고 로맨스에조차 무관심하다면 나는 그런 사람에게 이렇게 되묻고 싶다. "그대, 과연 삶의 이유가 무엇인가!"

다행히 중독에 빠지게 하는 다양한 요소들 가운데 우리 사회에서는 술에 대해 비교적 관대한 편이다. 술은 매일 먹어야 하는 음식과 제일 잘 어울리기도 하거니와, '술꾼=호인'이라는 선입관도 있다. 일종의 낭만이 스며 있다고나 할까.

술에 대한 약간의 이해나 지식을 더한다면 술자리는 더욱 풍성하고 즐거워질 것이다. 술 안에는 역사, 문화, 교양, 지식, 예술 등 다양한 요소들이 녹아 있다. 그런 면들을 알게 되면 술을 더 소중히 다루게 된다. 함부로 마시지 않고, 함부로 취하지 않게 된다. 또 술자리에서 그런 지식들을 화제로 삼을 수 있으니, 이래저래 득이 아닌가.

교양이라는 것이 과거에는 철학, 문학, 역사, 클래식 등에 국한된 용어였지만, 지금은 영화, 재즈, 여행, 요리, 와인 등도 다양하게 포함된다. 특히나 술은 우리 주변을 감싸고 있는 공기나 음식과 같아서 늘 만날 수 있고, 손을 뻗으면 닿는 존재다. 나는 이런 흔한 것에서부터 추억과 감상, 교양을 끌어내고 싶었다. 그것이 이 책을 쓰게 된 결정적인 이유이다.

돌이켜보면, 최근 10여 년간은 술독에 빠져 살았다고 해도 과언이 아닐 만큼, 거의 매일 술을 마셨다. 내게 불어닥친 뜻하지 않은 불행과 좌절이 음주의 가장 큰 원인이었지만, 습관이 된 이후에는 좀처럼 떼어낼 수 없었다. 덕분에 체중도 불었고, 혈압이니 뭐니 많은 부분을 신경 써야 하는 처지가 되었다. 그럼에도 이런 책을 쓸 수 있었던 것은, 그간 술이 준 위안과 기쁨이 너무나 컸기 때문이다.

이제는 예전처럼 매일 마음껏 술을 마시지 못한다. 누군가 인생 최고의 전성기는 원하는 만큼 마시고도 다음날 멀쩡할 때라고 했는데 비록 술꾼으로서의 전성기는 지났지만, 그 덕분에 마음을 가다듬고 관조할 수 있는 여유를 얻었다. 그래서 이렇게 펜을 든 것이리라.

이 책은 내게 일종의 고백록도 되겠고, 진술서도 되겠다. 그러나 절대로 음주를 권하고, 술을 예찬하기 위한 목적으로 쓰지는 않았다. 술이 나의 인생에서 절묘한 역할을 한 것은 인정하지만, 술이 전부인 것은 절대 아니었음도 고백한다. 그러나 술이 있었기에 나의 인생이 더 흥미롭고, 즐거웠었다는 점을 독자들이 알아줬으면 하는 바람이다.

이 책은 크게 문학, 영화, 여행, 음악의 네 가지 항목으로 구성되어 있다. 하나하나가 내 삶의 파편인 동시에 함께 공유할 수 있는 체험이라고 생각한다. 아마 누가 읽던 간에 이 중에서 몇 개 정도는, 그래, 나도 그랬지, 라며 무릎을 칠 것이다. 그런 분들이 많다면, 이 책을 쓴 나의 의도는 꽤 성공적이라고 할 수 있지 않을까.

이 책은 출간 과정에서 참으로 많은 난관을 겪었다. 다행히 결과물이 흡족하게 나올 수 있어서 흐뭇하고 감사하다. 무엇보다 이 책을 만들어주신 시공사의 이동은 주간과 김기남 에디터를 비롯해, 이 원고의 가치를 인정하고 강력하게 추천해준 나혁진 씨, 김동완 씨, 김표향 씨 모두에게 감사드린다. 이 책에 등장하는 많은 여행과 요리는 '식신'이라고 표현된 (주)D.S.T. 코리아 이훈구 대표의 덕인데, 여기서 감사의 마음을 전한다. 그 외에도 수많은 술자리를 함께해준 모든 이들에게 고마움을 전한다. 그들이 있었기에 숱한 에피소드가 있을 수 있었다. 여기서 일일이 열거할 수는 없지만, 이 마음만큼은 꼭 알아줬으면 싶다.

마지막으로 이 책을 구매하는 독자들과 세상의 많은 술꾼들에게 엎드려 절을 하고자 한다. 그리고 한 가지 당부를 드린다. 맥주건 와인이건 술 한 잔을 들고 이 책을 읽어줬으면 더할 나위 없이 즐거울 것이다. 사실 인생이란 게 그리 대단치 않다. 때로는 한 잔의 술이 주는 위안만으로도 더없이 행복해질 수 있으니 말이다. 오블라디 오블라다 라이프 고즈 온(Obladi oblada life goes on). 인생은 또 이렇게 흘러간다. 자, 건배를 들자!

이종학

contents

prologue 술과 함께 인생은 오블라디 오블라다! …5

Story 1. literature

터프가이 헤밍웨이를 사로잡은 샤토 마고의 우아함 …17
와인을 맞추는 평론가의 독특한 재주 …27
좋은 와인은 신의 영역에서 빚어진다 …39
무라카미 하루키가 맥주 애호가가 된 까닭 …53
버번 한 잔과 하드보일드 원더랜드 …65
사타케도 유혹할 조니워커의 향기 …77
캡슐로 된 술을 마시는 시대를 상상하며 …87

Story 2. movie

비행기에서 즐기는 진 토닉의 묘미 …99
가난한 무명작가가 생의 최후에 선택하는 와인 …111
이탈리아 영화 속에 숨어 있는 소박한 명주, 비노 다 타볼라 …123
좋아할 수밖에 없는 그녀, 장쯔이 …123
그녀는 마르가리타를 좋아해 …149
〈캘리포니케이션〉에서 만난 세기말의 작가와 압생트 …163
제임스 본드의 섹시한 파트너, 칵테일 …173

Story 3. music

드럼의 신 엘빈 존스의 뮤즈, 기린 온더락 …187
클럽 해방구의 필요충분조건 …199
도쿄=재즈=사케 …213
LP와 같은 순수한 소주를 기다리며 …223
로버츠 라디오를 통해 깨달은 다양성의 미덕 …237
위스키엔 체스의 블루스를, 와인엔 나폴리의 칸초네를 …249

Story 4. travel

위아더월드, 소맥 레시피 …263
노천탕 속 사케의 감미로운 속살 …275
생맥주가 가장 맛있는 그곳 …287
재즈의 성지에서 마시는 샘 애덤스 한 병 …299
처음으로 사랑했던 맥주, 하이네켄 …311
맨유의 승리와 아쭈로 맥주의 상관관계 …323

술 과 문 학 이 야 기

Story one.
literature

헤밍웨이는 처음에 여성적이고 섬세하고 연약한 와인에
큰 매력을 느끼지 못하고, 거부감을 가졌다.
그러나 차츰 와인에 빠져들었는데, 특히 샤토 마고에 매혹되어,
자신의 손녀딸 이름을 마고로 짓기도 했다.

literature

터프가이 헤밍웨이를 사로잡은
샤토 마고의 우아함

    중학교에 들어와 우연히 『무기여 잘 있거라』를 읽은 것이 화근이었다. 겨울방학 때로 기억하는데, 할 일도 별로 없고, 공부와는 담을 쌓은 터라, 학원을 빼먹고 소일거리로 집어든 것이 바로 이 책이었다. 삼중당문고에서 나온 문고본으로 읽었는데 글자가 깨알처럼 작아서 지금이라면 집중하고 읽기는 힘들었을 것이다.

    꽤 분량이 나가는 이 소설을 단숨에 독파한 것은, 무엇보다 큰 스케일의 무대를 배경으로 한 애잔한 로맨스 때문이 아닐까 싶다. 비록 작은 문고본이지만, 이 안에 들어있는 세계는 결코 작지 않았다. 제1차 세계대전과 같은 큰 전쟁이 생생한 현장감으로 다가오는 데에 압도적인 박력을 느꼈다면, 이와 대조적인 비극적인 로맨스는 마음을 아프게 했다. 특히 사랑하는 여인을 잃고 나서 숙소로 터벅터벅 돌아오는 주인공을 묘사하는 대목은 숱하게 고쳐 쓴 것이라 하는데, 지금 다시 읽어도 뭔가 마음을 사로잡는 구석이 있다. 10대 중반의 소년이 벅찬 가슴으로 다음 페이지를 넘기는 순간을 가질 수 있는 것은 독서만이 갖는 커다란 힘이 아닐까 싶고, 지금까지 계속 책을 붙들게 하는 이유라고도 생각한다.

이때 단단히 필이 꽂혀서 이후 『해는 또 다시 떠오른다』 『누구를 위하여 종은 울리나』 『노인과 바다』 등을 연거푸 읽었다. 헤밍웨이의 최고작은 『노인과 바다』로 꼽히지만 실은 그의 숨은 작품이 내 마음에 와 닿았다. 최초의 단편집 『우리 시대에』라던가 투우에 관해 쓴 『위험한 여름』, 파리에서 지내던 젊은 시절을 회상한 『파리에서 보낸 7년』 등이 그것들이다. 특히 파리 시절을 다룬 책을 보면, 한겨울에 땔감이 없어 아내와 함께 벌벌 떨며 지내다가도 돈만 들어오면 카페며 술집을 찾는 대목이 참 인상적이다. 그 와중에 고급 레스토랑에서 가족을 데리고 우아하게 식사를 하고 있는 제임스 조이스를 질투하는 대목도 흥미롭다. 당시 조이스는 전 세계가 주목하고 있는 거물이었고, 헤밍웨이는 종군기자 신세에 불과한 애송이였다. 물론 이런 질투가 나중에 그를 대작가로 만들었는지 모르지만 말이다.

헤밍웨이는 노벨문학상 수상 작가로 유명하지만, 사냥이나 여행도 무척이나 좋아해서 독특한 패션으로도 유명했다. 이른바 사파리룩이라고 하는 스타일이다. 헤밍웨이는 아프리카 사바나 지역에 어울릴 법한 사파리를 즐겨 입었는데, 무엇보다 팔뚝 부분의 소매에 담배를 넣을 수 있는 독특한 호주머니를 달아서 주목을 받았다. 실제로 헤밍웨이의 사진을 보면, 서재에 앉아 글을 쓰거나 책을 읽는 것보다는 아프리카나 쿠바 같은 원시적인 지역에서 사파리룩 차림새로 서 있는 모습이 더 많다. 상당히 강인한 인물임에는 틀림없다.

그의 초기 단편을 보면 술꾼 아버지가 등장한다거나 독한 술에 찌들어 알코올중독자로 폐인이 된 인물들이 숱하게 나온다. 이런 작품을 읽고 있으면, 술이란 참 위험한 것이구나 하는 경각심과 그래도 한 잔 정도는 괜찮겠지 하는 유혹 사이에서 오락가락하는 스스로를 발견하게 된다. 헤밍웨이가 쓴 전설적인 단편으로 꼽히는 『킬러』도 그 시작이 동네의 작은 바(Bar)다. 낯선 사내 둘이서 술을 시키는 장면이 첫 장면인데, 점차 그들의 정체가 드러나면서 초반부의 가벼운 농담이 무서운 진담으로 바뀌는 대목이 일품이다. 이것을 소재로 버트 랭카스터 주연의 영화도 만들어지기도 했다.

남성적인 에너지가 물씬 풍기는 이미지를 갖고 있는 헤밍웨이가 와인을 만나게 된 것은 유럽에 온 뒤부터다. 헤밍웨이는 처음에 여성적이고 섬세하고 연약한 와인에 큰 매력을 느끼지 못하고, 거부감을 가졌다고 한다. 그러나 차츰 와인에 빠져들어 어느새 애호가가 되고 말았다. 특히 샤토 마고에 매혹되어, 자신의 손녀딸 이름을 마고로 짓기도 했다. 불행은 여기서 시작된다. 헤밍웨이의 손녀딸이라는 배경을 갖고 헐리우드에 진출한 마고였지만, 피는 속이지 못하는 듯 그녀도 술로 날밤을 새기 일쑤였다.

결국 데뷔 초의 탄력 있는 몸매도 점차 무뎌지기 시작하더니 알코올중독자 특유의 둥글둥글한 술살이 붙어 캐스팅은커녕 정상적인 인간관계조차 힘든 지경이 되었다. 결국 조부가 남긴 유산을 모두 술로 탕진한 그녀는 1996년, 산타모니카에 있는 초라한 자택에서 혼자 쓸쓸히 죽고 말았는데, 그 시체조차 한참 시간이 지난 후 발견되었다고 한다. 겨우 마흔 다섯에 불과한 나이였다. 와인 이름을 붙여준 조부를 원망하지 않을 수 없는 운명인 셈이다. 물론 모든 게 마고라는 이름을 붙인 때문이라고 말하고 싶지는 않다. 아마 태생적으로 알코올 친화적인 피가 흐르고, 예술가의 감성이 강했기 때문에 어쩔 수 없이 이런 길에 접어들지 않았을까 판단해본다. 그렇다고는 해도 너무나 말년이 비참해서, 샤토 마고를 볼 때마다 약간 우울해지는 것이 사실이다. 차라리 그녀의 이름에 루시나 안나와 같은 평범한 이름을 붙였다면, 전형적인 미국 중산층의 평온한 삶을 살지 않았을까 한 번쯤 생각하게 된다.

샤토 마고는 그 명성만큼이나 파란만장한 이력을 갖고 있는 와인이다. 이 지역은 16세기 레스토냑 가문에 의해 개발되어 좋은 평판을 얻은 곳이다. 특히 1954년 샤토 오브리옹을 소유한 폰탁 가문과 연을 맺으면서 두 샤토 모두 보르도를 대표하게 되었다.

와인의 역사에서 18세기는 획기적인 전환기다. 특히 베를롱이라는 인물의 농업 개혁으로 포도 재배와 와인 제조에 있어 엄청난 변화를 맞이한다. 사실 18세기 말 샤토 마고의 명성은 이미국제적으로 널리 퍼져 있었다. 1771년 런던 크리스티 경매에서 보르도 와인 중 특등급에 해당하는 '퍼스트 클라레' 평가를 얻어냈고, 1787년 보르도를 방문한 토머스 제퍼슨 대통령으로부터 보르도를 대표하는 4대 와인이라는 찬사도 받았다. 그러니 1855년 제정된 보르도 등급 심사에서 4대 프리미어 크뤼로 뽑힌 것은 우연이 아니다.

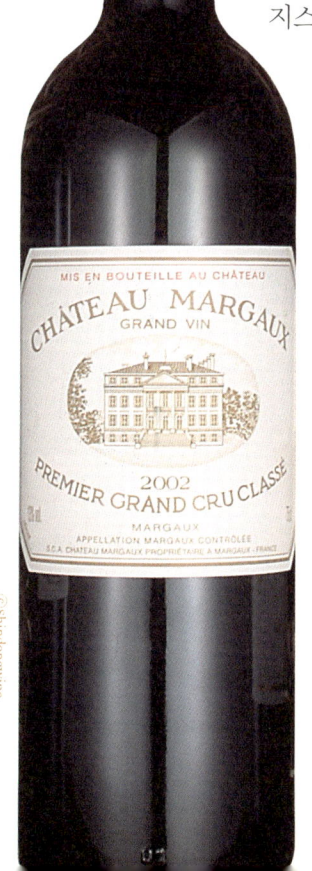

하지만 이런 명성에도 불구하고 샤토 마고의 소유주들은 항상 불행했다. 프랑스 대혁명이 일어나던 무렵의 소유주였던 엘리에 뒤 배리는 단두대의 이슬로 사라졌다. 그 후 평범한 농부에서 스페인의 귀족에게 그 다음에는 와인 브로커에게 팔리는 등 소유주가 계속 바뀌었다. 결국 1976년 지스카르 데스탱 대통령 시절에 프랑스 정부가 샤토 마고를 일종의 국보로 평가하여 좋은 투자자를 유치한 결과 펠릭스 포탱에게 소유권이 넘어가면서 안정을 되찾는다.

샤토 마고는 보르도 프리미어 크뤼 중에서 가장 여성적이고 섬세하여 여성이나 일본인들의 사랑을 많이 받는 와인이다. 하지만 그 지난하고 굴곡진 역사를 생각하면 그 맛이 마냥 달콤하지는 않다. 그러니 마고라는 이름을 타고난 헤밍웨이의 손녀딸이 겪은 불운은 어쩌면 당연한 일일지도 모르겠다.

샤토 마고를 전 세계에서 가장 사랑하는 인물

로 배우 잭 니콜슨을 꼽을 수 있다. 그 역시 터프가이이자 마초리스트에 충분히 오를 만한 사람이다. 사실 샤토 마고는 결코 저렴한 와인이 아니다. 아무리 잘 구한다 하더라도 빈티지가 나쁘면 50여만 원쯤 하고, 일반적인 것은 100만 원을 호가한다. 괜찮은 빈티지라 하면 500만 원도 너끈히 받을 것이다.

그런데 잭 니콜슨은 자신의 저택 지하를 샤토 마고로만 가득 채울 정도로 대단한 컬렉션을 자랑한다고 한다. 물론 평상시 마시는 것도 샤토 마고이다. 누가 그를 초대할라치면 이 와인부터 준비하는 것이 관례가 되었다. 샤토 마고 본사에서도 이를 감안하여, 잭 니콜슨을 특별 관리 손님으로 다룬다고 하니 그의 명성에 새삼 감탄하게 된다. 이쯤되면 헐리우드 스타가 좋긴 좋은 모양이다. 마고를 음료수처럼 마실 수 있으니 말이다. 나는 그의 모든 명성보다 그의 카브에 있는 샤토 마고가 제일 탐이 난다. 나는 딱 한 번 샤토 마고를 마셔본 적이 있다.

와인을 마시면서 즐거운 것은, 마치 귀족이라도 된 듯 멋을 부리며 교양이 섞인 대화를 나눌 수 있다는 점이다. 다소 캐주얼한 맥주나 권위적인 위스키, 솔직한 소주, 걸죽한 막걸리와는 차별화되는 대목이다.

얼마 전, 자주 가는 강남의 와인 바에서 지인 몇 명과 술자리를 가진 적이 있다. 명색이 와인 애호가라는 사람들인지라, 한껏 멋을 부리며 나름대로 와인에 관한 지식을 은근히 자랑하고 있는데, 와인만 갖고도 하룻밤이 모자랄 정도의 방대한 정보량에 질려버렸다. 하긴 오디오건 카메라건 자동차건 극에 다다르면 이런 경지에 이르게 되니 그리 새삼스런 일은 아니다. 그러다 과연 어느 와인이 최고인가를 두고 말다툼이 붙었다. 물론 이것은 비틀즈와 롤링스톤즈 중 누가 위대하냐, 비욘세와 샤키라 중 누가 더 섹시하냐와 같은 이야기지만, 당사자들은 목숨을 걸만큼 중대한 사안이다.

그러다 보니 결국 일반적인 랭킹에 도달할 수밖에 없었는데, 참고로 소개하면 1등은 로마네 콩티, 2등은 페트뤼스, 3등은 샤토 라피트 등의 순서다. 정작 싸움이 붙은 당사자들은 이 객관적인 랭킹에도 불만이 많은 모양이다. 그래도 똑같이 좋아하는 와인이 있었으니 바로 샤토 마고였다. 한때는 다른 회사에 팔려 비실비실한 것들을 만들다가 극적으로 부활해서 예전의 명성을 되찾은 이 와인에 대한 이야기는 아직도 끝나지 않은 것이다.

터프가이의 대명사 헤밍웨이가 샤토 마고를 좋아했다는 것은 얼핏 『왓스 마이클』이란 만화에 등장하는 야쿠자 두목을 연상하게 한다. 지독하게 고양이를 좋아하지만 체면상 밖으로 내세울 수 없는 처지이므로, 혹 누가 이런 취미를 발견할까봐 늘 전전긍긍하는 모습 말이다. 따지고 보면 헤밍웨이 소설에는 전쟁만 등장하지 않는다. 무엇보다 상냥하고 우아한 여인이 나오고, 그런 우아한 아름다움이 주인공을 사로잡아 세기의 로맨스로 이어진다. 처음에 헤밍웨이의 소설을 접한 내가 무엇보다 끌린 것은 바로 이런 여주인공들 때문이다. 그 여주인공들의 이미지에서 샤토 마고를 떠올리는 것은 자연스러운 일이 아닐까?

보르도 와인 중 최상급으로 꼽히는 것을
그랑 크뤼(Grand Crus)라고 부른다. 그랑 크뤼 중 1등급은
다섯 개에 불과한데, 이 중 샤토 무통 로쉴트는
매년 다른 화가들의 작품을 라벨로 사용해서 인기가 높다.

literature

와인을 맞추는
평론가의 독특한 재주

나는 추리소설을 통해 작가로서 발을 내디딘 만큼 20대 시절에 많은 추리소설을 읽었다. 그중에 기억나는 작가로 헨리 슬래서가 있다. 그는 빼어난 단편을 많이 남겼을 뿐 아니라, 지독한 재즈광이기도 해서 약 3천여 개의 재즈 LP를 컬렉션해 들으면서 집필한 것으로 알려졌다. 재즈와 추리소설, 그리고 영화. 이 셋은 어떤 비슷한 점이 있는 것 같다. 여기에 한 가지를 더할 수 있다면 바로 술을 꼽을 수 있다. 특히 추리소설은 자연스레 버번위스키를 떠올리게 한다. 그러나 사실 와인도 버번위스키를 능가할 만큼 추리문학과 깊은 관련이 있다.

여기서 잠깐 와인에 관련한 재미있는 상식 하나를 알고 가자. 영어에서는 보통 와인의 재료가 되는 포도나무를 '바인(vine)'이라고 부른다. 와인의 어원인 이 단어는 덩굴식물을 말하기도 한다. 그러므로 포도밭 내지 포도원이라는 뜻을 의미하려면 이 단어에 들판을 의미하는 '야드(yard)'를 붙여 'vineyard'라고 하면 된다. (읽을 때는 '바인야드'라고 읽지 않고 '빈야드'라고 읽는다. 영어에 꽤 능통한 분들도 곧잘 실수를 하는 발음이니 기억해두자.) 그런데 빈야드에는 단순히 '포도원'이라는 뜻만 있는 것은 아니다. 빈야드는 '정신적인 노동을 하는 일터'라는 의미도 있다. 작가로 치면 서재 같은 곳이리라. 빈야드라는 단어에서 술과 문학은 하나로 만난다. 전장을 누비며 종군기자로 활동했던 터프가이 헤밍웨이도 결국 와인의 매력에 푹 빠져 딸의 이름에까지 마고라는 유명한 와인 상표를 붙였을 정도이고, 빅토르 위고 역시 대단한 와인 수집가로 이름을 날렸으니 작가와 술은 정말 떼려야 뗄 수 없는 관계인가보다.

개인적으로 좋아하는 작가 중에 로알드 달이라는 소설가가 있다. 대학 시절, 동서추리문고에서 나온 그의 『당신을 닮은 사람』이라는 단편집을 읽고 큰 충격을 받은 기억이 있는데 최근에 와서야 그의 소설들이 단행본을 통해 본격적으로 소개되고 있다. 달의 실력이나 명성으로 볼 때는 다소 늦은 감이 없지 않은데 아마도 얼마 전에 그의 원작소설을 영화화한 『찰리와 초콜릿 공장』 때문에 로알드 달에 대한 국내 독자들의 인지도가 높아진 것은 아닐까 싶다.

로알드 달은 와인에 관해서라면 감히 따라올 사람이 없는 출중한 지식을 갖고 있다. 아니, 로알드 달의 소설을 읽고 있으면 와인뿐만이 아니라 모르는 분야가 아예 없는 것 같은 해박한 지식에 주눅이 들 정도이다. 예를 들어「목사의 기쁨」이라는 단편을 보면 18세기 영국의 위대한 가구 디자이너에 관한 해박한 지식을 자랑하고 있다. 인스, 메이휴, 치펀데일, 로버트 애덤, 맨워링, 이니고 존스, 헤플화이트, 켄트, 조지 스미스, 셰라턴……. 나는 이 중에 아는 이가 한 명도 없다. 아마 이 글을 읽는 독자들도 마찬가지일 것이다. 그의 지식이 얼마나 전방위적인가 하면『정복왕 에드워드』라는 작품은 작곡가 리스트의 음악에 관한 안내서와 다름없을 정도로 묘사가 세밀하고 정확해서 입을 벌리게 하고,『클로드의 개』에는 조류도감에 가까울 정도로 새에 관한 지식이 상세하게 나온다. 2000년에 열린 '세계 책의 날'에서 전 세계 독자들이 가장 좋아하는 작가로 달이 꼽힌 것은 절대 우연이 아닌 것이다.

이런 그의 재능이 와인 분야에서 찬란히 빛을 발한 단편이 바로「맛」이다. 읽는 내내 전율을 느낄 정도로 와인에 대한 묘사가 우수하고, 적절한 위트를 곁들인 결말 역시 단편만이 갖는 묘미를 선사한다.

이 소설의 주인공은 벼락부자 마이크 스코필드와 유명한 미식가 리처드 프랏이다. 문화적으로 열등감을 갖고 있는 졸부 마이크는 틈만 나면 리처드를 접대해서 미식가로서의 고견을 듣는다. 그리고 종종 내기를 벌이기도 한다. 책 속에서 두 사람은 보르도산 와인을 둘러싸고 내기를 벌인다. 영국에서는 보르도산 와인을 '클래릿(claret)'이라고 부른다. 불어 발음으로는 '끌라레'라고 하니 이 책에서는 끌라레로 부르도록 하겠다.

마이크는 천하의 후각과 지식을 갖고 있는 리처드를 어떻게든 이기기 위해 보르도 지역을 뒤져 도저히 그가 알아낼 수 없는 와인을 찾는 데 몰두한다. 이 내기는 점입가경이 되어 결국 마이크의 외동딸과 리처드의 집을 건 싸움이 되며 절정에 달한다. 리처드가 이기면 마이크의 딸과 결혼하는 것이고, 마이크가 이기면 리처드의 집을 갖는, 한마디로 서로의 소중한 것을 건 막판 승부가 펼쳐진다. 나에게는 승부의 결말보다 마이크가 제시한 와인의 냄새를 맡고, 맛을 보고, 추리하는 리처드의 대사와 그 매너가 백미 중의 백미였다. 와인에 관한 묘사 중 최고라고 해도 과언이 아니라고 할 정도였으니 말이다.

리처드 프랏은 일단 문제의 와인을 뚫어지게 바라본다. 그리고 냄새를 맡는다. 그러고 나서야 비로소 첫 모금을 입에 넣는다.

"이윽고 프랏은 눈을 뜨거나 머리를 움직이지 않고 잔을 입으로 내리더니, 내용물의 거의 반을 입에 넣었다. 그는 거기에서 동작을 멈추었다. 입에는 포도주가 가득했다. 그는 첫맛을 보고 있었다. 이윽고 그는 입에 든 것 가운데 일부를 목 안으로 넘겼다. 포도주가 밑으로 내려가면서 그의 목울대가 움직이는 것이 보였다. 공기가 입안에서 술의 기운과 섞이더니 허파로 내려갔다. 그는 지그시 숨을 참았다가 코로 내뱉었다. 그리고 마지막으로 포도주를 혀 아래에서 굴리더니 씹었다. 포도주가 빵이라도 되는 것처럼 이로 씹고 있었다."

자, 이제 시음을 마쳤으니 무슨 상표의 와인인지 알아맞히는 일이 남았다. 프랏은 일단 메독 지역의 와인이라고 단정을 짓는다. 여기서 프랏은 특유의 현학과 수사학을 동원해서 마이크를 점차 옥죄어간다. 그 한 마디 한 마디에 전율이 일 지경이다. 이제 어느 코뮌(프랑스를 비롯한 일부 국가들의 최소 행정 구역)에서 나왔느냐고 말을 할 차례이다.

"아니오. 마고일 리는 없소. 마고산 특유의 강렬한 향은 없소. 그럼 뽀이약(Pauillac)일까? 뽀이약이라고 하기엔 너무 연약하오. 너무 상냥하고 수심에 가득 차 있지. 뽀이약의 포도주는 그 맛이 거의 오만하다 할 수 있거든. 게다가 내 입맛으로 느끼기에 뽀이약에는 약간의 힘이 들어 있소. 포도가 그 지역의 땅에서 얻는 묘한 맛, 뭔가 탁하면서도 힘찬 맛이 있지. 아냐, 아냐, 이건 아주 상냥한 포도주야. 새침을 떨고, 수줍어하는 첫맛이야. 부끄럽게 등장하지. 하지만 두 번째 맛은 아주 우아하거든. 두 번째 맛에서는 약간의 교활함이 느껴져. 또 좀 짓궂지. 아주 약간의 타닌으로 혀를 놀려. 그리고 뒷맛은 유쾌해. 위로를 해주는 여성적인 맛이야. 약간 경솔하다 할 정도로 너그러운 기분. 이건 생 쥘리엥 코뮌 밖에서는 찾을 수가 없어. 이건 틀림없이 생 쥘리엥의 와인이오."

추리에 추리를 거듭해 결국 프랏은 놀랍게도 마이크가 준비한 비장의 카드를 밝혀버린다. 신도 찬탄할 만한 감별력이다. 하지만 이 사기극은 결국 노련한 하녀의 등장으로 수포가 된다.

와인 애호가나 평론가를 자처하는 사람이라면, 이런 식의 와인 맞추기와 같은 게임을 한두 번 정도는 하지 않았을까 싶다. 그렇다면 세계적인 와인평론가들은 대체 어느 선까지 맞출 수 있을까? 오디오 평론을 하는 내 경험에 비춰본다면 대략적인 것은 맞출 수 있을 것이라고 짐작해본다. 즉 이 와인이 보르도산인지 부르고뉴산이지 정도는 알고, 조금 더 들어가서 뽀이약인지 생 쥘리엥인지 맞추는 것도 가능하다고 본다. 하지만 정확한 상표나 연도까지는 무리가 아닐까 싶다.

와인에 대해 이야기를 하다보면 마고니 뽀이약이니 생 쥘리엥이니 하는 지명이 자연스레 나온다. 와인에 대해 어느 정도 안다는 분들이라면 메독 정도는 익숙하지만, 솔직히 그 안에 자세히 무슨 지역이 있는지 알기란 쉽지 않다. 여기서는 간략하게 보르도 지역을 소개하겠다. 이 지형도를 알면 와인의 대명사인 보르도 와인과 어느 정도 친숙해질 수 있기 때문이다.

보르도 지역은 로마시대부터 와인 무역을 시작했을 뿐 아니라, 중세에도 영국과 네덜란드로 수출하는 와인을 선적하는 항구로서 중요한 역할을 해온 곳이다. 덕분에 지금도 파리, 마르세유, 리용 등에 이어 프랑스에서 다섯 번째로 큰 도시로 남아 있다.

보르도는 서기 1세기경, 로마인들에게 발견되어 비투리카(biturica)라는 품종을 심으면서 그 긴 역사를 시작했다. 이후 와인 생산과 거래의 중심지로 성장, 현재도 최고급 와인 생산지의 대명사로 자리 잡았다.

환경적으로 볼 때 보르도는 와인을 생산해내기에 상당히 이상적이다. 연중 햇살이 끊임없이 쏟아질 정도로 맑은데다가, 적당량의 비가 내려 수분을 보충해준다. 지롱드 강을 중심으로 흐르는 숱한 지류들은 포도밭에 수자원의 혜택을 줄 뿐만이 아니라 기온이 급격하게 떨어지는 것도 방지해준다. 또 대서양과 면한 랑드 지역에는 숲이 있어서 바다에서 불어오는 찬바람을 막아주기까지 한다. 포도나무가 자라기 위한 쾌적한 환경을 제공하는 것이다.

보르도산 와인의 특징은, 강과 바다가 만나는 지역적 특성에 있다고 한다. 보르도를 양편으로 나누는 지롱드 강은 대서양과 맞닿아 있다. 지롱드 강은 가론 강과 도르도뉴 강이 합쳐져 만들어진 강이다. 즉 보르도의 포도밭은 이 세 개의 강 주변에 널리 퍼져 있다. 보르도는 지롱드 강을 중심으로, 좌안과 우안으로 나뉜다. 좌안에는 메독을 비롯해 그라브, 소테른 지역이 있고, 우안에는 포므롤, 생테밀리옹 등이 있다. 그런데 이것은 단순한 명목상의 구분이 아니다. 각각의 지역은 모두 지질과 지형이 다르다.

일례로 메독 지역에는 자갈이 많다. 가론 강에서 오랜 세월 동안 떠내려와 퇴적한 덕분이다. 이런 지역에서는 카베르네, 소비뇽 품종이 잘 자란다. 반면 생테밀리옹과 포므롤은 진흙과 석회질 성분이 많아 메를로가 주요 품종으로 재배된다. 와인의 종류와 맛은 이처럼 이렇게 토양을 비롯한 기후, 지형 등 포도밭 전체를 둘러싼 환경에 큰 영향을 받는다. 하여 이를 지칭하는 단어가 따로 있는데 바로 '떼루아르(Terroir)'가 그것이다.

떼루아르는 프랑스 와이너리들이 캘리포니아, 칠레, 호주 등

신대륙 와인생산업자들의 제품을 공격할 때 자주 쓰는 단어이기도 하다. 공격의 골자는 '너희들 와인은 그런 대로 잘 만들었지만, 우리와 같은 떼루아르가 없지 않느냐'는 것이다. 같은 김치라도 중국산 배추나 일본산 배추로 만들면 아무래도 우리와 같은 맛이 나오지 않는 이치라고 할까. 우리도 일본이 기무치에 대해 이야기할 때 김치의 떼루아르가 너희들의 기무치에는 없다고 반박하면 되지 않을까.

보르도 와인 중 최상급으로 꼽히는 것은 '그랑 크뤼'라고 부른다. 그런데 여기에는 약간 오해의 소지가 있다. 1855년 파리에서 만국박람회가 열렸을 때, 보르도 상공회의소에서 최고급 와인들을 대상으로 그랑 크뤼라고 칭하고, 총 61개의 와인을 선정했지만, 대부분 메독 지역이 대상이었다. 이 중에 예외라면 그라브 지역에서 생산되는 샤토 오브리옹 정도였다. 물론 나중에 소테른 지역에서 생산되는 달콤한 화이트와인 26개도 그랑 크뤼로 분류되지만, 오늘날 많은 애호가들의 찬사를 받는 생테밀리옹이나 포

©Shindongwine

므롤 지역의 와인은 그랑 크뤼에서 완전히 제외되었다.

    그랑 크뤼도 그 안에서 총 다섯 개의 등급으로 분류되는 만큼 모두 1등급이라고 생각하는 것은 오판이다. 그럼에도 그랑 크뤼가 나온 파티라고 하면 꽤 고급스런 자리라고 여길 만하다. 만약 와인이 나오는 파티에 초대되어 그랑 크뤼 마크를 보면 '이렇게 훌륭한 그랑 크뤼를 내주시니 정말로 황홀합니다' 정도로만 말해도 충분하다. 참고로 그랑 크뤼 중 1등급은 총 다섯 개에 불과한데, 이것은 외워둘 만하다. 샤토 라피트 로쉴트, 샤토 라투르, 샤토 무통 로쉴트, 샤토 마고, 샤토 오브리옹이다. 이 중 샤토 무통 로쉴트는 매년 다른 화가들의 작품을 라벨로 사용해서 인기가 높다.

『신의 물방울』에서 인상적인 대목은 보르도의 5대 천왕이라 할 수 있는
샤토 라투르, 샤토 라피트, 샤토 마고, 샤토 무통, 샤토 오브리옹을
한자리에서 마시는 것이다. 이 매력적인 와인들을
한자리에서 마시다니 아무리 만화라고 하지만 한숨이 푹푹 나온다.

literature

좋은 와인은
신의 영역에서 빚어진다

언제부터인가 와인이 크게 유행하고 있다. 세련되고, 교양이 있다고 자부하는 사람들은 무릇 와인에 대해 기본적인 안목이 있어야 하고, 맛뿐만 아니라 유명 상표에 대한 지식도 갖춰야 하는 시대가 된 것이다. 와인에 깊이 몰두한 사람들을 중에는 위스키나 맥주는 술로 치지도 않으며 아직도 그런 원시적인 술을 마시는가라고 경멸하는 이도 있다. 그럴 때면 와인이 뭐 그리 대단한 술인가 회의도 들지만, 한참 빠져 있는 사람에겐 무슨 말을 해도 성질만 돋우게 되니 차라리 입을 다무는 편이 낫겠다 싶기도 하다. 최근의 와인 붐에 대해 누가 이런 촌평을 내놨는데, 한번 새겨 들어볼 만하다.

"1950년대까지만 해도, 교양 하면 철학이나 문학, 클래식이 전부였죠. 명동이나 대학로에 들러 고전음악 감상실에 죽치고 앉아 베토벤이나 바흐를 듣거나, 사르트르를 읽어야 대접받는 시대였습니다. 그러다 70년대가 와서 통기타 문화가 등장하면서 외국의 록이나 영화 등이 주목을 받게 됩니다. 90년대부터는 본격적인 소비시대로 당연히 해외여행이 시선을 끌게 되죠. 유럽 땅 한번 밟지 못한 사람은 시대착오적이고, 촌스럽고, 무식한 부류로 치부된 것이죠. 지금은 2000년대, 와인이 이런 교양 목록에 오른 것이 당연한 것 아닐까요?"

일리가 있는 말이다. 교양이라는 것이 무조건 클래식해야 하고, 철학이며 문학이여야 하는 시대도 있었지만, 지금의 교양은 그 범위를 훨씬 넘어서고 있다. 베토벤이나 장 뤽 고다르, 밀란 쿤데라 못지않게, 로마네 콩티나 샤토 페트뤼스 정도는 알아야 하는 시대가 온 것이다. 이렇게 말하면 와인이 어떻게 그런 위치에 갈 수 있는가 화를 내실 분도 물론 있을 것이다. 술이라면 입에 대지도 못한 사람들도 있거니와, 소주나 위스키 같은 독한 술만 알고 있는 사람들도 역시 코웃음을 칠 것이다. 그러나 여기서 와인은 단순히 술 이상의 존재감을 갖고 있다. 바로 외국인과의 교류라는 측면 때문이다. 모 기업의 오너가 한 말을 인용하겠다.

"무역을 하다보면 파티에 자주 갑니다. 특히 외국에서 벌어지는 파티에서는 생판 처음 만나는 사람들이 대부분입니다. 국적이나 인종, 종교 등이 모두 다르기 때문에 어떤 화제를 꺼내야 할지 막막할 때가 한두 번이 아니지요. 영화나 음악을 테마로 삼을 수 있지만, 아무래도 이쪽 지식이 짧은 사람도 많고 해서, 대화를

이끌어가기가 힘들죠. 그렇다고 음식을 꺼내자니, 그들이 아는 것은 삼겹살이나 갈비 정도인데 도무지 자신이 없죠. 프랑스 음식이나 이탈리아 음식을 들고 나와도 서로 부담이 되고요. 그럴 때 등장하는 것이 와인입니다. 대충 유명한 와인 이야기를 꺼내기 시작하면, 너도 나도 맞장구를 치면서 대화가 시작되는 것입니다. 또 이런 모임에선 샴페인이나 와인이 꼭 등장하니까 자연스럽게 화제로 삼을 수도 있죠."

어떤가? 상당히 설득력이 있지 않은가? 꼭 외국인과의 만남을 염두에 두지 않더라도, 국내에는 괜찮은 와인을 구할 가게도 많고 또 애호가도 층이 넓어지는 추세이니만큼, 낯선 자리에서는 와인을 공통 화제로 삼을 만하다. 사태가 이러다 보니 눈에 띄게 와인에 관한 정보나 서적이 많아졌다. 심지어 신문의 문화란에도 와인에 대한 정보가 등장하는가 하면, 괜찮은 고깃집이나 한정식 집에 가도 와인 리스트가 나온다. 이런 곳에서 소주를 시켰다간 좀 머쓱해질 때도 있다. 촌스럽게 무슨 소주를 시키느냐는 소리가 귓전에 맴도는 착각마저 느낄 때가 있다.

얼마 전에는 모 방송사에서 와인을 본격적으로 다룬 TV 드라마가 제작되어 화제를 모은 적이 있다. 사실 조금만 주위를 둘러보면 의외로 와인을 소재로 한 만화나 영화가 많아서 놀라게 된다. 이 장에서는 그중 와인 붐을 일으킨 장본인이기도 한 화제의 일본 만화 『신의 물방울』을 다뤄보기로 하겠다.

『신의 물방울』에 소개되었다는 이유만으로 특정 와인의 판매가 늘어날 정도로, 이 만화는 한일 양국에서 돌풍을 일으키고 있다. 얼마 전에는 편의점에 갔더니, 이 만화에 소개된 와인이라며 별도의 코너를 만들어 홍보하는 것을 볼 수 있었다. 실제로 꼼꼼히 책을 챙겨보면 눈여겨 볼 만한 와인이 꽤 된다. 우리가 흥미를 가질 만한 가격 대비 성능이 탁월한 제품들이 수두룩하다. 주변에서는 전작을 모두 모아놓고 메모해가며 읽는 독자도 봤는데, 이쯤 되면 거의 면학의 수준이라 하겠다. 하긴 모 대학에서는 아예 와인 강좌를 코스로 개설해놓고 있으니, 이런 현상도 이제 새삼스럽지 않다.

한일 양국에서 벌어지는 『신의 물방울』 돌풍은 비슷하지만 두 국가의 와인 값은 다르다. 일본이 한국에 비해 압도적으로 와인 가격이 싸다. 일반적인 환율(100엔=1000원)로 놓고 생각하면, 놀랍도록 일본의 와인이 저렴하다. 일본의 물가나 소득 수준을 감안하면 도무지 이해가 가지 않을 정도다. 이런 와인 값의 차이는 한일 양국이 와인에 대해 물리는 세금 방법의 차이 때문이다. 한

국에서는 와인에 세금을 매길 때 가격을 기준으로 하는 반면, 일본은 리터당 매긴다. 즉 비싼 와인이건 싼 와인이건 용량에 따라 일정한 세금만 내면 문제없이 통관되는 것이다. 사정이 이러하니 중요한 파티에 쓸 와인을 사러 당일치기로 일본에 갔다 오는 사람들이 있다는 이야기도 결코 과장이 아니다.

다시 『신의 물방울』로 돌아가자. 많은 분량

에 비해 기본 스토리는 간단하다. 『맛의 달인』이나 『라면 요리왕』처럼 일정한 회사를 무대로 두 청춘 남녀가 주인공으로 활약하는 구성은 음식만화의 정석을 밟고 있다. 부친의 유언에 맞는 와인을 찾아야만 유산을 상속받을 수 있는데 여기에 강력한 경쟁자가 등장하며 극적 긴장감을 고조시키는 점은 흥미롭다. 내용을 간단히 살펴보자.

　일본에서 와인평론가로 유명한 칸자키 유타카가 운명한다. 그는 엄청난 와인 컬렉션을 남긴다. 이 유산을 둘러싸고 그의 아들 칸자키 시즈쿠와 와인평론가 토미네 잇세가 경쟁하게 된다. 원래 토미네는 칸자키의 후계자로 지목될 만큼 와인 공부에 열심이고 또 누구보다 뛰어난 후각과 미각을 소유하고 있는 터라, 와인업계 전체를 놓고 볼 때는 그에게 유산이 돌아가는 것이 어쩌면 당연한 일이었다. 또 그런 그의 재능을 높이 사서 유타카 역시 생전에 그를 양자로 입적시켰다.

　하지만 그의 유일한 아들인 시즈쿠도 무시할 수는 없다. 그는 어릴 적부터 와인 감별에 관한 체계적인 훈련은 받았지만, 부친의 강압적인 교육과 와인에 대한 집착에 질려서 아예 와인 세계엔 발을 들여놓지 않고 있다. 심지어 제대로 와인을 마셔본 적도 없다. 와인에 대한 지식이나 감각에 있어서 토미네와는 비교도 되지 않는 것이다.

　이런 시즈쿠의 마음을 흔든 것은, 역시 와인이 좋아 소믈리에 과정을 밟고 있는 시노하라 미야비다. 순수하게 와인을 사랑하고, 그 지식을 얻고 싶은 마음이 가득해서 가끔 엉뚱한 소동을 일으키고 심지어 취하면 아무렇게나 쓰러져 자는 아가씨지만, 그녀가 시즈쿠의 마음을 사로잡으면서 조금씩 상황이 변화하게 된다. 시즈쿠가 와인의 깊은 세계에 서서히 눈을 떠가게 되는 것이다. 독자들은 시즈쿠의 와인에 대한 감별력과 지식이 늘어가는 과정을 쫓으며 자연스럽게 와인과 친숙해진다.

『신의 물방울』에는 참으로 다양한 인물들이 등장한다. 거지 같은 소굴에 살면서도 와인 하나만은 최고로 마셔대는 기인부터, 작은 바를 운영하며 누구에게나 쉽게 다가갈 수 있는 와인을 추천하는 마음씨 좋은 소믈리에 아저씨, 이탈리아 와인이라면 사족을 못 쓰지만 프랑스 와인에는 적대적인 직장 상사, 아는 듯 모르는 듯 술에 관한 해박한 지식으로 주인공을 슬쩍슬쩍 가르치는 와인 부서의 책임자······.

이런 개성적인 인물들은 와인을 통해 얼마나 다양한 삶을 만날 수 있는지 또 그들이 와인을 통해 얼마나 풍부하게 자신의 삶을 살찌웠는지를 독자들에게 말해준다. 이 과정에서 등장하는 작가의 와인에 대한 물신숭배와 같은 묘사는 혀를 내두르게 한다. '살얼음처럼 섬세한 리델 글라스에 루비를 녹인 듯한 액체가 흘러 들어간다.' 작가는 리델 잔에 단순히 와인을 따르는 장면을 이렇게 표현한다. 와인을 빨리 마시기 위해 강제로 공기와 접촉시키는 과정인 '디캔팅(decanting)'을 이런 시적인 표현으로 승화한다. '와인 방울이 줄기를 이루며 붉은 명주 실처럼 똑바로 병 주둥이로 떨어져 들어간다.'

이런 문장들을 읽다보면 독자들은 '아로마(Aroma)'가 포도 자체에서 우러나오는 자연적인 향기라면, '부케(Bouquet)'는 와인이 숙성되어 가는 과정에 나오는 향기라는 사실을 알게 되고, 프랑스와 이탈리아 와인의 차이에 대해서도 알게 된다. 이탈리아산 와인이 강하고 농후하다면, 프랑스산은 섬세한 밸런스를 특기로 삼는다. 만화 속에서는 주인공이 이탈리아 와인의 대가인 직장 상사와 대결을 펼치면서 이런 부분들을 알려준다. 프랑스 요리의 강점에 대해 고민하다가 자연스럽게 와인으로 시선이 돌려지는 점이 흥미로운 대목이다. '프랑스 요리의 특징이 무엇인가? 변화가 풍부하고, 깊이가 있다는 점이 아닐까? 신선한 해산물부터 육류, 채소에 이르는 다양한 식재료를 다루면서 전 세계 요리에서 적극적으로 아이디어를 도입하는 점이 강점인 것이다. 와인 역시 마찬가지다. 이런 다양성이 애호가들을 사로잡는 것이다.' 여기서 와인과 요리는 함께 가는 동반자라는 사실도 깨닫게 된다. 프랑스 요리에서 와인은 요리의 개성을 말끔히 지우는 게 아니라, 서로 드높이기 위해 존재한다. 이를 '마리아주(Marriage)', 즉 결혼이라고 표현한다. 그냥 단품으로 마실 때와 요리와 어울릴 때를 나눠서 와인 선택에 신경 쓰라는 것이다.

그리고 보면 프랑스의 와인은 참 다양하다. 품종이나 지역에 따라 숱하게 구분할 수 있다. 그래도 멈출 수 없는 이유는 딱 하나, 행복하기 때문이다. '한여름엔 샴페인과 살짝 차갑게 한 화이트와인을 마시고, 여름에서 가을로 넘어갈 때에는 중후하고 풍미가 있는 보르도의 포도, 특히 쇼비뇽 블랑을 이용한 화이트와인을 그다지 차갑지 않은 상태로 마신다. 가을에는 생콤 같은 론 지

방 와인을 오리나 사슴 요리와 곁들이고, 겨울에는 보르도의 진한 향이 어울린다.' 이런 구절을 읽고 있으니 마치 귀족이 된 것 같지 않은가?

나는 이 만화를 읽으면서 작가의 지식에 거듭 탄복했는데, 무엇보다 숱한 와인 전문서들이 소개한 일반적인 구분이나 방법론을 넘어서서, 와인을 만드는 사람들에게 주목하고 있다는 점이 감동적이다.

또 하나 인상적인 대목은, 보르도의 5대 천왕이라 할 수 있는 샤토 라투르, 샤토 라피트, 샤토 마고, 샤토 무통, 샤토 오브리옹을 한자리에서 마시는 것이다. 세 명의 등장인물이 나와 이 다섯 병을 한데 모아놓고 비교 테스트하는 부분인데, 와인에 대해 조금이라도 관심이 있는 사람이라면 번쩍 손을 들고 나도 끼워달라 할 만큼 꿈의 술자리다. 이 중 단 한 병이라도 마실 기회가 있으면 행운인데, 이 매력적인 와인들을 한 자리에서 모두 마시다니, 아무리 만화라고 하지만 한숨이 푹푹 나온다.

그래도 나름대로 이 와인들에 대한 평가가 이뤄지는 만큼, 그 맛과 향을 조금은 음미할 수 있어서 꽤 감동했다. 모르긴 몰라도, 작품을 위해 제작에 참여한 스태프들은 맛을 봤을 테니 나도 언젠가는 이런 프로젝트를 만들거나 동참하거나 무슨 수를 써야겠다는 생각도 든다. 나는 『신의 물방울』을 통해 몇 가지 교훈을 배웠다.

• 와인은 일단 마셔봐야 알 수 있다. 책이나 정보로 마시는 경

우도 많지만 역시 직접 마시는 것 외엔 달리 방법이 없는 것이 와인이다.
- 유명 샤토의 세컨드 와인을 노려라.
- 와인이란 원래 가볍게 마개를 퐁! 따서 친구와 맛있는 식사를 하며 즐기는 것이다.
- 와인은 단순히 혀로만 맛보는 게 아니라 빛에 비춰 보석과 같은 빛깔을 감상하거나, 향에 취해보면서 즐기는 음료다.
- 와인이라는 음료는 불완전하다. 그러나 이런 결점을 보충하고도 남을 매력으로 넘쳐나고 있다. 결코 완성도만 추구하면 되지 않는다.

그럼 일반적으로 접할 수 있는 칠레나 호주와 같은 저가 와인을 즐길 수 있는 방법은 따로 없는 것일까? 여기서 한 가지 해결책을 제시하겠다. 작은 것이라도 좋으니 와인 냉장고(와인 셀러)를 사라는 것이다. 중국산도 괜찮다. 50만 원 미만으로 얼마든지 구할 수 있다. 당장 와인 셀러를 사는 데에 부담이 가기는 하겠지만, 한번 사두면 평생 즐길 수 있다는 점에서 결코 사치가 아니다.

왜 와인은 냉장고가 아닌 와인 셀러에 보관해야 하는 것일까? 바로 진동 때문이다. 냉장고는 모터를 써서 작동하므로, 계속 진동이 발생한다. 그에 반해 와인 셀러는 모터가 아닌 전기의 힘만으로 온도를 유지시킨다. 운송 과정에서 이리저리 흔들려 엉망이 된 와인이 이 안에 조용히 숨을 쉬고 있으면, 다시 안정이 되어 제맛을 내는 것이다.

이것은 책에서 읽은 내용이 아니라 체험에서 우러나온 결론이다. 와인에 관심을 가질 무렵, 충동적으로 와인 셀러를 구입하고 말았는데, 지금은 매우 흡족하다. 음악을 들으려면 오디오가 있어야 하고, 인터넷을 하려면 컴퓨터가 있어야 하는 것과 같은 이치이다. 그러니 와인을 보다 깊이 즐기려고 한다면 와인 셀러부터 장만하고 볼 일이다.

다시 만화로 돌아가자. 이탈리아 와인에 미친 주인공의 직장 상사는 아예 한쪽 방을 와인 냉장고로 개조해놓았다. 24시간 내내 냉온풍기를 켜서 겨울에는 따뜻하게, 여름에는 시원하게 온도를 조절해서 목숨을 걸고 모은 와인을 지키고 있다. 이 만화에 등장하는 숱한 인물 중에서 가장 인상에 남는 캐릭터였다.

물론 그 넓은 공간을 고급 와인으로 가득 채우려면 아파트 한 채 값은 날릴 각오를 해야 하지만, 이게 다 '신의 물방울'에 대한 인간으로서의 예의가 아닐까 싶다. 그렇다. 와인은 신의 물방울이다. 좋은 와인은 인간이 아닌 신의 영역에서 빚어지기 때문이다.

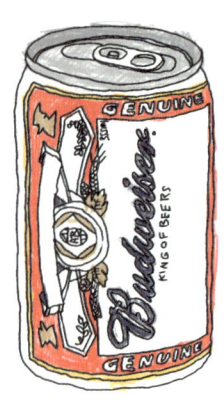

하루키는 유럽 맥주를 좋아하지만
　　　예외적으로 버드와이저도 즐긴다.
　　객관적으로 괜찮은 맥주이고, 초밥에도 잘 어울릴 뿐 아니라,
　가격도 싸기 때문이다.

literature

무라카미 하루키가
맥주 애호가가 된 까닭

최근에 하루키의 자전적인 스토리가 담겨 있는 『달리기를 말할 때 내가 하고 싶은 이야기』라는 책을 읽었다. 이 책을 읽고 여러 가지 떠오르는 생각이 많았다.

잘 알다시피 하루키는 조깅 마니아다. 아니 단순한 마니아가 아니다. 거의 편집광 수준이다. 기본적으로 여행을 즐겨하고, 외국에 체류하는 기간이 많은 양반이라, 달리기를 할 수 있는 공간을 찾는 것은 쉽지 않은 일인데도 그는 어딘가에 꼭 장소를 찾아내서, 런닝화를 신고, 무작정 뛴다. 그것은 식사를 하고 꼭 담배 한 대를 물어야 하는 애연가나, 일정 시간이 되면 메카를 향해 절을 하는 이슬람교도와 다름없다. 어떤 변명이나 예외가 있을 수 없다.

하루키가 달리기에 집착하는 데에는 이유가 있다. 젊었을 때 그는 7년간 재즈카페를 운영한 적이 있다. 나름대로 성실하게 경영했던 듯한데, 나중에는 꽤 단골도 생기고, 빚도 모두 갚을 정도가 되었다. '하지만 이때부터 회의가 밀어닥쳤다. 대체 내가 뭘 하고 있는 것일까, 진정으로 내가 할 수 있는 일은 무엇인가? 곰곰이 생각해보니 그는 어릴 적부터 음악을 들었고, 책을 읽었다.

『커피를 마시는 어떤 방법에 대하여』라는 수필을 읽어보면, 사춘기 시절 단골 재즈카페에 가서 커피를 마시고, 비가 오는 창밖 풍경을 바라보며, 윈튼 켈리의 음악을 듣는 대목이 나온다. 모르긴 몰라도 손에는 문고본이 하나 들려 있었을 것이다. 이 수필의 마지막 부분은 이렇게 끝나니까. '때론 인생이란 커피 한 잔이 안겨다주는 따스함의 문제라고 리처드 브로티간의 작품 어딘가에 쓰여 있다. 커피를 다룬 글 중에서, 나는 이 문장이 제일 흡족하다.' 하루의 시작을 따뜻한 커피 한 잔으로 시작하는 나도 이 문장이 좋다.

아무튼 음악과 책을 좋아하고 살아온 그에게 작가라는 길은 그의 시선을 충분히 끌고도 남았을 것이다. 그러나 문학청년의 범주를 벗어나기 위해서는 모든 것을 버릴 만큼 각오를 해야 한다. 그는 카페를 접었다. 이제 막 돈을 벌려고 하는 참인데, 닫아버린 것이다. 그리고 다음날부터 뛰었다. 이에 대해 그는 이렇게 쓰고 있다. '통상적으로 수영 선수는 20대 전반에, 권투 선수는 20대 후반에, 야구 선수는 30대 중반에 눈에 보이지 않는 분수령을 맞게 된다. 그것을 피해갈 수는 없다. 내가 어느 안과 의사에게 세상에 노안이 되지 않는 사람은 없습니까, 라고 물었을 때,

그는 웃으며 대답했다. '그런 사람은 아직까지 본 적이 없는데요.' 물론 여기에는 약간의 예외는 있다. 하루키는 친절하게 예술 분야에서 이런 경우를 찾고 있다. '고맙게도 예술가의 정점은 사람마다 전혀 다르다. 가령 도스토예프스키는 60년 인생의 마지막 수년간 『악령』과 『카라마조프가의 형제들』과 같은 가장 중요한 의미를 지닌 두 권의 장편 소설을 썼다. 도메니코 스카를라티는 전 생애에 걸쳐 555곡의 건반용 소나타를 작곡했는데, 그 대부분을 57세에서 62세 사이에 완성했다.'

참 꿈같은 이야기다. 아무튼 그들은 그들이고, 일반적으로 노화를 피할 수 없는 우리에게 제일 중요한 것은 체력이다. 그는 젊었을 때 광채를 빛내며 멋진 작품을 남긴 이들 상당수가 노년에 피폐해지는 이유를 체력적인 부분에서 찾았다. 글쓰기는 노동임에 분명하다. 요즘이야 편하게 자판을 두드리기 때문에 원고지를 손으로 메우던 예전에 비하면 편하기는 하지만 아무래도 신경을 많이 쓰고, 뭔가에 골몰해야 하기 때문에, 금세 지쳐버린다.

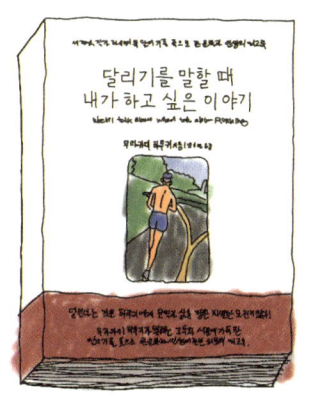

나이가 들고, 체력이 저하되면 이런 현상은 더 극심해질 것이다.

그래서 하루키는 달리는 것이다. 어떻게 하든 체력과 건강을 유지하는 것 외에는 달리 방법이 없는 것이다. 그렇다고는 해도 일반적인 마라톤이 아니라, 하루에 무려 10만 킬로미터를 달리는 울트라 마라톤에 참가한 것은 좀 심하다는 생각도 든다. 사로마 호수 주

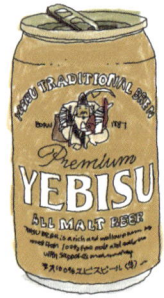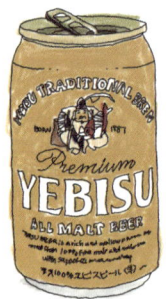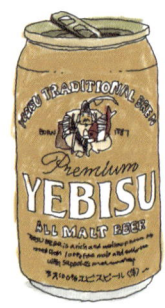

변을 11시간 42분간에 걸쳐 돌고 나서 그는 이런 감정을 느낀다. '내 몸의 중심에 뭔지 모를 낯선 것이 자리 잡고 있는 듯했다. 그저 단순하게 달린다는 의욕이 줄어들었다는 것만이 아니다. 뭔가를 상실했다는 것과 동시에 새로운 뭔가가 러너로서의 내 안에 생겨난 것이다.'

말하자면 정신적인 허탈감, 이른바 '러너스 블루(runner's blue)'까지 경험하고 나서, 한동안 달리기를 소홀히 하다가 요즘 다시 충전해서 열심히 뛰는 모양이다. 그 사이 사이클이며, 수영이며 몰두하다가 급기야 트라이애슬론에 도전하는 것을 보면, 이 사람의 집중력과 도전 정신은 참 대단하다는 생각을 하게 된다.

그렇다면 이렇게 달리고 나면 제일 먼저 떠오르는 것이 무엇일까? 두말할 나위 없이 맥주다. 그의 작품에는 맥주에 대한 묘사가 끊이지 않는다. 덕분에 그의 소설을 읽다가 중간에 편의점에 가서 맥주를 사온 일이 참 많았다. 일종의 최면에 걸린 게 아닌가 싶을 정도였다. 몸이 강렬하게 원하는 만큼, 마시지 않을 수 없었다. 하루키가 맥주 예찬론자가 된 것은, 체력을 요구하는 달리기와 절대 무관하지 않은 것이다.

그런데 이 맥주의 취향이라는 게 나라마다 또 지역마다 다른 모양이다. 하루키의 경우, 한동안 프린스턴 대학에 상주하면서 연구도 하고, 강연도 하며 지냈는데, 이때 일종의 문화적 쇼크를 경험한다. 이 중 맥주 부분을 소개하면 이렇다. '프린스턴 대학 관계자들은 대개 수입 맥주를 즐겨 마시는 것 같다. 하이네켄

(Heineken)이나 기네스(Guinness), 벡스(Becks) 등을 마셔야 전통에 따른 것이라고 간주한다. 미국 맥주라도 보스턴의 사무엘 아담스(Samuel Adams)라든가, 샌프란시스코의 앵커(Anchor) 사의 스팀비어(Steam beer) 정도는 일반적인 브랜드가 아니라 괜찮다. 보스턴이나 샌프란시스코라는 세련된 지명도 평가의 대상이 되고 있다. 그러나 버드와이저(Budweiser), 미캘롭(Michelob), 밀러(Miller), 쉴리츠(Schlitz) 따위를 마시면 역시 의아해 하는 얼굴을 한다.'

물론 하루키도 유럽 맥주를 좋아한다. 그러나 그는 예외적으로 버드와이저도 즐긴다. 객관적으로 괜찮은 맥주이고, 초밥에도 잘 어울릴 뿐 아니라, 가격도 싸기 때문이다. 그런데 어느 교수를 만나 세상 돌아가는 이야기를 하다 버드와이저 이야기를 꺼냈더니 이런 반응이 왔다. '그는 머리를 흔들며 상당히 슬픈 표정을 지었다. 그러고는 저도 밀워키 출신이라 미국 맥주를 칭찬해 주시니 기쁘기는 한데, 그러나 좀…….' 충분히 이해가 가지 않은가?

ⓒHeineken

안주 없이 쉽게 마실 수 있고, 적당한 취기를 즐길 수 있으며, 화장실 몇 번 다녀오면 말짱해지는 만큼 맥주는 어떤 면에서 가장 현대인의 라이프스타일에 어울리는 술이 아닐까 싶다. '화장실에 갔다 오면 말짱하죠. 더블 플레이 아웃.' 맥주를 마시고 화장실에 갔다 오는 상황을 야구의 더블 플레이에 비유한 문장인데, 참 재치가 있다고 생각한다.

예전부터 맥주 애호가로 바라는 게 있다면, 전 세계의 다양한 맥주를 손쉽게 접해보는 것이다. 모든 종류의 술을 다 마셔본다는 것은 어차피 불가능한 일이니까, 맥주만이라도 여건이 닿는 대로 접해보고자 한 것이다. 그래서 외국에 나가면 뭐라도 새로운 브랜드를 보면 일단 집어든다. 이래서 얻게 된 몇 가지 버릇이 있다.

- 하이네켄보다는 벡스를 더 좋아한다.
- 미국 맥주의 자존심은 사무엘 아담스라고 생각한다.
- 기네스는 너무 차갑게 해서 마시면 안 된다.
- 국산 맥주는 확실히 문제가 많다.
- 이탈리아는 와인뿐만이 아니라 맥주도 잘 만든다.
- 체코의 맥주는 알코올 도수가 11도나 되므로 마실 때 만만하게 생각해서는 안 된다.
- 영국 맥주로는 뉴캐슬(New Castle)이 입맛에 딱 맞는다.
- 의외로 전 세계의 맥주가 획일화되고 있다.

여기서 언급하고 싶은 것은 바로 마지막 문장이다. 맥주가 획일화되고 있다는 것은, 모두 같은 맛으로 변하고 있다는 뜻은 아니다. 정확하게 말하자면, 전 세계 어느 도시를 가도 파는 맥주가 비슷비슷하다는 것이다. 예를 들어 홍콩에 가도, 도쿄에 가도, 로마에 가도, 늘 버드와이저, 하이네켄, 벡스 등을 발견할 수 있다. 한국도 마찬가지다. 이것은 참 희한한 일이다. 맥주는 제조법이 와인만큼 까다롭지 않다. 가정에서도 조금만 신경 쓰면 직접 만들 수도 있다. 그럼에도 이렇게 브랜드가 통일되다시피 된 이유는 무엇일까? 무슨 음모론 같은 게 있을 리 없지만, 혹시 거대 맥주 제조회사의 지구정복 프로젝트가 있는 것은 아닐까.

우선 미국을 보면, 과연 맥주 대국답게 매일 약 8천만 개의 캔맥주를 소비하고 있다고 한다.

일본은 어떤가? 이른바 4대 마피아가 시장을 꽉 움켜쥐고 있는 형국이다. 전통의 아사히(Ashai), 기린(Kirin), 삿포로(Sapporo)에다 1964년에 가세한 산토리(Santori)까지, 이 4강 구도를 비집고 들어갈 틈은 없다. 하긴 그도 그럴 것이, 예전의 일본에서는 맥주 제조에 관해 다음과 같은 법률을 시행했다. 매년 최소 생산량이 200만 리터 이상이 되어야 한다는 법 때문에 메이저 주류 회사만 살아남을 수 있었던 것이다. 지금은 그 수치가 훨씬 낮아져서 60만 리터가 되었지만, 그래도 별반 사정은 다르지 않다. 일본 하면, 청주나 소주 등의 전통주를 떠올리지만, 실제 알코올 소비량을 보면 맥주가 압도적이다. 거의 4분의 3을 맥주가 차지한다. 그 대부분이 4대 브랜드에게 접수된 것을 보면, 파시즘이 따로 없다.

실제로 전 세계 맥주 판매량의 3분의 1정도가 상위 10대 브랜드의 제품으로 채워져 있다. 앞으로 이런 메이저들의 독점은 더욱 늘어만 갈 것이라고 하니, 개인적으로 눈앞이 캄캄하다. 스포츠 브랜드 하면 나이키와 아디다스이고, 콜라 하면 코카콜라 아니면 펩시를 떠올리듯이 이제 맥주 하면 하이네켄, 벡스, 아사히, 기린, 버드와이저, 밀러 정도에서 그칠 날이 머지않은 것이다. 모골이 송연해진다. 다양한 전 세계 맥주를 마시고 싶다는 계획에 중대한 차질이 빚어질 것 같다.

  전반적으로 맥주를 주로 소비했던 국가들의 소비량은 감소 추세다. 오랫동안 1위를 지켜왔던 독일은 최근 30년간 1인당 연간 소비량이 160리터에서 125리터로 줄어들었다. 덕분에 체코가 1등, 아일랜드가 2등이 되었는데, 이들 국가의 소비량 역시 감소하는 추세다. 미국만 해도 최근 20년간의 통계를 보면 1인당 92리터에서 82리터로 맥주 소비량이 줄고 있다. 대신 러시아며 중국에서 활발하게 소비가 이뤄지고 있으니, 다음 세기에는 이들 국가가 1, 2위를 다투게 될지도 모르겠다. 그렇다면 내 소망은 이런 식으로 발전할 것 같다. 중국, 러시아는 물론 앞으로 물망에 오를 인도, 브라질, 아르헨티나 같이 새롭게 맥주를 만드는 나라에 가보자는 것이다. 언젠가는 새로운 맥주를 맛보기 위해 아프리카의 소국을 방문하는 일도 벌어질지 누가 알겠는가?

  참고로 라이선스 맥주라는 것이 있다. 코카콜라나 베네통처럼 본사에서 라이선스를 획득해 나라별로 생산하는 시스템이다. 맥주로는 버드와이저가 대표이고, 기네스도 이에 못지않다. 물론 모든 라이선스 제품이 그렇듯, 나라마다 그 맛이 조금씩은 다르다. 맥주는 물과 원료가 중요하기 때문에 어쩔 수 없다고 본다. 특히 기네스 맥주는 유별난 구석이 있어서 현재 19개국의 버전이 있는데, 가장 독한 것은 벨기에 버전이고, 진짜 맛을 보려면 더블린의 리피 강변에서 생산된 것을 마셔야 한다고 한다. 그렇다면 오리지널을 어떻게 구해야 할까? 그리 어렵지 않다. '포린 엑스트라(Foreign Extra)'로 불리는 정식 수입품을 마시면 된다. 이 방식을 조금만 응용하면 맥주뿐 아니라 생활 전반에서 꽤 쏠쏠한 재미를 느낄 수 있을 것이다. 리바이스는 미국제, 베네통은 이태리제, 아디다스는 독일제, 김치는 한국제……. 가만 있자 김치는 라이선스 제품이 아니지!

챈들러의 소설에선 탐정인 필립 말로우가 버번 애호가로 나온다.
힘든 하루 일과를 끝내고 텅 빈 사무실에 혼자 앉아
스트레이트로 한 잔 들이키거나 대도시의 뒷골목에 위치한 바에서
원샷으로 삼키는 모습은 참 멋들어진다.

literature

버번 한 잔과
하드보일드 원더랜드

　이상하게도 하드보일드 소설을 읽고 있으면 위스키 생각이 난다. 푹신한 일인용 소파에 앉아 왼손에 책을 들고 읽고 있노라면 자꾸만 오른손이 허전해지고, 그러다보면 자연스럽게 잔을 들게 된다. 이때 선택하는 술은 위스키 온더락. 어차피 찔끔찔끔 마시는 상황인지라, 조금씩 얼음이 녹는 가운데 적당한 알코올 도수에 이를 때면 괜히 마음이 흐뭇해진다. 독서라는 상당히 고급스러운 행위가 약간의 알코올 중독에 이른 나의 처지를 조금은 보상하지 않았나 싶고, 그래서 이럴 때 마시는 위스키는 더없이 달다.
　꼭 그런 것은 아니지만 하드보일드 소설의 발생지가 미국인데다가 곧잘 알코올중독자 탐정이 나와 주로 밤거리를 돌아다니기 때문에 술집이며 바가 숱하게 나온다. 만나는 인간들도 제정신 가진 이가 드물어서, 거리의 매춘부건 도시의 반을 소유하고 있는 부자건, 치안을 책임지고 있는 경찰이건 모두 삐딱하고 타락했다. 이런 인간 말종들을 하루 종일 만나다보면 나라도 혼자 있을 때 술이 당길 것이다. 이럴 때 마시는 한 잔은, 더없이 마음을 느긋하게 해주고, 복잡한 머릿속을 정리해줘 사건의 핵심에 다다르게 하는 촉매제 역할을 한다. 탐정 사무실 한 켠에 놓여 있는 위스키는 일종의 치료제로 생각해도 좋을 듯하다.

내가 좋아하는 작가 중에 레이먼드 챈들러라는 사람이 있다. 그는 하드보일드 추리소설의 원조로, 최근에 우리나라에도 전집이 출판될 만큼 인기가 높다. 그의 작품은 영화로도 많이 만들어졌는데, 특히 1930~1950년대 필름 느와르(Film Noir)라는 독특한 장르를 성립시키는 데 큰 영향을 끼쳤다. 하드보일드와 필름 느와르는 동전의 양면과 같아서, 서로가 영감을 주는 협력관계라고 해도 무방하다. 좋은 원작이 있으면 명감독이 연출을 하고, 여기에 감독 특유의 영감이 더해져 이 영화가 다시 작가에게 창작욕을 불러일으킨다. 이렇게 서로 물리고 물리는 순환관계를 통해 한 시대를 풍미했던 것이다.

이 시기는 또 금주법 시대와 중첩되면서 흥미를 자아낸다. 자고로 세상에는 필요악이란 게 있어서 창녀나 깡패, 마약, 흡연, 도박, 음주 등은 어느 시대를 막론하고 언더그라운드에 자리 잡기 마련이다. 기강을 바로 잡고, 도덕적 해이를 심판하면 어느 정도 수면 밑으로 가라앉기는 하지만 철저히 근절하기는 힘들다. 인간의 심리 저편에 어둠이 도사리고 있기 때문이다. 프로이트

식으로 말하자면 죽음을 향한 본능이라고나 할까?

하지만 당시 미국은 우습게도 알코올을 완전히 몰아내려고 했다. 덕분에 마피아며 범죄가 급증했고, 그런 사회 분위기는 소설과 영화에 반영되어 하드보일드란 장르를 만들었다. 금주법이 해제되고, 제2차 세계대전이 터지면서 자연스럽게 하드보일드라는 장르의 인기는 시들었지만, 지금도 면면히 그 전통은 계승되고 있다.

챈들러의 소설을 처음 접한 것은 대학 시절이었다. 추리소설 마니아라면 누구나 그렇듯, 동서추리문고를 통해 그의 『기나긴 이별』을 읽고 커다란 충격을 받았다. 그간 관심을 가졌던 전반적인 미국 문화, 이를테면 할리우드의 고전영화와 재즈, 라이프스타일, 여자, 문체 등이 이 한 권에 압축되어 강한 펀치로 뇌리를 강타했던 것이다. 이후 새뮤얼 D. 해미트, 로스 맥도널드를 거쳐 데니스 르헤인, 로렌스 블록, 제임스 엘로이 등 현대 작가까지 빼놓지 않고 읽고 있다.

한때 추리소설 작가로 활동한 점이나 재즈에 미쳐서 책까지 쓴 내 이력을 살펴보면, 이 한 권의 책은 어떤 계시처럼 다가왔다. 무라카미 하루키에게 『위대한 개츠비』가 있다면, 나에게는 『기나긴 이별』이 있었던 셈이다.

챈들러는 영화계와 인연이 있어, 시나리오 작가로서 한동안 할리우드에서 활동한 적이 있다. 그때 써낸 작품 중에 꼭 보고 싶였던 것이 〈이중 배상〉이라는 영화다. 빌리 와일더가 감독하고, 프레드 맥머레이와 바바라 스탠윅이 나오는 다소 고전적인 느와르다.

마침 용산에 갔다가 우연히 싸게 나온 DVD가 있어서 재빨리 집었다. 늦은 밤, 위스키 한 잔을 마시면서 감상했는데, 흑백 영화 고유의 톤과 분위기가 멋들어질 뿐 아니라, 스토리도 탄탄해서 시간 가는 줄 몰랐다. 역시 챈들러는 나의 영원한 형님이구나 하는 찬사와 함께.

영화 속에서는 이런 장면이 나온다. 악녀가 남편의 살해를 부탁하며, 유혹하기 위해 주인공인 보험 세일즈맨의 아파트를 찾아간다. 처음에 남녀는 티격태격한다. 그러나 결국 긴 키스가 이어진다. 남자는 여자의 계략에 말려든 것이다. 남자는 여자의 머리카락을 쓰다듬으며 냄새를 맡는다. 그 다음의 대사가 멋지다.

"머리에 뿌린 향수는 뭐요?"

"몰라요. 넨즈나다에서 샀어요."

"이 향기는 거품이 나는 핑크 와인과 잘 어울릴 것 같소. 하지만 아쉽게도 지금은 버번밖에 없군."

"버번도 괜찮아요, 월터."

챈들러의 소설에 보면 탐정인 필립 말로우가 버번 애호가로 나온다. 힘든 하루 일과를 끝내고 텅 빈 사무실에 혼자 앉아 스트레이트로 한 잔 들이키거나, 대도시의 뒷골목에 위치한 바에서 원샷으로 삼키는 모습은 참 멋들어진다.

그런데 여기서 왜 버번일까? 궁금해할 법도 하다. 사실 여기엔 프랑스 왕가의 슬픈 사연이 숨어 있다.

버번(bourbon)이라는 말을 불어로 읽으면 부르봉이다. 부르봉은 미국의 독립에 큰 도움을 주었던 프랑스 왕조다. 1778년, 프랑스 부르봉 왕조의 루이 16세가 미국의 독립을 지지하기 위해 당시 미국과 교전 중이던 영국에 선전포고를 했다. 루이 16세의 지지는 영국의 힘을 분산시켰고 그 결과 미국의 독립이 이루어지는 데에 큰 도움을 주었다. 이 과정에서 프랑스는 미국에 막대한 자금 지원도 했다. 그런데 이런 금전적인 지원은 부르봉 왕가의 재정을 바닥나게 만들었다. 결국 부르봉 왕가는 혁명으로 몰락하고 역사의 저편으로 사라진다.

그러나 미국은 부르봉 왕가의 도움을 잊지 않고 1783년에 버지니아 서부 일대를 버번 지방이라고 이름 붙였고, 1789년 프랑스 혁명이 일어날 즈음 켄터키 주 북동부의 버번 지방에서는 그네들 식으로 만든 위스키가 처음으로 등장한다. 이를 스카치위스키와 구별하기 위해 버번위스키라 불렀던 것이다. 왕조의 몰락과 함께 버번위스키가 탄생한 우연은 역사의 아이러니를 새삼 느끼게 한다.

버번을 처음 만든 사람은 버번 지방의 조지타운에 있는 바티스트 교회의 목사 이라이저 크레이그로 알려져 있다. 금주를 강조하는 교회의 목사가 버번의 아버지가 된 것이 상당히 재미있다. 버번의 주원료는 옥수수다. 여기에 술통의 재료인 화이트오크를 약간 불에 그슬려 독특한 향기를 내게 한 것이 버번위스키만의 맛을 자아내는 비법이다.

켄터키 주는 버번위스키 제조에 더할 나위 없는 약속의 땅이다. 수질을 정화하는 라임스톤이라는 석회암층이 펼쳐져 있고, 기름진 목초 지대는 옥수수 재배에 용이했으며, 산에는 대량의 화이트오크가 무성해 술통 만들 일을 걱정할 필요가 없었다. 게다가 기후까지 완벽했다. 버번위스키를 만들 때는 특수한 효모가 사용되는데 이 지역은 효모를 배양하기에 너무 덥지도 너무 춥지도 않았으니 꼭 크레이그 목사가 아니더라도 누군가는 버번위스키를 만들었을 것이다. 버번위스키로 인정받기 위해서는 다음의 네 가지 사항을 충족시켜야만 한다.

- 주원료인 옥수수가 전체의 51~79% 차지해야 한다.
- 술통에서 꺼냈을 때 알코올 농도가 40~62.5도 사이여야 한다.
- 화이트오크의 안쪽을 불로 그슬려 만든 술통에 최소 2년 이상 숙성시켜야만 한다.
- 켄터키 주 안에서 제조된 것이라야 한다.

이렇게 엄격한 기준을 적용한 결과 어얼리 타임즈(Early Times), 짐 빔(Jim Biam), 올드 크로우(Old Crow), 와일드 터키(Wild Turkey), 포 로지즈(Four Roses), 버튼(Butten), 해븐 힐(Heaven Hill) 등과 같은 명주들이 탄생하게 된다. 참고로 잭 다니엘(Jack Daniels)은 버번위스키로 치지 않는다. 특이하게도 테네시 주에서 제조되었기 때문이다.

그런데 흥미롭게도 이 모든 위스키 중에 잭 다니엘이 제일 인기가 있다. 잭 다니엘이란 이름은 이 술을 만든 재스퍼 뉴턴 다

니엘의 이름을 따서 만든 것이다. 잭은 그의 별명이었다. 그에 관한 신상은 불명확하다. 다만 그가 매우 사랑했던 조카 렘에게 술의 제조법을 남겨주어 테네시 주에서 계속 잭 다니엘이 만들어질 수 있었다.

그런데 사실 잭 다니엘의 고장인 테네시 주는 1910년부터 일찍 금주법을 실시했다. 결국 렘은 세인트루이스, 미주리, 앨라버마 등을 전전하며 술을 만들 수밖에 없었는데 만들 때마다 한결같이 기준 미달인 술이 만들어졌다. 당연히 상품화는 어려웠다. 그러나 다행스럽게도 1938년 금주법이 풀어져 무어 카운티의 린치버그란 곳에서 생산을 할 수 있었다. 하지만 제2차 세계대전의 발발로 술 제조는 어려움을 맞게 된다. 미국 정부에서 전쟁 중이라는 이유로 위스키 제조를 금지했기 때문이다. 종전 이후에 다시 위스키 제조는 가능해졌지만 이번에는 옥수수의 품질이 문제가 됐다. 2년이란 시간이 흘러서야 위스키 제조에 쓸만한 옥수수 수확이 가능해졌지만 그때는 이미 렘이 세상을 떠난 뒤였다. 결국 그의 후손들에 의해 잭 다니엘은 만들어질 수 있었다.

그러나 한 가지 난관이 또 있었으니 무어 카운티 지역만의 법률이었다. 이곳에서는 술의 생산이 가능하지만 판매는 금지됐다. 다만 기념품으로 만드는 술만이 판매가 가능했다. 하여 무어 카운티의 잭 다니엘 공장에서는 '잰틀맨 잭', '잭 다니엘스 싱글배럴' 같은 알쏭달쏭한 이름의 기념품용 위스키만 판매한다고 한다. 잭 다니엘의 팬으로서 이런 기념품들은 꼭 수집하고 싶은 것들이다.

나 역시도 이 녀석을 무척 좋아해서, 어중간한 스카치보다는 잭 다니엘이 훨씬 낫다고 생각한다. 흔히 잭 다니엘을 마실 때 그 특유의 진한 향이 거북스러워 콜라를 섞는 일이 많다. 잭 콕(Jack Coke)이라고 부르는 이 술은 나름의 매력이 있다. 하지만 개인적으로 그다지 추천할 만한 조합은 아니라고 본다. 콜라 자체의 단맛도 별로 좋아하지 않는데다가, 잭 다니엘이라는 위스키가 갖고 있는 강인하면서도 끈끈한 개성이 희석되어 버리기 때문이다.

우리나라에서 버번위스키는 별로 인기가 없다. 와일드 터키와 짐 빔은 심심찮게 보이지만 우선 맛이 거칠고, 향도 그저 그렇기 때문이다. 이것을 마실 바에야 소주가 낫다는 이들도 있을 정도다. 그러나 온더락으로 마시거나 다른 음료를 섞는다면 꽤 재미있어지는 술이 바로 버번위스키다. 물론 이는 순전히 개인적인 취향이라서, 버번위스키의 맛이나 질감보다는 그 이미지에 더 현혹된 것이 아닌가 스스로 반문해보기도 한다. 그러나 어얼리 타임즈나 포 로지즈 같은 버번위스키는 혀를 제대로 담뿍 적시면서도 뒷맛은 개운해서 같은 버번위스키 중에 확실히 등급이 다르다고 생각한다.

지금도 나는 서점에 가면 제일 먼저 추리소설 코너를 찾는다. 재미있는 신작이 있나 찾아보고, 리스트에 올라 있는 책을 골라 몇 페이지 정도 읽으면서 구매를 결정한다. 이때 무조건 사고 보는 것이 하드보일드 계통이다. 고전적인 작품들은 꽤 읽었으므로, 요즘은 루헤인, 블록, 엘로이 등에 열중하고 있는데, 번역물이 많지 않아 고생하고 있다. 그래도 눈에 띄면 그날 밤은 잭 다니엘과 함께 보낸다.

얼마 전에는 존 그리샴의 『최후의 배심원』을 흥미롭게 읽었다. 인종차별이 극심한 1970년대의 미시시피 주를 배경으로 삼고 있는데, 자유분방한 사고를 가진 23세의 대학 낙제생인 주인공이 『포드 카운티 타임스』라는 주간지를 인수하고 나서 벌어지는 일을 그리고 있다. 이 지역을 통째로 소유하고 있는 패드킷 집안의 횡포라던가, 흑인 할머니와 백인 청년이 쌓아가는 독특한 우정, 언제 폭발할지 모르는 흑백의 갈등 등이 진솔하게 표현되어 있다.

이 소설을 읽으면서, 나는 다시 한 번 미국의 남부라는 지역을 생각하게 되었다. 물론 그리샴 자체가 미시시피 주 출신이라, 이 지역 사정에 정통해 있는 만큼, 소설 속에 그려지는 사건이나 분위기가 허구만은 아닐 것이라고 생각한다. 이 시점에서 블루스, 버번, 남부 등을 떠올리게 되었는데, 읽는 내내 잭 다니엘 생각이 나서 견딜 수가 없었다. 하지만 평론가들 말에 따르면, 버번 위스키 최고의 걸작은 메이커스 마크(Maker's Mark)라고 한다. 걸작이니만큼 구하기는 쉽지 않겠지만, 한 번쯤 도전해볼 만하지 않을까?

매튜나 사타케와 함께 만난다면
    커피를 주문하고 조니 워커 몇 방울을 타면 된다.
  금주하는 이에게는 향을, 술꾼에겐 알코올을 제공하니 말이다.

literature

사타케도 유혹할
조니워커의 향기

위스키 하면 제일 먼저 떠오르는 브랜드가 조니 워커(Johnnie Walker)다. 거기에는 사연이 있다. 물론 박정희 전 대통령은 시바스 리갈(Chivas Regal)을, 일본 황실에서는 올드 파(Old Parr)를 좋아했던 것과는 차원이 다른 개인적으로 소중한 추억이 얽혀 있다. 일종의 숙명이랄까. 그런데 이 사연을 이야기하려면, 정반대로 일체 술을 마시지 않는 캐릭터에 관해 언급해야 한다.

추리소설을 읽다보면, 음주 장면이 참 많다. 하루 종일 사건의 실마리를 잡기 위해 분주히 돌아다닌 형사나 탐정은 피로를 한 잔 술로 씻으려 한다. 범인은 범인대로 골치 아픈 일이 많아 술을 마신다. 우발적인 범죄 현장에는 알코올이 종종 연루되어 있기에 이래저래 추리소설에는 술이 등장하지 않을 수가 없다.

그런데 최근에 읽은 소설들은 이런 알코올을 어떻게든 피하려는 범인과 형사가 나타나 눈길을 끈다. 흔히 술자리에서 속이 좋지 않거나 간밤의 숙취 때문에 술잔을 사양하면 이런 소리를 듣곤 한다. "자고로 술을 마시지 않은 인간은 신뢰할 수 없어. 우리는 취해서 속마음을 모두 털어놓는데, 자신은 말짱하거든. 냉정하게 우리의 약점을 파고들 수가 있지. 도무지 속마음을 알 수 없는 부류라고." 꼭 그렇다고 할 수는 없지만 인간관계에서 일정한 선을 넘어야 할 때엔 알코올이 필요하다. 알코올을 핑계로 속을 내보이고 상대의 깊숙한 곳도 파고드는 것이다. "백 번의 커피보다는 한 번의 식사가 낫고, 백 번의 식사보다는 한 번의 술자리가 낫고, 백 번의 술자리보다는 한 번의 잠자리가 낫다."

나 역시 위의 말들을 모두 신뢰하는 것은 아니지만, 아무래도 커피 잔을 앞에 놓고 말똥말똥한 상태에서 상대와 깊은 이야기를 나누기엔 어색한 감이 있다. 아이템을 놓고 회의를 하거나 상담을 나누는 경우라면 상관없지만, 조금이라도 친밀도를 높이겠다면 약간의 알코올은 필요하니 말이다.

기리노 나츠오의 『아웃』이라는 소설에서는 술을 마시지 않고, 여자에게 눈길 한 번 주지 않으며, 말수도 거의 없는 악한 사타케 미쓰요시라는 인물이 나온다. 그저 표면적으로 보자면 이런 부류의 사람은 믿음직하다. 일에 있어서 실수를 용납하지 않고, 자기가 지키려는 대상은 철저하게 보호할 뿐 아니라, 상대를 짓밟을 때엔 가

차 없기 때문이다. "짧게 깎은 머리와 두꺼운 목이 체격 좋은 몸에 이어져 있어 전체적으로 투박해 보인다. 그러나 체격에 비해 작은 여우 눈은 영리한 느낌을 주고 콧날은 높게 섰으며, 손가락 길이와 관절이 절묘한 균형을 이루는 보기 좋은 손을 지니고 있다. 몸은 옹골차며 섬세한 얼굴과 손을 가져 그 불균형 때문에 사타케는 정체 모를 인상을 풍겼다." 실크 셔츠에 순금 롤렉스 시계, 구찌 로퍼. 누가 봐도 좋은 인상이다. 그러나 그는 일단 마음을 먹으면 아무렇지도 않게 사람을 죽인다. 그것도 치밀하게 계획을 세워 타깃의 주변을 고양이처럼 야금야금 접근해서 결국 옴짝달싹하지 못하게 포위한 후, 먹잇감을 유린한 다음 폐기해버린다. 매우 잔인하게 말이다.

나는 기리노 나츠오의 소설을 비교적 늦게 접했다. 하드보일드를 좋아하기 때문에 관심이 늘 미국 소설에 향해 있었기 때문이다. 그러나 에드거 상 후보에까지 오르면서 미국 독자들을 사로잡은 나츠오의 소설을 읽지 않을 수 없게 되었고, 이윽고 『잔학기』『아임 소리 마마』『다크』『그로테스크』 등을 연이어 독파하게 되었다.

그의 소설을 읽으면서 깨달은 바가 있다면, 표면적으로 변태스럽고 엽기적인 인간이나 상황도 곰곰이 따지고 보면 모두 이유가 있다는 것이다. 말초적인 관점에서 보면 그의 소설에 등장하는 캐릭터는 쇼킹 그 자체이지만 말이다. 오로지 돈을 위해 시체를 절단하는 아르바이트를 하는 주부들이라던가, 일류 회사에 다니면서 밤에는 아무렇지도 않게 매춘하는 여성, 아무나 눈에 거슬리면 거침없이 살인해버리는 중년 여성. 소녀를 납치해서 몇 년이고 함께 데리고 살면서 소꿉놀이를 하는 변태 등 나츠오의 소설 속에는 신문의 사회면에서나 볼 수 있는 인물들이 넘쳐난다. 하지만 작가의 묘사나 암시를 쫓다보면 그런 일들이 실상은 그리 대단하지도 않고, 사회 곳곳에 산재해 있으며, 누구에게나 벌어질 수 있는 현상이라고 느끼게 된다. 이런 깨달음을 주는 것이 이 작가가 가진 힘이라고 생각한다.

그렇다면 사타케의 경우는 어떤가? 그의 내부에는 거대한 욕망이 꿈틀거리고 있다. 폭력과 섹스에 대한 어마어마한 갈망을 그는 어떻게 하든 억누르기 위해 일부러 화려하게 꾸미고, 일에 몰두하고, 경건하게 살 뿐이다. 그 욕망을 채우려면 너무나 큰 폭력이 동반되어야 하고, 그럴 경우 자신은 파멸한다. 그 사실을 잘 알고 있으므로, 처음부터 일체의 음주나 섹스를 허용하지 않는 것이다. 아무튼 이 작품을 읽고 나서 한동안 술을 마시지 않은 사람들을 주시하는 버릇이 생겼다. 그냥 한두 잔 정도 하면 뭐가 어떻다고 그런가? 약간은 취기가 올라야 말도 풀리는 것이 아닌가? 그렇다고 종교적인 혹은 신체적인 이유로 금주하는 사람들까지 노려보는 것은 아니니 오해가 없기 바란다.

『아웃』에 금주하는 범인이 나온다면, 로렌스 블록이 시리즈로 내고 있는 소설에는 술을 일체 마시지 않은 탐정 매튜 스커더가 나온다. 사실 그는 정식 탐정이 아니라 전직 경찰로서, 인맥을 통해 사건을 의뢰받아 활동하는 준탐정이다.

사는 곳은 낡고 허름한 여관. 개인 소지품이라고는 거의 없

고, 일체의 사치나 취미가 없다. 삭막함 그 자체이다. 그나마 애인이 있어서 정기적으로 만나고 있지만, 그녀의 직업은 고급 콜걸로 어느 선 이상으로 관계를 진전시킬 수 없다. 주변 인물은 하나같이 술꾼인데다가 범죄자, 사기꾼, 소매치기, 염탐꾼, 깡패로 득실거린다. 또 담당하는 사건은 하나같이 엽기적이고 잔혹해서 사타케 같은 인물이 아니면 불가능한 것들 투성이다. 이런 환경에 둘러싸여 있으니 매튜는 술을 마셔야 한다. 그러나 마시지 않는다. 대신 금주 모임에 정기적으로 나간다. 사실 그는 이미 술꾼으로 극에 가봤다. 그는 한 잔의 술이 어떤 도화선의 불꽃이 될지 알고 있다.

매튜가 마시는 것은 커피뿐이다.『무덤으로 향하다』라는 소설에서 매튜는 금주 모임에 갔다가 친해진 사람을 통해 사건을 의뢰받는데, 의뢰인을 방문했을 때 커피를 내놓으면서 이런 말을 한다. "마실 걸 드릴까요? 술은 아니에요. 커피도 있고, 음료수도 있습니다. 커피는 레바논 스타일로 끓인 건데 진하고 맛이 강하죠. 터키 커피나 아르메니안 커피와 같다고 생각하시면 됩니다. 그냥 맥스웰 인스턴트 커피를 드시겠다면, 그것도 있습니다."

그렇다면 술 대신 커피를 마시는 사람과 술꾼이 공존할 수 있는 방법은 없는 것일까? 내부의 거대한 욕망을 억제하려는 전직 술꾼을 위한 방법은 없는 것일까? 당연히 있다.

바로 커피와 위스키를 적절하게 타서 마시는 것이다. 사연은

1980년대 초로 거슬러 올라간다. 한참 대학에 다닐 무렵 학교 앞에 '러쉬'라는 록 전문 호프집이 생겼다. 당시 대부분의 록 전문점이 소위 '빽판'이라고 불린 불법유통 CD로 음악을 틀었던 데 반해, 러쉬에는 원판이 구비되어 있었다. 특히 카운터 뒤의 벽에는 우드스톡이나 지미 헨드릭스의 원판을 쫙 펼쳐놓아 보는 재미가 쏠쏠했다. 무엇보다 주인 내외가 틀어대는 레퍼토리가 훌륭했다. 아무튼 그곳에는 위스키가 몇 병이 있었는데, 이중 조니 워커가 가장 눈길을 끌었다. 저녁에는 친구들과 주로 맥주를 마시며 소시지 안주로 배를 채우고 이런저런 이야기를 나누곤 했지만, 낮에는 커피 한 잔에 바로 그 조니 워커 몇 방울을 타서 마셨다. 그 향이 지금 생각해도 알싸하게 코끝을 감싼다. 조금만 더 넣어달라고 사정하기도 했는데, 그럴 때면 꼭 술을 마시는 기분이 들었다.

　매튜 스커더와 커피, 그리고 러쉬와 조니 워커. 이제 각각의 뜬금없는 소재들의 연결고리가 잡히는 것 같다. 매튜나 사타케와

ⓒJohnnie walker

함께 만난다면 커피를 주문하고 조니 워커 몇 방울을 타면 된다. 그뿐이다. 금주하는 이에게는 향을, 술꾼에겐 알코올을 제공하니 말이다.

그럼 여기서 조니 워커에 얽힌 기억을 조금 더 추억해야겠다. 당시 러쉬를 다니며 홍청망청 술을 마시고, 록을 듣던 친구 중에 부르주아라고 부를 만한 친구가 한 명 있었다. 철학과에 다니던 S는 지금 봐도 파격적이고도 묘한 헤어스타일에 한눈에도 철학과 학생의 풍모를 풍기는 두터운 뿔테 안경을 쓰고 품이 넓은 와이셔츠와 헐렁한 기지 바지를 입고 다녔다. 내 부전공이 철학과였던 관계로 술친구들은 주로 철학과가 많았는데(이 친구도 그들 중 한 명이었다) 어느 날 우연히 그의 집을 방문하고서는 기절초풍하고 말았다.

엄청나게 눈이 많이 내렸던 겨울. 방배동의 언덕에 위치한 아파트 단지로 아슬아슬 눈길을 거슬러 올라가니 그림과 같은 대형 아파트가 나왔다. 지금의 타워팰리스쯤 될까? 아니면 존 레넌과 번스타인이 살았다던 맨해튼의 다코타 맨션쯤 될까? 넓은 거실은 상암동 월드컵 경기장만 했고, 창밖으로 펼쳐진 눈 덮인 마을 풍경은 크리스마스 카드에 그려진 그것과 다름없었다. S의 어머님께서는 친구들이 왔다고 서둘러 술상을 봐주셨다. 고급스런 쟁반에 소담하게 담겨진 돼지 보쌈과 난자 완스. 그리고 함께 나왔던 조니 워커. 일 년에 한번 마실 수나 있었던 그 술이 이런 자리에 나온 것이다.

그러고 보니 대학에 합격한 후, 고교 동창들과 중국집에서 나름대로 조촐한 졸업식을 가질 때의 기념주 역시 조니 워커였다. 우리는 소주 정도를 생각했는데, 친구 한 명이 아버지의 컬렉션에서 한 병을 훔쳐온 덕분에 멋진 이별식이 될 수 있었다.

이래저래 조니 워커는 내게 위스키의 대명사였고, 지금도 가끔 마트나 바에 가면 습관적으로 사거나 주문하는 위스키가 되었다. 지금 생각해보면, 그 아파트에서 느꼈던 풍족함, 여유로움이 1980년대라는 상황과는 너무나 동떨어져서, 개인적으로 과연 이런 환경을 앞으로 성취할 수 있을까 하는 불안감이 조니 워커로 모아진 것이 아닐까 싶다. 물론 지금도 그런 여유를 성취하지 못했기에 조니 워커를 보면 더욱 알 수 없는 갈망에 시달리는 것인지도 모르겠다.

현재 S라는 친구와는 연락이 끊긴 상황이다. 당시 그가 즐겨 들었던 음반은 글렌 굴드의 〈골드베르크 변주곡〉이었는데 지금도 그 음반을 들으면 조니 워커가 그립고, 그 겨울 풍경의 아파트도 생각난다. 가장 흔한 위스키이기 때문에, 그만큼 추억도 많은가보다.

다시 내가 추리소설을 쓰게 된다면, 매튜 스커더나 사타케처럼 일체 술을 마시지 않는 인물이 나올지는 확신할 수 없지만, 조니 워커는 꼭 나올 것이다. 참고로 내 영어식 이름도 조니이다. '종학'에서 '존(John)'을 자연스럽게 생각해내 나름대로 외국인이 부르기 편하라고 지은 이름이다.

『로드』에서 가장 인상 남는 장면은, 폐가를 찾았다가
우연히 지하에 만들어놓은 피난처를 발견하는 대목이다.
두 부자는 오랜만에 목욕도 하고, 머리도 깎고, 마음껏 배도 채운다.
그리고 이름 모를 위스키를 마신다.
수년간 고생만 하다가 접한 위스키의 맛은 어땠을까.

literature

캡슐로 된 술을 마시는
시대를 상상하며

　〈노인을 위한 나라는 없다〉라는 영화를 본 관객이라면 어느 누구도 안톤 시거라는 불가사의한 살인마를 결코 뇌리에서 지워 버릴 수 없을 것이다. 스페인의 국민 배우 하비에르 바르뎀이 워낙 호연을 펼친 탓도 있지만, 원작의 힘이 무척이나 컸다. 밸브로스턴 건과 가스통을 연결해서 상대의 정수리를 쏘아 죽이는 수법의 살인마. 어찌 보면 우스꽝스런 설정이지만, 워낙에 개성이 강한지라 인상에 남는다. '저기 어딘가에 진정한 파괴의 예언자가 있다. 다시는 그 자와 마주치고 싶지 않다. 나는 알고 있다. 그가 진짜라는 것을. 나는 그가 한 일을 보았다. 한때 나는 그 자의 눈앞에서 걸어 다녔다. 다시는 그러고 싶지 않다. 두 번 다시는 내 운명을 걸고 그 자를 만나러 가지 않겠다.' 소설에 보면 이런 문장이 나올 정도로, 원작자인 코맥 맥카시 역시 자신이 만들어 낸

시거라는 인물에 넌더리를 내고 있다. 그런데 여기서 〈노인을 위한 나라는 없다〉라는 제목이 뜻하는 것이 무엇일까?

연출을 맡은 코헨 형제는 1990년대를 풍미한 걸출한 감독들이었지만 이후 도저히 봐줄 수 없는 졸작들을 만들어서 비웃음을 한참이나 사기도 했다. 심지어 '노땅'이라는 놀림까지 받았다. 울분이 얼마나 쌓였는지는 보지 않아도 충분히 짐작이 간다. 40대만 넘으면 명퇴를 강요받는 우리의 현실과 별반 다르지 않으니 말이다. 그래서 미국은 결코 선배나 노장을 대우하지 않는다는 의미에서 저런 제목을 쓰지 않았을까 싶었다. 어디까지나 나의 추측이다. 그런데 원작을 사서 보니, 이 제목이 실은 아일랜드의 시인 예이츠가 쓴 〈비잔티움으로 가는 항해〉에서 따온 구절임이 나와 있었다. 이 시의 첫 문장이 'That is no country for old men'이다. 시 속에서 '그 나라'는 비잔티움을 뜻하지만, 경험과 지혜를 갖춘 노인이나 현자를 무시하고 그때그때의 욕망과 즐거움에 빠지는 젊은이들이 득실거리는 곳으로 해석할 법도 하다. 이 제목은 꼭 우리의 현실을 가리키는 것 같아 가슴을 뜨끔하게도 만드는데 과연 우리 시대의 현자는 과연 어디에 숨어 있나 하는 생각도 해보게 된다.

아무튼 영화의 성공 덕분에 코맥 맥카시의 번역서들도 속속 출간되고 있다. 특히 그의 작품 세계에 일대 변혁을 몰고 온 『핏빛 자오선』의 출간과 '국경 3부작' 중 『모두 다 예쁜 말들』이 출간된 것은 그를 갈망하는 팬 입장에서 여간 반가운 게 아니다. 다만 그의 작품들이 미국의 서부를 모델로 한, 일종의 서부극과 같은 장르 소설이기 때문에 이런 전통에 낯선 우리 독자들에게 얼마나 다가갈 수 있는지는 미지수다. 그런 면에서 『로드』는 시의적절하게 출판되어 큰 반향을 불러일으킨, 야구로 치면 적시타에 해당하는 작품이다.

『로드』의 내용은 간단하다. 미래의 어느 시점에서 벌어지는 일로, 핵전쟁이나 뭐 엄청난 사건으로 인해 인류의 대부분은 멸망하고 문명은 파괴된 상태에서 노인과 그의 아들이 살아남기 위해 하루하루 힘들게 버티는 것이 전부니까. 아들이라고 해도 노인의 나이에 걸맞은 장성한 청년이 아니라, 아직 채 10살도 안 된 꼬마다. 잠시 한눈을 팔면 무슨 화를 당할 수 있을지 알 수 없을 정도로 연약한 소년. 이런 두 캐릭터를 주인공으로 내세운 것은, 작가 자신의 체험에서 비롯되었다고 한다. 맥카시 역시 늘그막에 아이를 하나 얻었는데, 아이와 여행을 갔다가 밤에 침대에서 잠들어 있는 모습을 보고 이런 생각이 들었다고 한다. "지금은 내가 보호하고 있지만, 어차피 나는 오래 살지 못한다. 그 후에 저 녀석은 어떤 식으로 살아가야 할까?" 이런 고민이 모체가 되어, 이 소설이 나왔다고 하니 아버지라면 자식을 보고 당연히 느꼈음직한 부성애에 작가 자신의 감정이 충분히 이입되어 이런 걸작이 나오지 않았을까.

소설에서 묘사되는 현실은 정말이지 끔찍하다. 우선 먹을 것이 아무것도 남아 있지 않다. 농사지을 형편도 되지 못한다. 하루 종일 먹을 것과 마실 것을 찾아다니는 것이 전부다. 그래야 생존할 수 있다. 두 사람은 슈퍼마켓에서 사용하는 카트에 담요와 옷가지 등을 싣고 식료품을 찾아 헤맨다. 그렇다고 중간에 사람을 만나서 도움을 받을 형편도 못된다. 오히려 피해야 한다. 약탈자들 때문이다. 거대한 재앙 이후 살아남은 사람들끼리 서로 도와도 생존이 힘든 판국이지만, 현실은 그렇지 않다. 포악한 인성을 가진 인간들이 모여 오히려 타인의 물품과 식량을 약탈하고 죽인다. 그들의 관심은 오로지 자신들의 안위와 사냥뿐이다. 인간 사냥. 끼니를 연명하는 것보다 더욱 중요한 것은 이런 약탈자들에게 들키지 않고 또 다른 삶의 가능성이 기다리고 있는 바닷가로 가는 일이다.

　　이 작품의 묘미는 죽음에 다다를 정도로 어려운 상황에 처했을 때마다 어떤 식으로든 식량을 구하거나, 숙소를 찾거나 해서 모면한다는 것이다. 그런데 그런 상황을 접할 때마다 우리의 삶도 이런 식의 아슬아슬한 외줄타기 곡예가 아닐까 하는 생각이 들었다. 『로드』에서 가장 인상에 남는 것은, 폐가를 찾았다가 우연히 지하에 만들어놓은 피난처를 발견하는 대목이다. 그 안에는 비상식량이 많고, 식수도 있으며, 보일러도 있다. 그래서 두 부자는 오랜만에 목욕도 하고, 머리도 깎고, 마음껏 배도 채운다. 그리고 이름 모를 위스키를 한 잔 마신다. 수년간 고생만 하다가 처음 접하는 위스키 맛이 어떨지는 상상에 맡기겠다. 소설을 다 읽고 나서도, 과연 그 위스키가 대체 무엇이었을까 한동안 추측하곤 했다.

　과연 인류의 미래가 어떻게 전개될지는 알 수 없지만, 성경에서 말하는 최후의 심판이니 뭐니 아무튼 부정적인 견해가 지배하고 있다. 실제로 지구는 지금 꼭 절반 정도를 살았다고 한다. 그럼 앞으로 25억 년가량 수명이 남은 셈이다. 25억 년? 당장 다음달 핸드폰 요금과 전기세를 걱정해야 하는 판국에 25억 년이라니, 무슨 농담하느냐 되물을 것이다. 그러나 그게 그리 간단치 않다. 우리가 사용하는 각종 전기며 자동차 등을 따져보면, 아무리 무진장한 화석연료가 매장되어 있다고 해도 앞으로 100년 이상을 버틸 수 있을까? 환경 공해는 또 어떤가? 중국에 이어 인도를 개발하고, 브라질의 삼림을 파헤치고, 러시아의 땅을 파헤친다고 해서 과연 인류의 미래에 축복이 찾아올까? 현재 60억의 인구가 각종 농산물을 재배하면서 계속 땅을 혹사시키는데, 100년 후에도 무럭무럭 곡식이 자라고, 나무가 열매를 맺을까? 단순히 인구만 놓고 보자. 현재 60억인 인구가 앞으로 이런 상태라면 별로 줄어들 것 같지도 않고, 조금 있으면 100억에 달할 것이다. 과연 이 숱한 입을 먹일 만한 능력에 지구에 있을까? 얼마 전, 앞으로 200~300년 내에 인류는 멸망할 것이라는 끔찍한 보고서가 제출된 적이 있다. 너무나 성장을 외친 나머지 지나친 경쟁 시스템으로 인류가 살다보면, 자연스럽게 환경을 헤치고, 자원을 고갈시킬 수밖에 없다. 이런 성장 노이로제는 인류의 수명을 빠르게 단축시킨다. 지구를 황폐하게 만들기 때문이다.

　지구가 쓸모없게 될 것을 가정한 뒤 활발하게 추진되고 있는 것이 화성 이주 계획이다. 이 계획은 전혀 공상이 아니다. 실제로 화성엔 얼음의 형태지만, 물이 있다고 한다. 물이 있으면 생명이 살 수 있는 조건이 된다. 그러나 너무 추워서 해동이 되려면 앞으로 70억 년이 걸린다. 지구가 없어지고도 상당 시간이 소요되는 셈이다. 여기서 과학자들은 일종의 온실효과를 유발시켜 화성의 온도를 상승시키는 법을 개발하고 있는 모양이다. 이러면 물이 생기고, 온도가 높아져 사람이 살 수 있는 환경이 조성되는 모양이다. 200~300년 내에 실현 가능한 프로젝트다. 이것은 지구의 자원이 고갈되는 시점과 비슷하다. 그럴 경우, 선택받은 사람들만이 화성행 우주선에 오를 것이다. 역시 영국을 버리고 메이플라워 호에 몸을 실었던 경험이 있는, 프런티어 정신으로 똘똘 무장한 일부 앵글로색슨만이 그 혜택을 입지 않을까 싶다. 그런데 아이러니하게도 호전적이고, 경쟁적인 그들이 아니었으면, 지구에서 인류가 살 수 있는 시간은 훨씬 더 연장되었을지도 모른다. 빨리 파먹고 화성에 가는 게 나은지, 되도록 지구를 보존해서 공평하게 오랫동안 사는 게 나은지는 알아서 판단해야 할 것이다. 그럼에도 화성에서의 삶도 그리 낙관적이지 못하다. 이것은 다음 단계로 가는 과정에 불과하기 때문이다. 그 다음 인류가 갈 곳은, 목성의 여러 행성 중 하나인 유로파다. 크기는 달의 절반만하고, 현재는 얼음에 잠겨 있지만, 앞으로 태양이 확장되면서 열이 다수 발생해 지구는 물론이고 화성까지 불바다가 될 때야 비로소 유로파는 생물이 살 수 있는 환경이 된다.

과연 그 시대에도 인간은 술을 마실까? 아마 음악이며 문학이 존재하는 한 가능할 것이다. 상상력을 잃지 않은 한 술은 인간에게 늘 필요한 존재니까 말이다. 그러나 술의 형태는 지금과 다를 것이다. 마치 우주선에서 승무원들이 먹는 영양식처럼, 음식의 형태도 변하고 술도 바뀔 것이다. 지금 마시는 와인처럼 포도나무를 성장시켜 열매를 따고, 그것을 으깨서 자연적으로 발효시키는 바보 같은 짓은 하지 않을 것이다. 알코올 성분이 들어 있는 캡슐의 형태로 만들어져 주량에 따라 한두 알 삼키지 않을까. 술을 제조하기 위해 곡물을 사용한다는 낭비는 도저히 있을 수 없으니까 말이다.

아무튼 그렇게 생각하면 이 시대에 태어나 별 볼 일 없는 인생을 보내고는 있지만, 이렇게 좋은 와인이며 위스키며 맥주를 마실 수 있다는 것은 대단히 행복한 일이지 싶다. 눈물나도록 고맙고, 유쾌하고, 즐겁기만 하다. 특히 우리의 먼 후손들이 바다와 면한 유리창 너머로 거대한 심연을 바라보며 알코올 캡슐을 삼킬 것을 생각하면, 이렇게 창밖으로 무한하게 펼쳐진 하늘을 바라보며, 깊은 숨을 삼키고, 천천히 한 잔 술을 들이키는 이 순간이 그렇게 고귀할 수밖에 없다. 그렇지 않은가.

다시 『로드』로 가보자. 나는 노인이 마셨던 위스키의 상표가 무엇일지 추론해본다. 작가는 1976년에 텍사스주의 엘 파소에 이주한 뒤 계속해서 그곳에서 살면서 소설의 무대로도 삼고 있다. 텍사스 주는 당연히 버번위스키가 점령하는 지역이다. 하지만 원래 그 피난처에 살던 사람들은 이미 죽었거나 어디론가 떠났을

터이므로 좋은 위스키는 다 마셔버렸을 것이다. 남은 것이라고는 지극히 대중적인 짐 빔이나 와일드 터키 정도가 아닐까 싶다. 이런 술이라면 굳이 작가가 브랜드명까지 표시할 이유가 없을 것이다. 우리로 치면 소주면 소주일 뿐 굳이 '참이슬'이니 '처음처럼'이니 쓰지 않는 것과 같은 상황이기 때문이다.

그런데 글을 마치려고 보니 어째 입안이 텁텁하고, 속이 쓰리다. 이 순간에 인류의 미래를 걱정하는 거창한 고민을 해서일까. 아니다. 『로드』에 나오는 추악한 주변 환경이 계속 눈앞에 어른거려서다. 다행히 소년은 착한 사람들에 의해 구조되어 희망을 갖게 된다. 작가도 자기 자식만큼은 온전한 환경에 놓이기를 바란 뜻에서 이런 결말을 내놓지 않았을까 추측해본다. 그리고 이런 마음이 어쩌면 인류의 미래를 낙관적으로도 볼 수 있는 근거가 아닐까 안도해본다.

술 과 영 화 이 야 기

Story two.
movie

진토닉은 편의점에서 캔으로도 만날 수 있는 흔에 빠진 술이다.
하지만 이 흔한 음료의 배우에는
제국주의의 확산이라는 역사적 배경과
말라리아라는 병을 막기 위한 이유이 숨어 있다.

movie
비행기에서 즐기는
진 토닉의 묘미

    얼마 전, 런던에서 알게 된 친구와 여행 애호가들이 모여 술을 마신 적이 있다. 모두가 배낭여행을 자주 즐기는 친구들인데, 서로들 여행지에서 겪은 에피소드며 일화가 끊이지 않고 흘러나왔다. 그러다 여행에서 어느 순간이 가장 흥분되는가가 화제에 올랐다. 의외로 답은 이구동성으로 하나로 모아졌다. 바로 공항에 가서 비행기를 타는 순간이라는 것이다. 나 역시 이때가 제일 흥분된다.

    그간 꽤 많이 공항을 들락거리며 외국을 다녔지만, 공항의 혼잡하고, 바쁜 모습은 여전히 마음을 들뜨게 한다. 보딩패스를 받아서 이륙 시간을 기다리는 순간도 초조한 흥미로움을 선사하는 시간이다. 알랭 드 보통은 『여행의 기술』에서 다음과 같이 이야기하고 있다.

"공항의 매력이 집중된 곳은 터미널 천장에 줄줄이 매달려 비행기의 출발과 도착을 알리는 텔레비전 화면들이다. 마치 자의식이 전혀 없는 그 모습, 노동자 같은 상사와 보행자 같은 환자는 아무런 위상 없이 자신의 감정적 긴장 상태와 상상력을 자극하는 매력을 드러낸다."

물론 내 경우에는 공항에서 바쁘게 오고가는 사람들을 바라보는 것이 좋다. 하지만 한 가지 고백을 하자면, 지금도 컨디션이 나쁘거나 몸이 안 좋을 때는 똑같은 패턴의 악몽을 꾸는데 그때의 배경은 언제나 공항이고, 나는 출국을 위해 비행기를 타야 하는 상황이다. 그런데 이미 탑승시간이 시작되어 분초를 다투는 처지에 놓이게 된 나는 참 많은 난관을 지나쳐야만 한다. 게다가 목적지가 터무니없이 멀어서 아무리 땀을 흘리며 달려도 까마득하고, 메고 끌고 들고 갈 짐도 많으며, 중간에 인파며 운송차량이며 아무튼 뭔가가 자꾸 막아선다. 점점 더 시간은 없어지지만, 목적지는 여전히 너무나 멀다. 이러다간 정말로 비행기를 놓칠 것만 같다. 그러다가 땀에 흠뻑 젖어서 깨어난다. 참 고약한 꿈이다.

그런데 실제로 유럽이나 미국 대륙으로 여행을 떠나는 데에 상당한 부담을 안고 있는 사람들이 의외로 많다. 대부분은 10시간 이상이나 갇히는 상황을 못 견뎌 했다. 비행 자체가 힘든 일인 데다가, 비좁은 좌석에 갇혀 있다는 것은 확실히 유쾌한 상황은 아니다. 거기에 애연가라는 신분까지 더해지면, 감옥이 따로 없다. 10시간 이상 한 곳에 처박혀서 시간을 보내는 것은 분명 고통스럽다. 그래서 나름대로 장시간의 비행기 여행을 어떻게 하면 지루하지 않게 보낼 수 있을까 연구해봤다.

기내에 비치된 모니터로 영화를 보는 것도 한 가지 방법이다. 최신작들이 한국어 더빙까지 되어 나오는 만큼 두 시간 정도 집중해서 보는 데에는 더할 나위 없이 유용하다. 나 역시 최소한 한 편 정도는 꼬박 챙겨본다. 어떤 때엔 세 편을 연달아 본 적도 있다.

비행기 여행에 친숙해지기 위해서는, 나름의 정보와 지식이 있어야 한다. 어떤 사람들은 기종까지 연구해서, 최고 속도가 얼마고, 최대 적재량이 얼마인가 하는 정도까지 꿰고 있는데, 그 정도까지는 아니더라도, 약간의 정보를 알아둘 필요는 있다.

이럴 때 가장 유용한 것이 바로 하이재킹 영화들이다. 승객 입장에서는 기분이 썩 좋은 영화들은 아니지만 꼼꼼히 살펴보면 의외로 항공기 내부의 구조나 알지 못했던 시설을 발견하게 되어 흥미롭다.

우선 제일 먼저 떠오르는 작품은 〈터뷸런스〉 시리즈다. 좁은 기내 안에서 난동을 부리는 범죄자가 있고, 이에 맞서 싸우는 용감한 여승무원의 활약이 나오는데, 꽤 심도 있게 기내 상황을 그리고 있다. '터뷸런스(Turbulence)'란 바람이나 물결이 휘몰아치는 상황을 가리키는데. 항공용어로는 심하게 난기류가 흘러 기체가 요동치는 것을 말한다. 사실 비행에서 제일 무서운 게 이 터뷸런스다. 특히 식사를 하거나 커피를 마실 때 이런 난기류를 만나면 등에서 소름이 돋는다. 이때만큼은 안락하게 레일 위를 달리는 기차가 그리워진다. 갑작스럽게 밑으로 푹 가라앉을 때의 오싹함은 잠이 화들짝 달아날 정도이다. 아마 비행을 꺼리는 사람들의 꼽는 첫 번째 원인이 바로 이런 터뷸런스가 아닐까 싶다.

무명 시절의 할 베리가 나온 〈파이널 디시전〉도 상당히 박력이 넘치는 영화다. 비행기 곳곳에 폭약을 설치한 테러 집단이 워싱턴으로 향하는 747 비행기를 점거한 후 감옥에 갇힌 테러리스트들을 석방하라는 요구 조건을 내건다. 이에 급히 지휘 본부가 설치되고, 실험용 항공기를 띄운다. 대서양 상공에서 이 비행기와 도킹한 후, 폭약 전문가를 잠입시키기 위해서다. 하지만 일이 잘못되어 일부 요원만 잠입에 성공하고, 이런 사실을 모르는 본부는 아예 통째로 비행기를 폭파시키기로 결정한다. 이런 긴박한 상황에서 이들 요원을 돕는 이는 딱 한 명, 바로 여승무원인 할 베리다. 그녀는 비행기 구석구석을 꿰고 있으므로, 테러 집단의 눈을 피해 요원들을 돕는다. 그 과정에서 상당한 긴장감이 고조된다. 그리고 이를 통해 평소 잘 모르던 비행기의 구조를 꽤 알게 된다.

그러나 무엇보다 비행기에 관한 다양한 정보를 알고자 한다면, 제일 추천할 만한 작품이 〈패신저 57〉이다. 웨슬리 스나입스가 기내 안전 요원으로 나오는데, 그는 우연히 문제의 비행기에 탑승하게 된다. 거기엔 FBI에 의해 검거된 일급 범인이 있었다. 피도 눈물도 없는 잔인무도한 악한이다. 그를 빼내기 위해 동료들이 탑승한 가운데, 역시 여승무원이 협조를 한다. 이번에는 반대편과 한 패인 것이다.

　이 영화에서 눈길을 끄는 것은 기내식의 이동 경로다. 사실 국제선을 오가는 항공기의 경우 보통 400여 명 이상을 태운다. 이 많은 사람들의 식사를 작은 조리실 구석에 도저히 둘 수 없다. 알고 보니 이 조리실에 이동용 엘리베이터가 있어서, 화물칸에 쌓아놓은 기내식 캐리어를 실어 나르는 것이다. 물론 화물칸에도 직원이 한 명 배치되어, 이런 업무를 돕는다. 한데 영화에서는 정식으로 사람이 둘씩이나 타고 드나들 정도로 커다란 엘리베이터를 설정했다. 영화를 위한 과장이라 하겠는데, 실상은 그리 공간이 넉넉하지가 않다. 열 살배기 아이 정도가 타면 충분할 크기다.

　참고로 조디 포스터가 비행기를 탔다가 딸을 잃어버리고, 그래서 반쯤 미쳐버린 채 기내 구석구석을 뒤지다가, 이게 발단이 되어 커다란 음모를 폭로한다는 내용을 담고 있는 〈플라이트 플랜〉도 비교적 기내 구조를 소상히 그린 작품이다. 여기서 보니 승무원들이 쉴 수 있는 공간이 따로 있는데, 벽에 따로 출구가 있어서 이를 통해 화물칸으로 이동할 수 있다. 승무원이 아니면 도무지 알 수 없는 시설이다.

　이 공간은 기내에 응급 환자가 생길 경우에도 쓰인다. 승객들의 눈을 피해서 편하게 쉬라고 눕게 하는 곳이다. 만일 정 담배가 피우고 싶어서 견딜 수 없다면, 한번 사정사정해보라. 운이 좋다면 이곳에서 한 대 정도 필 수도 있다.

　다시 〈패신저 57〉의 이야기를 하면, 영화 속에서 범인들이 무기를 실어 나르는 과정이 재미있다. 화물칸의 직원을 매수해서 기내식 캐리어 속에 무기를 넣고, 범인의 애인인 여승무원이 이를 이용해서 일당에게 무기를 전달하는 것이다. 수차례에 걸친 검색을 뚫고 무기를 항공기에 반입시키는 것은 아예 불가능한 현실을 감안하면 꽤 설득력 있어 보인다. 지금은 이런 내부 협력자가 없이는 테러나 하이재킹이 아예 불가능하다. 그러므로 지금부터는 비행기를 타면 승무원부터 꼼꼼히 감시할 필요도 있을 듯싶다.

심지어 〈플라이트 플랜〉에서는 아예 경호요원이 주범으로 나온다. 등골이 오싹할 만한 설정이다. 여기서 얻은 한 가지 사실은, 항공사들이 만일의 사태를 대비하기 위해 지금은 일반 승객으로 가장한 경호 담당 직원을 좌석에 앉히는 것이다. 겉보기엔 평범한 일반 여행자로 행세하지만, 그의 품에는 권총이 숨겨져 있다. 괜히 술에 취해서 객기를 부리다간 총에 맞을 수도 있으니 조심하길 바란다.

〈패신저 57〉에서 주목할 만한 정보가 또 하나 있는데, 바로 범인 모르게 외부와 통화하는 방법이다. 급작스럽게 기내를 점거하는 과정에서 주인공은 화장실에 있다가 뒤늦게 위기를 알아차리고 몰래 무선전화기를 사용한다. 즉 신용카드를 넣고, 와이어리스 수화기를 빼 들어서 다시 화장실에 들어가 전화하는 식이다. 핸드폰이 있지만, 고도 37,000피트 상공에서 터질 리 만무하다. 혹 그런 상황이 도래하면 써봄직한 외부 연락책이다.

하지만 달리는 비행기에 오르기 위해 차를 몰고 이륙하는 비행기에 접근하여 바퀴에 올라탄 뒤 천천히 접히는 상황을 이용한다는 아이디어는 영화니까 가능한 부분으로 이해해야 할 것 같다. 그래도 출발 전에 승무원들이 일일이 손가락으로 탑승객 수를 세는 대목은 매우 실감이 난다. 실제로 이렇게 체크해서 완료가 되어야 비행기는 출발할 수 있다.

〈플라이트 플랜〉을 보며 특히 눈길을 끈 것은 퍼스트 클래스에 있는 라운지다. 둥그런 커브를 그리며 설치된 바를 중심으로 벽장에 다양한 주류가 펼쳐져 있는데, 보는 것만으로도 꿀꺽 침이 넘어갈 정도로 명주가 즐비하다. 이런 곳에 앉아 술 한 잔 하면 어떤 기분일까 상상만 해도 기분이 좋아진다.

기내 라운지와 관련해서 빼놓을 수 없는 장면이 〈007 팬텀 오브 솔러스〉에 있다. 실제로 이런 바는 일부 여객기에만 설치가 되어 있어서, 쉽게 볼 수 있는 풍경은 아니다. 기내 라운지는 현재까지 인류가 개발한 최고의 스카이라운지가 아닐까 싶다. 정말이지 사정이 허락하면 이런 곳에서 술 한 잔 하고 싶다. 구름 위를 나는 비행기 안에서 칠흑같이 어두운 창밖을 바라보며, 나른하게 반복되는 비행기 소음을 배경 삼아 가볍게 칵테일 한 잔 들이키는 것. 얼마나 멋진 일인가?

내가 비행기를 좋아하는 가장 큰 이유는 역시 기내에서 마시는 술 한 잔의 묘미 때문이다. 높은 고도에서 술을 마시면 평소보다 2배 이상 빨리 취한다고 하는데, 그 유혹을 뿌리치기란 쉽지 않다. 사실 술을 너무 많이 마시면 이상하게도 고막이 당기거나 톡 쏘는 느낌을 받는다. 심하면 머리가 깨질 것 같이 아프기도 하다. 이런 고통을 감수하고도 무조건 잔을 드는 심리는 도대체 무엇일까. 그건 아마도 비행기 내부가 비좁고 답답한데다가 할 일이 별로 없는 탓인지도 모르겠다. 더불어 공짜 술을 마신다는 계산속 때문인지도 모르겠다. 마시지 않으면 뭔가 억울하고 섭섭한 느낌. 그렇기 때문에 미국의 일부 항공사는 아예 술값을 따로 받기도 하고, 테러의 위험 때문에 알코올 서비스를 없애기도 했다. 술꾼으로서는 매우 섭섭한 노릇이다.

개인적인 편견인지 모르겠으나, 기내에서 제공되는 맥주나 위스키는 지상에서 마시는 것보다 훨씬 맛있다. 좋지 않은 것을 하기 때문에 생기는 쾌감 때문인지는 모르겠으나 어쨌든 맛있다.

예전에 에어 프랑스 비행기를 탔을 때 일이다. 우연히 화장실에 갔다가 앞에 커튼이 있어서 열어보니 바로 조종석이 나왔다. 세 명의 조종사가 비행기를 다루는 모습이 눈앞에 환히 드러난 것이다. 마침 비행기는 눈앞에 서 있는 높은 산을 피해 천천히 위로 치솟는 중이었는데, 그 대목이 정말 장관이었다. 지금 같으면 곧바로 경호원이 달려와서 수갑을 채우겠지만, 그때만 해도 어수룩했는지 기장이 돌아보더니 슬쩍 웃기만 했다. 때마침 승무원이 지나가기에 와인 한 잔을 부탁하고는 20여 분간 전망을 즐기며 와인을 마셨다. 아마 그때가 비행기를 타면서 제일 짜릿했던 순간이 아닐까 한다.

얼마 전 도쿄에서 올 때도 창밖으로 펼쳐지는 후지산의 일몰이 또한 감격적이어서 위스키를 한 잔 청한 일도 물론 그에 못지 않았다. 또 홍콩에 처음 갔을 땐 공항이 도심에 있어서 비행기가 착륙할 때 일부러 도시를 한 바퀴 빙 돌아서 구경을 시켜주고 했다. 그 장면 역시 압도적으로 환상적이어서 그때 역시 술 한 잔을 시키지 않을 수 없었다. 홍콩의 경우 신공항으로 바뀌기 전에는 공항이 도심 한가운데에 있었기 때문에, 일부러 홍콩 시내를 한 바퀴 선회한 후에 착륙하곤 했다. 그때 눈앞에 펼쳐지는 홍콩의 고층 빌딩과 현란한 네온사인은 시야를 화려하게 채운다. 이런 순간에는 당연히 한손에 캔맥주라도 들려 있어야 한다.

그럼 많은 여행 중에 가장 즐겁게 비행기에서 술을 마신 때가 언제였던가. 그건 한 영화사의 초대로, 칸 영화제를 참관했을 때였다. 당시만 해도, 영화계에는 많은 수입업자들이 있어서, 칸 영화제에 가는 김에 여행사를 끼어서 아예 패키지로 다녀오는 일이 흔했다. 나 역시 이 티켓을 할당받아 갈 수 있었는데, 출발 당일 김포공항에 가보니 얼굴을 아는 영화인들이 상당했다. 마치 대학생들 엠티에 동행하는 기분이었다. 당시 내 기억으로는 320여 명쯤이 탑승했던 것 같은데, 그중 200여 명이 영화계 사람들이었다. 그러다 보니 비행기가 이륙한 직후에 서로들 기내에서 인사를 다니느라 정신없이 바빴다. 결국 비행기 안은 이 무리들에 의해 장악이 되어 급기야는 곳곳에서 미니 장기판이며, 고스톱판이 벌어졌다. 이런 자리에 술은 꼭 빠지지 않는다. 결국 스튜어디스들은 바삐 움직이며 술이며 먹을거리를 챙기는 데 바빴다. 그때 얼마나 많이들 술을 마셔댔는지 맥주며 위스키는 금방 동이 나서 결국에는 칵테일까지 동원이 되었다. 어떤 이는 본인이 직접 술을 제조하기도 했는데 그때 사용한 술이 진 토닉이었다.

사실 진 토닉은 편의점에서 캔으로도 만날 수 있을 정도로 흔해 빠진 술이다. 하지만 이 흔한 음료의 배후에는 제국주의의 확산과 팽창이라는 어마어마한 역사적 배경과 말라리아라는 병을 막기 위한 의술이 숨어 있다.

18세기의 인도에 진출해 있던 영국의 동인도회사는, 이 지역에 만연된 말라리아 공포에서 벗어날 수 없었다. 그때 만들어진 것이 토닉 워터(Tonic Water)다. 토닉 워터란 말라리아를 방지하는 퀴닌(quinine) 성분을 넣은 음료인데, 퀴닌 특유의 쓴맛 때문에 그것만 마시기는 힘들었다. 그래서 등장한 것이 진(Gin)이다. 진 속에는 이미 주니퍼 향이 첨가되어 그 자체로 그대로 마실 수도 있었지만 희한하게도 토닉 워터와 섞으면 그 맛이 더욱 순해지고 깊어졌다. 천생연분의 궁합이었던 것이다.

"토닉 없이 진을 마신다는 것은 말 없는 마차를 타는 것과 마찬가지다."

이런 이야기가 나올 정도로 둘의 궁합은 환상적이다. 오늘날의 토닉 워터에는 퀴닌 성분을 많이 넣지 않는다. 진 자체의 퀄리티도 좋아져서, 봄베이 사파이어(Bombay Sapphire)와 같은 술은 케네디, 밥 호프, 프랭크 시내트라와 같은 명사들이 즐겨 마실 정도다.

하지만 당시에는 칸을 향한 비행기 안에서는 이런 고급 진이 쓰이지 않았다. 그저 그 자리가 너무 즐겁고 신났을 뿐이고 술이 떨어져 급기야 진 토닉까지 마셔야 했던 것뿐이니 말이다. 심지어 어떤 영화인은 이런 절규까지 할 정도였다.

"아, 너무 너무 재미있다. 지금 내리고 싶지 않다. 가능하면 지구를 한 바퀴 더 돌았으면 좋겠다."

이 말에 모두 같은 심정이었음은 물론이다. 그 정도로 이날의 비행에는 특별한 재미가 있었던 것이다. 하지만 너무나 승무원들을 혹사시킨 것 같아 미안한 마음이 든다.

술꾼이 술을 마시는 데야 수백 가지 이유를 들 수 있지만, 기내에서의 음주도 나름대로 재미와 운치가 있음이 전해졌는지 모르겠다. 사실 위에서 묘사한 상황처럼 왁자하게 요란스러울 필요는 없다. 그저 손을 들어 스튜어디스에게 술을 주문하면 된다. 그뿐이다. 그러다 잠이 오면 베개에 머리를 파묻으면 된다. 그러니 장시간의 비행이 지루하고 따분해서 여행 가기 싫다고 투정하는 분이 있다면 이렇게 말하고 싶다.

"비행이 지루하신가요, 그렇다면 가볍게 한 잔 하는 건 어때요? 진 토닉도 나쁘지 않답니다."

"당신이 6년산 슈발 블랑을 따는 그날이
바로 멋진 사건이 되는 날이에요."

movie

가난한 무명작가가
생의 최후에 선택하는 와인

　몇 년 전에 개봉한 〈포세이돈〉이라는 영화를 보면, 한 남자가 생을 마감하기 전 최후에 마실 와인 한 병을 준비한다. 그 와인이 바로 로마네 콩티(Romanee-Conti)다. 나 역시 그런 상황이라면 그처럼 술 한 병을 준비하지 않을까 싶다. 그렇다면 과연 여러분은 죽음 직전에 와인을 하나 선택할 수 있다면 무엇을 고를 것인가? 난파당하는 배의 식당 칸에 앉아 있거나, 곧 폭탄이 터져 무너져내릴 빌딩의 스카이라운지에 있다고 치고, 뭐든 원하는 와인을 골라 마실 수 있다고 한다면 그 넓은 선택의 폭에 당황하지 않을 수 없을 것이다.

　『신의 물방울』이란 만화에 나오는 와인 평론가는 리쉬부르(Richebourg)를 마시고 죽었다. 이탈리아 와인을 예찬하는 사람이라면 가야(Gaja)나 사시카이아(Sassicaia)를 꼽을 수도 있을 것이고, 호주의 헨스키(Henschk)도 나쁘지 않다. 프랑스 지역에는 와인의 강자가 수두룩해 보르도의 5대 천왕부터 페트뤼스, 슈발 블랑(Cheval Blanc) 등 끝이 없다. 의외로 스페인의 템프라니요(Tempranillo) 품종을 쓴 와인이나 아르헨티나의 말벡(Malbec) 품종을 쓴 와인을 고르는 분도 있을 것이다.

요즘엔 와인과 관련된 에피소드를 다룬 영화들이 부쩍 늘었다. 확실히 전 세계적으로 와인 붐이 불고 있는 것은 사실인 모양이다. 최근엔 중국에서도 와인에 대한 수요가 늘고 있다고 하니, 앞으로 고급 와인을 둘러싼 로비나 정보전이 치열하게 전개될 만도 하다. 앞으로 국가정보원들끼리 세상에 딱 한 병 남은 샤토 무통이나 리쉬부르를 차지하기 위해 치열한 두뇌 싸움을 벌이는 상황도 벌어지지 않을까 싶다.

그렇다면 영화의 등장인물들은 죽음 직전에 무슨 와인들을 마셨을까? 앞에서 이야기한 〈포세이돈〉의 경우에 나오는 로마네 콩티는 1988년산이다. 5천 달러 수준의 와인이다. 죽기 직전에 마실 술이라고 하면 이 정도의 사치는 부려볼 만도 할 것이다. 〈딥 임팩트〉라는 영화를 보면, 곧 거대한 충돌이 일어나 지구가 몰락할 것이라는 사실을 알게 된 과학자가 꺼내는 와인이 있다. 바로 샤토 무통 로쉴드이다. 샤토 무통 로쉴드는 세계적인 화가들

이 라벨 디자인을 맡아 유명한 보르도 5대 샤토 중 하나다. 지독한 사랑의 열정에 몸부림치다가 결국 동반 자살로 막을 내리는 〈실낙원〉에서 두 주인공들이 마지막에 선택한 와인은 샤토 마고다. 그들은 샤토 마고에 청산가리를 타서 마신다. 샤토 마고는 그 미묘하고 섬세한 맛이 정평이 나 있거니와 그 여성적인 성격 때문에 일본인들이 특히 좋아하는 와인으로 알려져 있다.

 이렇듯 영화를 보면 과연 위대한 와인들은 한 인간의 삶에 지대하게 관계되어 있구나 싶어 감탄하게 된다. 당연히 어떤 와인이 나오는지 하나하나 유심히 체크하게 되고, 언젠가는 꼭 마셔봐야지 하는 결심도 한다. 영화 이야기가 나왔으니, 개인적인 취향을 좀 말해보겠다. 아무래도 직업이 직업인지라, 나는 범죄나 갱이나 경찰이 나오는 계통의 영화는 무조건 본다. 크게는 미스터리 혹은 필름 느와르의 영역에 넣을 수 있겠지만, 꼭 추리나 반전이 없어도 이쪽 계통의 사람들이 나온다고 하면 일단은 봐둔다. 두 번째로 선호하는 영화라면 아무래도 작가가 주인공으로 나오는 영화일 것이다. 시나리오 작가가 주인공으로 나오는 〈선셋 대로〉(확실히 윌리엄 홀덴의 연기가 멋들어진다)부터 최근에 개봉했던 〈사이드웨이〉에 이르기까지, 일단 글을 쓰는 사람이 나온다고 하면 빼놓지 않는다. 이런 영화에는 아직까지 인기를 얻지 못한 무명 작가들이 어떻게 살아가는지 잘 나와 있어서 그들의 고통에 절감하게 된다. 한편으로는 어느 시대나 어느 환경이나 작가는 가난과 불행과 알코올을 끼고 살 수밖에 없는 존재인가 싶어 허무해지기도 한다. 하지만 작가로서 나중에 이용해봄직한 문장이나 교훈도 있어서 도움이 되기도 한다. 역시 같은 업종에 종사하는 사람들만이 알아챌 수 있는 팁이 아닐까 싶다.

작가가 주인공으로 나오는 영화 중 내 마음을 가장 사로잡았던 영화는 〈사이드웨이〉다. 말 그대로 샛길, 옆길이라는 뜻인데, 제목처럼 샛길로 빠져버린 형편없는 인생을 다루고 있다. 마흔이 넘은 이혼남 마일스가 주인공인데, 그는 작가의 길을 걷기 위해 여러 편의 소설을 썼지만, 출판된 것은 하나도 없고, 최근에 마지막 희망을 건 작품도 물 건너갈 위기에 처해 있다. 어떻게 하든 역전타를 쳐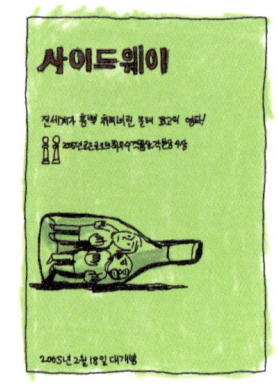서 이혼으로 갈라선 전처와 재결합해 행복하게 사는 대반전을 기대하고 있지만, 앞길은 막막하기만 하다. 도무지 길이 보이지 않는다. 제넥스나 렉사프로와 같은 항우울제를 복용하거나, 알코올에 의지해서 위태롭게 평정을 지켜가고 있을 뿐이다. 만일에 이번 작품이 실패하면 중학교에 가서 영어 교사로 여생을 마칠 생각을 가진 생에 대한 의지가 그다지 없는 인물이다. 그런 와중에 그렇고 그런 배우 생활을 하다가 최근에 부잣집 딸을 만나 결혼을 앞둔 친구 잭과 함께 일주일 정도 여행을 떠나기로 한다. 잭의 결혼을 기념하는 일종의 총각 파티인 셈인데, 나이가 나이인지라 떠들썩한 모임을 갖는 것은 피했다. 대신 평소 와인에 미쳐 있는 마일스의 안내로 캘리포니아 나파밸리의 이곳저곳을 구경한다. 와인에 문외한인 잭을 데리고 다니는 만큼, 중간 중간 이 얼뜨기 배우를 가르치는 마일스의 와인 강의는 상당히 흥미롭고 도움도 된다. 어느 시음장에서 그는 다음과 같이 와인을 마시는 요령을 가르치고 있다. 익히 아는 사실이겠지만, 복습 삼아 소개하겠다.

- 우선 햇빛에 와인이 채워진 잔을 들어서 바라본다. 진한지, 연한지, 물 같은지, 시럽 같은지 알아본다.
- 잔을 기울여서 가장자리의 얕아진 부분을 살펴라. 색의 밀도를 통해 얼마나 오래된 와인인지 알 수 있다. 레드 와인을 마실 때에 매우 중요하다.
- 향을 맡아라. 절대로 수줍어하지 말고 와인 잔에 코를 들이박고 깊이 마셔라. 이를 통해 와인의 여러 가지 향을 음미할 수 있다. "딸기향이 약간 들어가 있고, 패션 후르츠도 느껴지고, 아스파라거스 향도 있는데, 또 뭔가가 날갯짓을 하는군. 그래, 맞아. 치즈향이야." 이런 품평을 할 정도면 누구라도 전문가라고 보지 않겠는가?
- 잔을 흔들어서 공기를 넣어본다. 이렇게 산소화시키면, 향과 맛이 해방되면서 진짜 실력이 나오게 된다. 일정 시간 후에 다시 향을 맡아보고 또 맛을 보면 미묘하게 변화되어 있음을 알게 된다.
- 와인을 마실 때는 마치 물로 헹구듯 입안 구석구석에 와인을 넣고 돌려본다. 삼키고 난 다음에 그 여운도 음미한다.

대충 이런 내용이 담겨 있는데, 극중에서 잭은 마일스의 와인에 대한 지식에 감탄한다. 여행이 진행될수록, 조금씩 두 주인공 각각을 둘러싼 문제점과 고민이 조금씩 모습을 드러내고, 이 때문에 서로 싸우거나 보듬으면서 우정이 깊어간다. 결국 마일스가 전처와 함께 왔던 로맨틱한 공간에 다다를 때 잭이 머뭇거리다 말을 꺼낸다. 실은 네 전처가 얼마 전에 재혼했다고. 그 말에 마일스는 풀이 죽어버린다. 그리고 망연히 포도밭을 바라보며 이런 독백을 한다.

"몇 년 전에 이곳에 와서 95년산 오퍼스 원(Opus One)을 마셨지. 훈제 연어와 아티초크를 곁들여서 말이야. 그녀는 정말로 놀라운 미각을 소유한 여자였어."

이런 허전한 마음을 위로라도 받듯, 여기서 그는 새로운 여성을 만난다. 뒤늦게 와인에 미쳐 와인을 공부하고, 레스토랑에서 아르바이트를 하는 마야라는, 차분하고 정숙해 보이는 30대 여자다. 당연히 이 두 커플의 만남에서 와인은 화제의 중심이 된다. 혹시 숨겨놓은 와인이 없냐는 그녀의 질문에 그가 한 병 남았다고 멋쩍게 대답한다. 그때 남아 있던 와인이 바로 1961년산 슈발 블랑이다.

"지금 빨리 가져와요. 농담이 아녜요. 61년산은 지금이 마시기에 최고라는데, 안 그래요?"

그녀의 성화에 그가 변명하듯 말한다.

"글쎄, 근사한 사람이랑 멋진 자리에서 따려고 했는데. 원래는 결혼 10주년을 기념해서 따려고 했는데 그만……"

이런 그를 달래듯, 마야가 명언을 남긴다.

"당신이 61년산 슈발 블랑을 따는 그날이 바로 멋진 자리가

되는 날이에요."

　이렇게 아끼고 아껴뒀던 슈발 블랑은 어떻게 되었을까? 운명처럼 잭의 결혼식에 초대받아 온 전처를 보는 순간 답이 나온다. 그녀는 새 남편까지 대동하고 왔다. 잠시 시간을 내서 마일스가 다가가 이것저것 묻는데, 돌아오는 답변이 청천벽력이다. 이미 그녀는 술을 끊었다. 임신을 했기 때문이었다. 이에 충격을 받은 그는 다짜고짜 집에서 술을 꺼내 초라한 패스트푸드점에서 햄버거를 우걱우걱 씹어 먹으며 플라스틱 잔에 슈발 블랑을 따라서 몽땅 비운다. 이 대목에서 나는 얼마나 눈물을 쏟았는지 모른다. 작가의 길을 포기하고, 꿈도 희망도 모두 접고, 결국 평범한 중학교 영어 교사의 길을 선택하기 위한 마지막 결단이 이런 허무한 결말로 끝맺었기 때문이다.

　그래도 영화는 따스한 결말을 준비한다. 비록 출판되지 않은 원고지만, 마야가 마일스의 글을 뒤늦게 읽고 마음을 정리해서 먼저 연락을 했기 때문이다. 잭의 문제로 한동안 그들은 절연한 상태였지만 그의 원고가 마야의 마음을 연 것이다. 그들의 사랑이 새롭게 시작될지 어떨지 알 수 없지만, 꼭 성공해서 화려한 인생을 살지는 못해도 이렇게 훈훈한 가능성과 결말이 있다면 그리 나쁘지 않은 인생이 아닌가?

　여기서 영화 이야기는 잠시 접고 슈발 블랑에 대해 짚어봐야겠다. 슈발 블랑을 위한 포도가 재배되는 지역은 페트뤼스가 만들어지는 포므롤 근방이다. 지역적으로는 생테밀리옹에 속해 있지만 실제 내용은 페트뤼스에 근접했다고 봐도 무방한 이유가 여기에 있는 것이다.

이 와인에 대한 재미있는 일화가 하나 있다. 1981년 세계적인 와인 평론가 로버트 파커가 이 해의 슈발 블랑에 대해 혹평하자, 당시 와인을 제조하고 있던 자끄 에브라르가 다시 맛볼 것을 권했다. 그래서 파커가 이 지역을 방문했는데, 문제는 자끄가 키우고 있던 커다란 개가 달려든 것이다. 하지만 자끄는 말리지 않았고, 덕분에 파커는 물려서 피를 흘리는 불상사가 발생했다. 와인 업계를 좌지우지하는 평론가가 이 지경이 되었는데에도 자끄는 반창고나 소독약을 갖고 오지 않았다. 대신 와인 잔을 내밀었다. 피를 흘리며 파커는 이 와인을 마신 다음, 미묘하게 피어오르는 독특한 맛을 발견하고서는 자신의 평점을 정정했다. 그다음에 어떤 상황이 전개되었는지는 잘 모르겠지만, 맹견을 풀어 복수를 한 와이너리나 그 상황에서 침착하게 와인 맛을 음미한 평론가 모두 범상치는 않다.

이렇게 사연 많은 슈발 블랑을 등장시킨 작품을 보고는, 꼭 이 와인이 아니어도, 뭔가 마음을 따스하게 하고, 작은 미소라도 뿌리게 만드는 와인을 마시고 싶어졌다. 내 자신을 위해 조용히 건배를 들면서 말이다. 그렇다면 그런 무드를 연출하기 위해서는 어떤 와인이 있을까?

만일 혼자 마신다면 샤토 샤스 스플린(Chateau Shasse-Spleen)을 고르겠다. 꼭 1970년산이 아니라도 좋다. 메독 지역에서 만들어진 이 와인에는 일화가 있다. 절망과 실의에 빠진 보들레르가 이 지역에 지내면서 우연히 이 와인을 마셨는데, 조금씩 마음의

상처가 아무는 것을 느꼈다. 그는 특별히 이 와인에다 이름을 지어주었는데 그게 지금의 상표가 되었다. '슬픔이여 안녕'이란 뜻이라고 하니 뭔가 아귀가 맞지 않은가?

그러나 되도록 날 위한 술이라고 하면 둘이서 마시고 싶다. 사랑하는 여인과 단 둘이 마시는 것이 최고의 그림이 될 것 같기 때문이다. 그럴 때엔 주저 없이 칼롱 세귀르(Calon-Segur)를 고르겠다. 이 병의 라벨에 그려진 하트 모양의 문양이 유명해서 밸런타인데이 때 자주 주문되는 모양인데, 여기에는 사연이 있다.

원래 이 양조장을 소유한 세귀르 백작은 동시에 샤토 라피트와 샤토 라투르를 갖고 있었다. 이들은 지금도 보르도의 5대 천왕에 들 만큼 퀄리티나 명성에 있어서 세계적인 파워를 자랑하고 있다. 그러나 그의 애정은 이 샤토에 있었던 만큼, 평상시 이렇게 말했다고 전해진다. "내 마음은 항상 칼롱에 있소." 그의 사후 이 말을 따서 칼롱-세귀르가 브랜드 이름이 된 것이다.

실제로 이 와인을 마셔보면 초콜릿 향이 조금 난다. 그게 라벨에 있는 하트와 연결되어 밸런타인데이용 와인이 된 것이다. 물론 다소 등급이 낮고, 가격도 비싸지 않지만, 이런 여러 정황과 맞물려 좋아하는 여인이 생기면 꼭 함께 마시고 싶은 와인이 되었다. 가난한 무명작가도 이 정도의 호사는 한 번쯤 누릴 권리는 있지 않을까?

이 기회에 여러분도 여러분만의 와인을 찾는 것이 어떨까 싶다. 싸구려라도 괜찮다. 꼭 프랑스산일 필요도 없다. 거기에 자기만의 사연과 이유가 있으면 충분하니까.

코폴라 감독의 영화를 좋아하고,
특히 〈대부〉 시리즈를 잊지 못한다면 코폴라 와인을 마셔라.
향이 강하거나 맛이 독특하지 않은 평범한 수준이지만
밸런스가 좋고, 가문에서 누구에게나 사랑받을 제품이다.

movie
이탈리아 영화 속에 숨어 있는
소박한 명주, 비노 다 타볼라

지금은 이런 종류의 프로그램들이 많이 사라졌지만, 예전에 〈영화음악실〉이라고 해서, 영화음악을 틀면서 영화와 얽힌 추억과 사연을 담은 FM 프로그램이 상당히 인기였다. 영화광이었던 나는 당연히 이 방송을 즐겨 들었다. 특히 심야에 전파를 타는 만큼, 잠자리에 들어가 머리맡에 라디오를 켜놓고 듣는 맛이 각별했다.

주위는 어두컴컴한 가운데 라디오에서 익숙한 선율이 나오면 나도 모르게 눈물을 글썽이거나, 상념에 사로잡혔다. 고작 사춘기 소년에 불과한 내게 프랑스나 이탈리아 방문 경험이 있을 턱이 없고, 심각한 사랑의 후유증이 있을 리도 없다. 그러나 영화라는 매체는 이 모든 상상을 실제처럼 만들어내는 독특한 마술과도 같은 힘이 있었다. 그래서 한 번도 가보지 못한 도시나 거리가 마음속에는 일종의 데자뷰 현상처럼 친숙하게 자리 잡았던 모양이다.

당시 자주 선곡되었던 영화음악으로는 〈로미오와 줄리엣〉 〈사랑의 스잔나〉 〈나자리노〉 〈대부〉 등이 있었다. 거의 매일 나오다시피 했다. 하지만 가끔씩 나오는 이탈리아 영화의 사운드트랙도 심상치 않았다. 〈부베의 연인〉 〈가방을 든 여자〉 〈길〉처럼 심금을 울리는 멜로디가 많았다. 당시만 해도 이탈리아 영화에 대한 자료는 전무하다시피 해서 도무지 이런 영화를 볼 수도 없다. 그저 소피아 로렌이니 클라우디아 카르디날레와 같은 여배우의 이름이나 외우는 정도에 그쳤다. 이탈리아가 영화 강국이라는 사실은 나중에 나이를 먹고, 지식이 붙으면서 알게 되었다. 비스콘티, 펠리니, 안토니오니 등의 고전들을 보면서 차츰 이 나라의 문화적인 구력이 얼마나 심오하고 넓은지 조금씩 깨닫게 되었고, 덕분에 이탈리아에 꼭 가고 싶어졌다. 그러다가 본격적으로 한 달 정도 이탈리아를 여행할 일이 생겼다. 그때가 기회다 싶어 나는 몇몇 이탈리아 영화를 꼼꼼하게 다시 챙겨 봤다. 같은 도시라고 해도 영화로 접한 다음에 보면 아무래도 정감이 더 가지 않겠는가.

하지만 정작 가봐야 할 데를 가보지 못해 늘 아쉬움이 남았다. 바로 시실리다. 로마나 베니스, 밀라노, 나폴리, 피사, 피렌체, 폼페이 등 대부분의 유명 도시는 가봤지만, 이 섬에는 가보지 못했다. 그런데 시실리를 말하기 위해서는 이 영화를 빼놓을 수 없다.

그 남자 곁에는 늘 경호원이 붙어 있었다. 젊고, 수려한 용모에 귀티가 줄줄 흐르는 저 남자가 왜 이런 촌구석에 처박혀 있는지 아는 사람은 한 명도 없다. 동네 아낙이며 처녀들 모두 그가 지나가면 뒤에서 수군거리고 가볍게 웃었다. 음흉하게 생긴 노인들과 아저씨들은 저간의 사정을 짐작하는 듯하지만, 누구도 그에 대해 입을 열지 않았다. 아니, 화제에 올리는 것 자체가 금기시되었다. 그런 그의 마음을 사로잡은 여성이 있었다. 풋풋하고, 순수하고, 맑은 아가씨다. 한 번도 도회의 찌든 때를 타지 않은, 무공해 100퍼센트의 처녀. 그녀도 그의 마음을 아는 듯, 우연히 마주칠 때면 가볍게 미소 지었다. 그도 눈길을 떼지 않았다.

그러나 사실 그는 번민에 싸여 있었다. 뉴욕에 가면 그를 기다리는 여성이 있지만, 지금은 도저히 갈 수가 없기 때문이다. 이 기다림은 몇 년이 될지 혹은 몇 십 년이 될 지도 모른다. 그는 외롭고, 지쳤다. 뭔가 위안이 필요하다. 이때 그녀가 나타난 것이다. 그는 완전히 그녀에게 사로잡혔다. 한데 이 동네에서 청혼은 남녀가 눈이 맞아서 손잡고, 키스하는 것으로 이뤄지지 않는다. 그랬다간 격분한 여인의 가족의 잔인한 처형이 기다리고 있다. 사랑을 이루기 위해선 남자 대 남자의 대결을 돌파해야 하는 것이다.

그는 옷을 갖춰 입고, 굳게 마음을 잡은 다음, 그녀의 아버지를 찾아간다. 한껏 예를 다해, 그녀의 딸을 사랑하고 있으며, 남은 평생을 다 바쳐 사랑하겠노라고 고백한다. 그 배짱과 당당함에 매료되었을까? 아버지는 고민 끝에 허락을 하고, 이를 몰래 지켜보며 조마조마하던 그녀의 입가에 미소가 환하게 번진다. 둘은 곧 결혼에 이른다. 온통 마을은 축제 분위기가 된다. 뉴욕에서 온 귀공자와 촌구석의 처녀가 사랑을 하고, 가정을 꾸리게 된 것이다. 하지만 그 달콤한 시절은 오래 가지 않았다. 뉴욕에서 보낸 킬러들이 이 마을에 나타난 것이다. 그리고 제일 먼저 신부가 희생된다. 더 이상 그의 눈길엔 따스한 배려나 인정이 없다. 오로지 복수를 향한 광기만이 가득 차 있을 뿐이다.

아마 길게 설명하지 않아도, 이 영화가 무엇인지 곧 짐작할 것이다. 바로 〈대부〉다. 여기서 주인공 마이클 코르레오네 역을 맡은 알 파치노는, 이후 뉴욕에 가서 정식으로 대부가 되어 복수의 장을 연다. 그의 부친을 저격하고, 아내를 살해한 일당 모두 여기에 자유로울 수 없다. 심지어 자신의 친형까지 말이다. 이렇게 무자비하게 상대를 처형한 그가 지키고자 한 것은 오직 하나, 바로 가정이다. 아이러니하게도 자신의 아내와 자식과 부모가 평온한 삶을 살 수 있도록, 자신은 누구보다 잔인하고, 폭압적인 인간이 되어버린 것이다.

그런 그가 인생 마지막에 다시 온 곳이 바로 이 동네, 은퇴 후 한가하게 지내다가 천천히 죽어가던 곳, 어쨌든 그의 인생에서 최고의 행복을 선사했던 동네. 그곳이 바로 시실리다. 마피아의 본산이자, 오랜 역사를 지닌 섬, 시실리.

사실 〈대부〉에는 많은 술자리가 나오고, 카페며 레스토랑이 나오지만, 특별히 기억할 만한 와인은 떠오르지 않는다. 앞에서

이야기한 시실리 장면에조차 알 파치노가 마시는 술은 따로 디캔팅을 해서 일반적인 잔에 내어 왔기 때문이다. 하긴 영화가 나올 무렵인 1970년대 초만 해도 이탈리아 와인에 대한 인식은 그저 그랬다. 그냥 싸구려 와인을 대량으로 생산하는 나라라는 정도의 상식밖에 없었다.

"이탈리아는 최대 와인 생산국이다. 하지만 그 수준이 낮아 국내 소비밖에 할 수 없다."

이런 말이 나돌 정도였으니, 영화에서도 이렇게 다뤄지는 것은 당연한 일인지도 모른다. 그러나 바로 그때, 이 영화를 감독한 프란시스 코폴라 감독의 마음은 다른 데에 있었다. 지독한 와인광인 그는 이 시절에 번 돈을 캘리포니아 나파밸리의 밭을 사는 데에 쓰고 있었으니까. 바로 자신의 와인을 만들기 위해서 말이다. 실제로 그는 그 꿈을 이뤘다. 자신의 와이너리를 '루비콘 에스테이트'라고 이름 짓고, 유기농으로 제조된 포도만 사용해서 무려 25년째 와인을 만들고 있는 것이다. 조금만 주위를 살펴보면 '코폴라(Coppola)'라는 와인을 우리 주변에서도 만날 수 있는데, 그 와인이 바로 코폴라 감독의 작품이다.

나는 이탈리아 여행을 다녀오고 나서 제일 먼저 이 코폴라 와인을 사서 마셨다. 여건상 시실리를 가지 못한 데에 대한 일종의 보상 심리라고나 할까? 만일 코폴라 감독의 영화를 좋아하고, 특히 〈대부〉 시리즈를 잊지 못한다면, 이 와인을 강력하게 권한다. 싸구려도 나쁘지 않다. 그리 향이 강하거나, 맛이 독특하지 않은 평범한 수준이지만, 밸런스가 좋고, 차분해서 누구에게나 사랑 받을 제품이다. 무엇보다 코폴라라는 라벨이 주는 아우라가 있지 않은가?

사실 이번 장에서는 특별한 이탈리아 와인은 등장하지 않는다. 가야나 사시카이아와 같은 명주가 아직 영화에 나온 적도 없으려니와, 이탈리아 와인에 대해선 좀 다른 접근법이 필요하기 때문이다.

이탈리아 와인의 85~90퍼센트는 VdT, 즉 비노 다 타볼라 (Vino de Tavola)라는 등급에 속한다. 아니 등급이라고 할 것도 없는 것이 가장 일반적이고, 흔히 볼 수 있는 와인이기 때문이다. 그러

므로 특별히 품종이나 원산지명이 표기되어 있지 않다. 프랑스로 치면 테이블 와인, 그러니까 집에서 간단하게 식사를 하거나 요리를 할 때 사용하는 정도에 불과하다.

원래 수준급의 와인이 되려면 이탈리아에서는 DOC의 등급을 받아야 한다. 원료가 되는 포도의 산지나 품종, 혼합 비율, 알코올 도수 등 법률상의 세세한 항목을 충족시켜야 이 안에 포함될 수 있다. 그중 더 뛰어난 것은 DOCG라고 해서 별도의 등급을 받는다. 당연히 이탈리아 와인을 시킬 때엔 DOC 혹은 DOCG 등급의 와인을 주문해야 안심이 된다.

하지만 이탈리아는 생각보다 복잡한 나라다. 영토가 위아래로 길게 뻗어 있는 덕분에 200여 종의 포도 품종을 재배하고 있을 뿐 아니라, 지역에 따라 다양한 와인이 생산되기 때문이다. 또 이런 등급이나 심사에 불만을 품은 와이너리도 많아, 자기네 고유의 제조법을 고집한 나머지 제일 싸구려 등급인 VdT에 머무는 경우도 비일비재하다. 진짜 이탈리아 와인의 재미는 이런 VdT 중에서 명품을 찾아냈을 때가 아닐까 한다. 그러니 영화에서 그냥 라벨도 없이 대충 등장하는 싸구려 와인도 어쩌면 그 맛은 DOC나 DOCG 못지않을 수도 있는 것이다.

여기서 잠깐 시실리 이야기로 돌아가보자. 영화 〈시네마 천국〉을 이야기하는 것을 잊었다. 나는 1988년에 만들어진 이 작품을 처음 본 순간 바로 포로가 되고 말았다.

"진짜 명화는 보는 순간 그리워진다."

어느 일본 영화 애호가가 이런 말을 했는데, 〈시네마 천국〉을 볼 때의 심정을 떠올린다면 전적으로 동감할 수 있는 문장이다. 〈시네마 천국〉을 처음 봤을 때, 이 작품은 분명 클래식 반열에 올라갈 것이고, 나 또한 앞으로 몇 번이든 더 보겠구나 싶었으니까 말이다. 이 영화는 늙은 영사 기사와 꼬마 영화광의 우정을 그리고 있다. 나이를 불문하고 이들이 친구가 될 수 있는 이유는 딱 하나, 영화 때문이다. 영화라는 연결 고리가 있기 때문에, 그들은 만나서 영화 이야기를 하며 감성과 느낌은 물론 나중에 인생까지 공유할 수 있었다.

    하지만 삶에 대해서는 서로 입장이 다르다. 주인공인 토토는 운명의 사랑 엘레나와 함께 소박하게 사는 게 꿈이지만, 영사 기사 알프레도의 생각은 다르다. 그가 이루지 못한 꿈, 가난과 전쟁과 무식 때문에 언감생심 마음으로만 갖고 있던 소망을 그를 통해 성취하고자 한다. 그래서 이 사랑을 둘러싼 시각의 차이가 결국 토토의 미래를 바꾸고 만다.

    물론 운이 좋았는지 토토는 후에 일류 감독으로 성장해서, 로마의 멋진 집에 살며 많은 팬을 거느린 존재가 된다. 하지만 그의 마음은 공허하다. 채워지지 않은 갈증 때문이다. 그는 자신의 애인이 변심했다는 사실에 상처받아 무려 30년간 고향을 찾지 않았다. 그러다 알프레도의 죽음을 알게 되어 장례식 참석을 위해 다시 방문하면서, 그간 자신이 그녀에 대해 잘못 알고 있었다고 깨닫는다. 실제로 엘레나는 그에 대한 사랑을 한 번도 버린 적이 없다. 단, 마음을 전달하는 과정에서 알프레도가 훼방을 놓고, 오해를 사도록 만들었던 것이다. 로마에 돌아와서도 토토는 그를

용서할 수 없었다. 결국 판을 다시 짜서, 엘레나를 꼭 손에 넣고 싶은 토토. 그래야 이 분노와 갈증이 풀어질 것만 같았다. 한데 그의 손에는 알프레도가 남긴 유물이 하나 있다. 낡고 오래된 필름. 대체 무슨 영화가 이 속에 담겨 있단 말인가. 평생 영사기사로 살면서 간직한 단 하나의 소유물.

그는 영화사 내의 작은 영사실에서 이 필름을 틀어본다. 거기엔 놀랍게도 숱한 키스 장면들이 담겨 있었다. 그가 어릴 적에는 음란하다는 이유로 관객들에게 키스 장면을 볼 수 없게 했다. 어떤 필름이 오던 간에 엄격한 신부의 감시하에 음란한 장면은 다 잘려나갔던 것이다. 그런데 토토는 이 필름을 갖고 싶었다. 그래서 알프레도에게 부탁하지만, 그는 주지 않았다. 소유주는 너지만, 보관은 자신이 하겠다고 한 것이다. 이제 그가 죽고, 운명처럼 이 필름이 그의 손에 왔다. 그리고 거기서 그는 알프레도의 희망이 무엇이었는지 깨닫는다. 왜 알프레도가 그를 억지로 고향을 떠나게 해서 영화를 찍게 했는지 이해하게 된 것이다.

"불꽃은 결국 재를 남기는 법이야."

첫사랑의 격정과 갈망을 잘 알고 있던 알프레도는 그에게 더 큰 미래를 제시한 것이다. 토토의 눈에서 흐르는 눈물은 무척이나 뜨겁고, 진했다. 따지고 보면 아내가 죽던 날에도 알프레도는 〈모던 타임스〉의 상영을 위해 영사실을 떠나지 않았던 인물이다. 얼마나 영화가 그에게 중요했는지 이해되지 않은가?

아마 이 대목에서 눈물을 흘리지 않은 팬들은 없으리라 생각한다. 그런데 그 눈물은 가벼운 미소와 함께 흐른다. 그게 바로 이 영화의 매력이 아닐까 싶다. 그리고 이 영화에서도 역시 특별한 명품 와인은 나오지 않는다. 그저 VDT 급의 와인이 일상생활 속에서 선보일 뿐이다. 한데 나는 이 영화를 볼 때마다 그런 와인이 무척이나 마시고 싶어졌다. 특히 영사 기사로 일하는 토토를 위해 점심을 싸온 어머니의 손에 들려 있는 와인은 강하게 뇌리에 남았다. 시실리의 열정과 기백이 잔뜩 들어가서 무척이나 독할 것 같지만, 뭐 어떤가. 맛만 좋으면 되지 않은가.

앞에서 이야기했듯이 이탈리아 와인은 그 높은 퀄리티와 역사에 비해 그 진가는 뒤늦게 알려졌다. 무려 1980년대에 와서야 주목을 받았으니 말이다. 그전까지 와인 하면 프랑스요, 그것도 보르도와 부르고뉴 정도였다. 이탈리아의 피에몬테며 토스카나 지역이 본격적으로 소개된 것은 최근의 일인 것이다. 당연이 이탈리아를 배경으로 한 영화에는 특정 와인이 나오지 않는다. 이름 없는 VdT급이 나올 수밖에 없는 이유가 여기에 있다. 하지만 그 배경과 연인과 추억을 생각하면, 때로는 그 어느 명주보다 달고, 진하게 다가올 수 있을 것이다.

또 일반적으로 와인이라는 것은, 특히 이탈리아에서는 맛있는 피자나 파스타와 같은 음식과 먹는 음료일 뿐이다. 거창한 코스 요리를 위해 엄청난 노력과 시간을 들여 제조한 와인도 많지만. 이탈리아 와인의 진짜 재미는 이런 VdT급에 있다고 해도 과언이 아니다. 그러니 이탈리아에 가서 비싼 와인을 시키지 못한다고 주눅 들 필요는 없다. 이탈리아를 배경으로 삼은 영화에서조차 VdT가 주역이지 않은가.

"괜찮아. 서빙하다보면 실수할 수도 있는 거지."
장쯔이는 금세 자리를 털고 일어나 술잔을 들고 건배를 외쳤다.
일부러 크게 웃으며 노래 몇 소절을 부르기도 했다.
언제 그랬냐는 듯 다시 분위기는 화기애애해졌다.

movie
좋아할 수밖에 없는 그녀, 장쯔이

해마다 5월이 되면 꼭 가고 싶은 도시가 있다. 바로 칸이다. 나는 칸을 두 번 간 적이 있는데 무려 15년의 간극을 두고 방문한 도시였기에 두 번째 찾았을 때는 감회가 남달랐다. 무엇보다 세상에서 가장 좋은 기후를 만끽할 수 있다는 점이 가장 큰 이유였다. 5월의 지중해라면 더 이상 말이 필요 없지 않은가!

처음으로 칸에 입성한 날은 매우 인상적이었다. 당시 파리에 도착해서 허겁지겁 국내선으로 갈아타고 니스에 도착하니 밤 늦은 시간이었다. 그때 마침 아는 영화인이 있어서 그가 잡은 택시에 올라 40분 남짓 달려 칸에 갈 수 있었다. 그때 나는 운전석 바로 뒷자리에 앉아 있었는데, 그가 이렇게 물었다.

"손님 중에 혹시 칸에 처음 오는 분이 있습니까?"

나를 제외한 세 명 모두 영화관계자였으니, 결국 나만 손을 들었다.

"자리를 잘 잡았군요. 창밖을 계속 바라보십시오."

그의 말대로 왼편으로 고개를 돌리고 뚫어지게 봤으나, 계속 산과 언덕만 나왔다. 그렇게 5분쯤 흘렀을까, 잠깐 실망하려는 사이 갑자기 밑으로 거대한 공간이 열리면서 지중해에 접한 칸이 보였다. 서둘러 창문을 여니 밤바람이 시원하게 밀려오면서, 야자수와 바다 냄새가 물씬 밀려들어왔다. 한없이 낭만하고, 맛있는 냄새였다. 칸 자체는 화려한 야경을 자랑하지 않지만, 질서정연하게 켜진 불빛과 네온사인에서 뭔가 꿈틀거리는 욕망을 읽을 수 있었다. 앞으로 벌어진 축제를 암시하는 것 같았던 그 불빛들.

과연 시내로 택시가 미끄러져 들어가자 옷을 갖춰 입은 남녀들이 바쁘게 거리를 걷고 있었다. 해변에서는 밴드의 공연이 펼쳐지고 있었고, 도시 곳곳에 영화 포스터가 가득했다. 드디어 칸에 왔다는 사실을 실감하며 차에서 내리니 휘황찬란한 불빛으로 치장한 호텔이 보였다. 고풍스런 건물에 장식이 복잡하게 마무리된 거인이 묵묵히 어둠에 쌓인 지중해를 응시하고 있었다.

두 번째 칸 방문은 조금 고달팠다. 당시에 칸을 가는 여정은 멀고도 험했다. 뮌헨에서 하이엔드 오디오 쇼를 본 뒤, 후배와 함께 야간열차를 탄 뒤 이후에도 무려 4번이나 기차를 갈아타야 했다. 밤새 자다가 깨어나 짐을 챙겨 다음 열차를 기다리고, 갈아타면 또 졸다가 목적지에 내려서 다음 열차를 기다리기를 반복했더니, 정작 오후 2시쯤에 도착했을 때엔 정신이 없었다. 그래도 칸의 밝은 햇살과 꾸밈없는 관광객들의 행렬을 보자 어디서부턴가 힘이 솟았다. 다시 축제의 장에 온 것이다.

첫 방문 때 인상적인 일은, 당시 개막작으로 엄청난 화제를 모았던 〈원초적 본능〉의 샤론 스톤도 아니었고 알랭 들롱도 아니었다. 바로 실비아 크리스텔이었다. 고등학교 시절 〈엠마뉴엘 부인〉 시리즈를 보고 내 성적 판타지의 근간을 이루었던 그녀를 칸에서 만나게 된 것이다. 칸에서 체류하던 어느 날 밤, 그날도 여느 때처럼 밤에 카페에서 술을 한 잔 홀짝이고 있었다. 그때, 낯익은 얼굴과 몸매의 주인공이 지나갔다.

오 마이 갓! 놀랍게도 내 사랑 실비아가 지나가고 있지 않은가. 나는 서둘러 자리에서 일어나 무작정 달려갔다. 다짜고짜 인사하고 당신의 굉장한 팬이라고 했더니 그녀가 살짝 손으로 입을 가리고 웃는다. 동양 청년이 헐레벌떡 볼에 홍조를 띠고 아는 체 하는 모습이 귀여웠나보다. 순간 어디서 그런 용기가 나왔는지 모르지만, 나는 일단 그녀를 덥석 껴안아서 존재를 확인한 다음 잠깐 앉았다 가라고 손목을 붙들고 테이블로 모시고 왔다. 지금 생각해보면 정말 엄청난 행동이었는데, 그녀는 이런 열혈 팬을 만난 것이 두렵지도 않았는지 쉽게 따라와주었고 짧은 시간이었지만 그녀와 함께 술자리를 가질 수 있었다. 왕년에 좋아했던 스타와 제대로 술 한 잔을 한 것이다.

본격적으로 스타나 감독을 만나려면 영화사에서 주최하는 파티가 좋다. 파티 초대장을 얻기가 어렵지만 일단 한 번 가게 되는 기회를 잡는다면 정말 굉장한 자리를 눈으로 확인할 수 있다.

작은 보트 위에서 벌어지는 선상 파티, 인근 섬의 거대한 별장에서 이루어지는 파티 등 눈부신 장면들이 펼쳐지는 파티들은 꼭 한 번 가볼 만하다. 칸을 두 번째 방문했을 때는 일부러 많은 파티를 다녔는데, 뉴 라인 시네마에서 개최한 파티에는 〈007 카지노 로열〉에 나왔던 에바 그린도 볼 수 있었고, 또 다른 파티에서는 샤론 스톤도 볼 수 있었다. 그런가 하면 홍콩의 한 영화사에서 주최한 파티에서는 왕가위 감독, 짐 자무시 감독을 비롯해 평소에 존경하고 보고 싶었던 감독들도 한자리에서 볼 수 있었다. 특히 짐 자무시 감독과 재즈에 관한 이야기를 나누었던 기억은 아직도 생생하다.

　절제된 공간에 소수의 인물들만 배치해서 썰렁한 유머를 날리는 실험 영화 〈천국보다 낯선〉으로 알려진 짐 자무시 감독은 극단적인 미니멀리즘에 흑백 영상이 주는 기묘한 파괴력으로 무명 감독에서 일약 스타덤에 올랐다. 그는 록 음악에 대해서도 상당한 마니아여서 처음에는 록 음악의 작사가가 되는 것이 소원이었다고 한다. 당연히 재즈에도 수준급의 감식안을 갖고 있었다. 이야기를 나누는 중 그는 초기 프리재즈 연주자였던 돈 체리, 오네트 콜맨 등을 언급했는데, 그들의 실험성과 창의력을 높이 평가하고 있었다. 그의 대화에 영향을 받아 나는 귀국한 뒤 다시 심각하게 이들의 음악을 듣기도 하고, 그의 영화를 다시 한 번 감상하며 그의 문화적 깊이를 다시금 느껴보았다. 다만 아쉬웠던 점은 이들과 짧은 대화는 나누었지만 술자리까지 함께하지 못했다는 것이다.

칸이 좋은 것은 스타나 감독이나 제작자를 느닷없이 만날 수 있다는 점이다. 밤에 술집을 돌아다니다보면 심심치 않게 유명인을 만날 수 있다. 그래서 한편으로는 낮에 레드 카펫의 행렬을 지켜보기 위해 목을 빼놓고 기다리던 노동에 비하면 참 허무하기도 하다.

정말 스타라고 불리는 사람들과의 술자리 중에서도 유독 기억에 남는 인물이 한 명 있다. 바로 장쯔이다. 장예모 감독의 〈집으로 가는 길〉에 나올 때만 해도 순박한 시골 처녀와 같은 풋풋함으로 깊은 인상을 주더니, 이후 이안 감독의 〈와호장룡〉에 나와 전 세계적인 스타로 발돋움했다. 무표정한 얼굴에 다소 차가운 듯한 이미지를 갖고 있으면서도 묘하게 시선을 끌어들이는 흡인력을 갖고 있어서, 주윤발이나 양자경의 존재를 잊게 할 만큼 뇌리에 남았던 여배우다. 이후 〈영웅〉과 〈연인〉에 잇달아 출연, 중국이 제작하는 본격적인 액션 영화의 히로인으로 자리매김한데다가 우리나라의 〈무사〉에도 등장해서 상당히 친숙한 배우가 되었다. 그 뒤 〈게이샤의 추억〉으로 단단히 만루 홈런을 날렸다. 할리우드에서 제작한 메이저 영화에 타이틀 롤을 맡아 아시아의 스타를 넘어서는 존재가 된 것이다. 그런 세계적인 스타와 내가 어떻게 술자리를 함께할 수 있었을까?

우연히 영화제에서 만나서? 팬으로 보낸 사연이 전달되어 특별한 만남을 얻을 수 있어서? 비행기를 탔는데 함께 나란히 앉게 되어서? 어느 레스토랑에 갔다가 합석하게 되어서? 노! 노! 노! 모두 아니다. 예상과는 달리 우리가 만났던 곳은 영화 관계자들이 함께한 서울 강남의 한 이자카야였다. 〈야연〉이라는 영화의 수입과 더불어서 이루어진 자리였다. 사실 처음에는 그 영화의 주연이 장쯔이인 줄 몰랐다. 그러나 그녀가 주연이라는 말을 전해듣자 그녀가 출연했던 〈연인〉이나 〈영웅〉에서 그녀가 소화해 낸 탁월한 액션 장면들이 떠오르면서 호감이 갔다. 그래서 나 역시 영화 사전 준비 작업에 도움을 주겠다고 흔쾌히 의견을 전달했다. 이후 이왕 벌일 잔치라면 제대로 벌이자는 생각에 호텔까지 잡아 〈야연〉 오프닝 파티를 기획하는 데까지 이르렀다.

오프닝 파티를 기획하면서 느꼈던 점은 단순히 스타 한 명만 부르는 일에서 그치는 것이 아니라 수많은 관계 인원들을 조율하고 한자리에 모이게 하는 큰 규모의 일이라는 것이었다. 치밀한 계획과 노력 끝에 3일간의 여정을 마친 뒤 장쯔이 일행과 행사를 이끈 주최자들이 모여 함께 식사를 하기로 했다. 그때가 바로 장쯔이와 함께 술자리를 가지게 된 날이었다.

이날 우리가 모인 음식점의 주인도 장쯔이의 팬이라 특별히 그녀를 위한 한국 음식을 내놨다. 함께 식사를 하면서 나는 새삼 한중일 동북아 3개국의 독특한 음식 문화에 생각하게 되었다.

사실 일본과 중국은 서로의 음식문화에 부담을 갖고 있다. 일본인들은 기름지고 느끼한 중국 요리를 거북해하고, 반대로 중국인들은 절대로 날 것을 입에 대지 않아, 일본의 사시미나 스시에 반감을 갖고 있다. 많은 일본에는 많은 중국 음식점이 있다. 대만식, 광동식, 상하이식 등 종류도 다양하다. 그러나 자세히 살펴보면 상당히 일본식으로 변화한 것이다. 말하자면 양국의 음식 문화는 과시사만큼이나 건널 수 없는 강이 존재하고 있는 것이다. 그런데 그 강에 사이에 다리가 하나 놓여 있는데 바로 한국 음식이 그 가교 역할을 한다고 생각한다.

나는 일본인 친구들을 많이 사귄 덕분에, 그들 중 상당수가 한국 음식을 좋아한다는 것을 잘 알고 있다. 중국인들도 마찬가지다. 장쯔이 일행도 그날 나왔던 육회부터 불고기, 김치찜 등을 쉬지 않고 먹었으며, 연신 맛있다며 엄지손가락을 추켜세웠다. 당연히 그런 분위기에서 소주가 한 순배 돌았고, 이야기는 끊이지 않았다. 심지어 장쯔이의 오빠가 짓궂게 N이사에게 맥주잔에 소주를 가득 따라 연달아 먹여 만취시키는가 하면, 장쯔이 역시 스트레이트로 두어 잔을 마시면서 분위기를 띄웠다. 소주가 진짜 달게 느껴졌다.

그런 화기애애한 분위기 속에서 내가 장쯔이에게 정말 반하지 않을 수 없던 순간이 있었다. 서빙을 하던 한 종업원이 장쯔이를 보고 얼어붙고 말아 음료수를 장쯔이의 무릎에 쏟는 일이 발생했는데, 그녀는 갑작스럽게 벌어진 사고로 얼어붙은 분위기를 미소 한 방으로 부드럽게 만들어버린 것이다.

"괜찮아. 서빙하다보면 실수할 수도 있는 거지."

그리고 장쯔이는 금세 자리를 털고 일어나 술잔을 들고 건배를 외쳤다. 그리고 일부러 크게 웃으며 노래 몇 소절을 부르기도 했다. 그러자 언제 그랬냐는 듯 다시 분위기는 화기애애해졌고, 종업원은 놀란 가슴을 쓰다듬으며 얼른 뒷정리를 했다. 나는 이때 그녀가 보인 기지를 잊지 못한다. 역시 세계적인 스타다운 도량과 여유를 느꼈다.

나중에 안 사실이지만, 한국을 방문하는 세계적인 스타들 중에는 별의별 사람들이 다 있는 모양이다. 그에 비하면 장쯔이가 얼마나 성실하고 또 아량이 있었는지 새삼 고개를 끄덕이게 된다. 덕분에 지금도 그녀의 작품이 나오면 꼭 챙겨보는 습관이 생겼다. 물론 그때 마신 소주도 잊지 않고 있다. 만일 다음에 칸에 방문했을 때 그녀를 본다면, 그때 정말 고마웠다는 인사와 함께 준비해간 소주를 꼭 선물할 것이다. 아마 그녀와 다시 나누는 술맛은 굉장한 맛이지 않을까 싶다.

그 순간 문득 〈라스베이거스를 떠나며〉가 떠올랐다.
거기서도 세라는 영업 중에 손님이 술을 시키라고 하자
마르가리타를 시켰다. 마르가리타와 찰나, 지독한 매치다.

movie

그녀는 마르가리타를 좋아해

"라스베이거스에는 왜 왔어요? 회의 때문에 왔나요?"

창녀 세라가 술에 취해 침대에 곤하게 누워 있는 주인공 벤에게 묻는다.

"아니. 술 마시다 죽으러 왔지."

그의 대답은 간단하다.

"돈을 몽땅 현찰로 바꿔서 신용카드 대금도 냈어. 내일은 차도 팔 거야."

"얼마나 걸려야 술 마시다 죽을 수 있죠?"

"4주 정도 걸릴까? 확실치는 않지만 그 정도일 거야. 하루에 200~300달러 정도를 쓸 정도는 충분히 돼."

"그럼 난 뭐예요? 일종의 사치품?"

"맞아. 당신은 사치품이야."

앞의 대화는 〈라스베이거스를 떠나며〉의 한 장면이다. 창녀와 술꾼, 참 매력적인 소재다. 이미 처절한 결말이 예정되어 있는 만큼, 아무리 둘이 행복한 시간을 보낸다고 해도 행복한 현재에는 슬픔과 절망이 배어 있다. 잃을 것이 없는 이들 사이에 벌어지는 잠깐의 로맨스는 아련하기만 하다.

이 영화의 오프닝은 한참 흥에 겨운 주인공 벤이 술을 쇼핑하는 대목으로 시작한다. 정말이지 수많은 술들이 진열대에 전시되어 있고, 카트에는 각종 맥주며 위스키가 가득하다. 벤은 춤까지 춰가며 술을 고른다. 커티 사크, 버드와이저, 잭 다니엘, 시바스 리갈……

한때 할리우드에서 잘 나가는 작가였던 것으로 추측되는 벤은 현재 영화사에서 시나리오를 읽고 분석하는 일을 하고 있다. 지나친 음주가 문제가 되어 벤은 영화계에서 기피 인물 1호가 되었지만, 그 사실에 괘념치 않고 아무나 붙잡고 돈을 꾸고 술을 구걸하는 신세다. 벤은 이미 많은 사람들의 신뢰를 잃었다.

"됐어. 됐다구. 더 이상 연락하지 않는 게 날 도와주는 거야."

그는 술을 사기 위해서 이미 팔 것은 다 판 상태였다. 술을 마시지 않으면 손이 떨려서 수표에 사인을 하지 못할 정도지만, 대낮부터 바에 들르는 것을 마다하지 않는다. 잠자리는 늘 문이 열린 냉장고 앞이고, 그 안에 먹다 남은 술병이 몇 병 나뒹굴 뿐이다. 결국은 단골 바의 바텐더에게 쫓겨나고, 직장에서도 버림받았다. 갖고 있는 것을 모두 팔고, 라스베이거스로 향하는 그의 목적은 결국 하나. 술 마시다 죽는 것이다.

하지만 인생사가 어디 그런가? 아무리 낯선 곳이라 해도 결국 사람을 만나게 되고, 그와 엮이면서 정도 생기고 미움도 생기기 마련. 그는 우연히 길에서 만난 창녀 세라에게 반하지만, 죽음을 결심한 상태라 함부로 마음을 주지 못한다. 그런 사정은 세라도 마찬가지. 환락가의 창녀로 겨우 자리를 잡아 살아가는 처지인 만큼, 마음에 여유가 없다. 그래도 그가 좋다. 자신에게 아무런 요구도 하지 않고, 어떤 잔소리도 하지 않기 때문이다. 결국 그녀의 제의로 둘은 동거를 시작한다.

"단 조건이 있어. 절대로 나에게 술을 마시지 말란 말은 하지 마."

어떤 그에게 그녀가 준 선물은 휴대용 위스키 병이다. 금속재로 둥글게 만들어진 것으로, 위스키 애호가라면 꼭 하나씩은 지참하는 물건이다. 이 선물 앞에 그는 눈물을 글썽이고 만다.

"이제야 내게 맞는 짝을 만났군."

결국 그녀는 그에게 이런 질문을 던진다.
"왜 알코올중독자가 되었죠?"
머뭇거리다가 그가 이렇게 답한다.
"이유는 기억이 안 나지만, 나는 내가 원하는 게 뭔지는 알

아. 술을 마시기 위해 자살하는 거야."

처절하고 소름이 돋는 대사다. 그 대사는 가만히 나 자신을 돌아보게 만들었다. 나 역시 한때 술이 없으면 세상의 종말이라도 오는 듯 심취한 적이 있었기 때문이다. 벤 정도는 아니지만, 매일 밤 술을 찾았고, 새벽이 밝아올 때까지 술자리에서 일어나지 않았다. 오후 서너 시가 되어 눈을 뜨고, 쓰린 속을 달래며 해장을 하는 일이 얼마나 많았는지 도무지 기억이 나지 않을 정도다. 그리고 벤과 같이 라스베이거스는 아니지만, 홍콩에서 창녀 한 명을 만났다. 내겐 〈홍콩을 떠나며〉 정도의 스토리가 될지도 모르겠다.

지금까지 나는 홍콩을 두 번 방문했다. 처음엔 개인적인 일로 여행했고, 무려 14년이 흐른 후에 영화 관련 일로 다시 찾았다. 정확히는 외화를 수입하는 K사에서 일하는 N이사의 호의로, 함께 홍콩 영화제에 가서 수입 상담도 하고, 관광도 하는 명목으로 비행기를 탄 것이다.

묵고 있던 호텔은 상당히 오래된 곳으로, 영국 식민지 시대의 분위기가 고스란히 남아 있어서, 묘한 향수를 불러일으키는 공간이었다. 동양풍의 절제된 가구에 영국식 인테리어가 가미된 그런 곳. 그런 장소에 있으니 왕가위 영화가 떠오르는 것은 당연했다.

그 호텔에 묵은 지 며칠이 지난 뒤였을까. '창녀 연쇄 살인' 기사가 신문에 톱으로 실렸다. 서너 명이 죽은 모양으로, 사창가 주

위에 경찰 병력이 강화되었고, 용의자를 쫓는다는 보도도 이어지고 있었다. TV를 틀어도 속보 형식으로 이 사건을 계속 다루니 피할 길이 없다. 컨디션도 안 좋은데다가 아침부터 이런 뉴스를 접해야 하니 솔직히 기분이 영 별로였다. 뭔가 전환이 필요했다.

이때 나의 마음에 다가온 것은 란 콰이 퐁(Lan Kwai Fong) 지역이었다. 홍콩의 중심부에서 바다가 아닌 산 쪽을 향해 가면, 언덕에 숱한 클럽이며 바, 카페, 라이브 하우스 등이 밀집해 있는데, 그곳이 란 콰이 퐁이다. 우리로 치면 홍대 앞, 도쿄로 치면 롯폰기 지역에 속하는 곳으로 젊은이들과 외국인들의 해방구라고 해도 좋다.

당시 술꾼을 자처했던 나는, 이 지역에서 처음으로 해방감을 느꼈다. 란 콰이 퐁에 도착하자 왠지 컨디션이 살아나고, 〈중경삼림〉과 같은 홍콩 영화의 멋진 장면들이 마구마구 떠올랐으며, 아침부터 마음을 어둡게 한 연쇄살인도 생각나지 않았다. 과연 세계적인 명성을 갖고 있는 곳인지라 컨셉이 모두 다른 술집이 연이어 나타났다. 일단은 재즈가 나오는 술집부터 들어갔다. 마치 호텔 라운지에 온 듯, 고전적이고 중후한 인테리어로 장식된 카운터에 앉아 맥주를 한 잔 시키니 조금씩 안정이 된다. 천장에 매달린 주먹만 한 스피커에서 연신 피아노 트리오가 나와 귀를 간질거렸다. 빌 에반스, 레이 브라이언트, 오스카 피터슨 등 익숙한 연주자가 나올 때마다 고개를 끄덕이며 흡족해했다.

이윽고 주위를 둘러보니 성장을 한 남녀들이 나직이 속삭이며 웃고 있는 모습이 보였다. 고급스런 술집답게, 복장에 신경을 쓴 손님들이 많았다. 문득 안쪽에 붉은 주단으로 벽을 장식한 방이 있길래 슬쩍 가봤다. 이곳은 기본적으로 파티를 하는 공간이었는지, 크고 널찍했으며, 안정된 인테리어로 마무리되었다. 여기서 많은 사람들이 서서 술을 마시고 있었다. 아무나 다가가서 말을 붙이고, 친구가 될 수 있는 분위기다. 그러나 왠지 오늘은 그냥 혼자 마시고 싶다.

어쨌든 재즈를 들으며 맥주를 마시다가 자리를 옮겼다. 시간은 넉넉했고, 이번 방문에서 처음으로 맞이하는 자유인만큼 되도록 여유 있게 즐기고 싶었다. 그래서 무슨 가방을 고를까, 무슨 넥타이를 살까 하는 심정으로 쇼핑몰을 돌 듯 천천히 골목길을 거닐었다. 좌우 양편에 늘어선 술집 가운데 경쾌한 록음악이 나오는 곳이 눈에 띄었다. 들어가보니 안에서 라이브를 하고 있었다. 진짜 밴드가 나와 연주하고 있었다. 당연히 두 번째 술집은 이곳으로 낙점. 마치 여러 번 온 듯 익숙하게 맥주를 시키고, 밴드를 보고, 손님들을 관찰하면서 시간을 보냈다.

그러다 테이블 맞은편에 한 여성이 앉아 있어서 힐끔 바라보니, 작은 키지만 커다란 눈동자에 미소가 아름다워 보이는 사람이 있었다. 머리까지 화려하게 염색해서 스타일이 좋아 보였다. 또 짧은 스커트 사이로 드러나는 각선미도 일품. 덕분에 자꾸만 쳐다보게 되었는데, 이쪽 눈길을 의식했는지, 눈이 잠시 마주치자 그녀가 슬쩍 미소를 짓는다. 나도 미소로 대답했다.

한 차례 휴식을 갖고, 다른 밴드가 올라와 두어 곡쯤 연주했을 때, 그녀와 나는 말문을 트게 되었다. 그녀는 태국에서 온 아가씨로, 홍콩에서 일을 한다고 했다. 대학을 졸업했다고 하는데, 영어가 꽤 능숙했다. 밴드가 연주하는 곡들, 이를테면 〈좀비〉나 〈잇츠 마이 라이프〉 등의 팝송을 따라하고, 자신의 고향을 자랑을 하는 모습에서 커리어우먼과 같은 분위기도 감지할 수 있었다.

그런데 우리 둘의 대화에 갑작스레 낀 남자가 그녀에게 무어라고 말을 걸더니 이내 사라져버리는 것이었다. 무슨 연유였는지 궁금해 나는 그녀에게 무슨 일이냐고 물어보았다.

"난 창녀에요."

담뱃불을 붙이며 그녀가 아무렇지도 않게 말했다.

"나랑 자고 싶으면 돈을 내라고 했더니 그냥 가버리더군요."

그러면서 배시시 웃는다. 그러나 나는 웃을 수 없었다. 진담인지 농담인지 어리둥절하기만 했다. 이렇게 맵시 좋은 차림에 영어까지 훌륭한 여성이 창녀라니. 믿을 수 없었다.

그러자 그녀가 핸드백을 열어 작은 케이스에 들어있는 단도를 보여줬다. 일종의 호신용이라고 했다. 조금씩 그녀의 직업이며, 존재가 현실적으로 다가왔다. 뭔가가 앞을 탁 가로막는 느낌이 왔지만, 이상하게도 자리를 뜨고 싶지 않았다. 그녀와 좀더 이야기를 나누고 싶었다. 마침 웨이터가 지나가기에, 손을 들어서 불렀다. 그녀의 술잔이 비워져 있었기 때문이다. 그녀는 마르가리타(Margarita)를 시켰다. 데킬라를 베이스로 한 정열의 술.

"걱정하지 말아요. 우리는 친구라기로 했잖아요. 난 친구에게 돈을 받고 자는 여성이 아니에요."

그러면서 손을 내민다. 그 손을 잡고 나는 악수를 했다. 작지만 따스한 촉감이 전해져 왔다. 그 순간 문득 〈라스베이거스를 떠나며〉가 떠올랐다. 거기서도 세라는 영업 중에 손님이 술을 시키라고 하자 마르가리타를 시켰다. 마르가리타와 창녀. 기묘한 매치다.

 마르가리타 덕분에 이런 낯선 공간에서 내가 태국의 창녀와 만난 것이 영화와 오버랩이 된다. 나 또한 니콜라스 케이지가 되어가는 것 같다. 영화처럼 점차 우리의 관계는 무르익기 시작했다.
 시간이 새벽 1시를 넘자 실내는 더욱 달아올랐다. 한증막에라도 온 듯 후끈한 열기에 땀이 흐를 정도가 되었다. 이때를 기해 마치 기다렸다는 듯 넥타이 부대들이 들이닥쳤는데, 거나하게 1차, 2차를 한 탓에 대부분 얼굴이 붉게 상기되고, 행동거지도 잔뜩 흐트러졌다. 그중 외국인 바이어들과 함께 한 홍콩 샐러리맨 집단이 우리 옆에 앉았다. 모두 영어에 능숙했는데 이런 언어를 쓰는 사람들의 특징인 지나친 자신감과 사교성 덕분에 자연스럽게 우리와 그들 사이에 대화가 시작되었다. 모두 그녀가 내 애인으로 생각해서 여기저기서 성원을 보냈다. 누군 어깨를 툭 치며, 엄지손가락을 치켜세우기까지 했다.
 "자니는 행운아야. 이 여자는 이 클럽을 통틀어 제일 미인이잖아."
 그러나 그녀는 엄연한 창녀. 직업 정신을 발휘해야 할 순간이다. 마침 이 무리 중 술에 잔뜩 취한 늙은 외국인이 그녀에게 눈독을 들였다. 한눈에 봐도 어떤 의도를 가졌는지 알 수 있는 눈초

리였다. 그 눈길을 놓칠 리 없는 그녀가 작업을 개시했다. 순간 그녀의 정체를 간파한 녀석이 있었다. 이 무리를 끌고 온 자로, 내게 특히나 친근하게 다가왔던 녀석이다. 늙은이는 꼼꼼히 그녀를 훑어봤다. 그녀는 어떡하든 일을 따내기 위해 미소를 뿌렸다. 다리를 꼬고, 최대한 예쁘게 보이기 위해 교태를 부렸다.

"난 꼭 저런 늙은이가 걸려요."

그녀가 슬쩍 귓속말로 내게 말했다. 그 말투에 약간의 창피함도 솔직히 담겨져 있었다. 순간 나는 대체 뭐람, 하는 생각이 들었다. 하지만 거래는 이뤄지지 않았다. 그가 너무 취해버린 것이다. 그냥 호텔 방에 들어가 잠이나 청하겠다고 결정해버린 것이다. 순간 그녀는 어깨가 축 늘어졌다. 그러나 곧 평소의 명랑함을 되찾아 계속 그들과 어울렸다.

우리는 계속 술을 마셨다. 뭐가 미안한지 무리를 이끌고 온 자가 계속 술을 샀기 때문이다. 결국 그녀나 나나 모두 취해버렸다. 그러다 그녀가 혀가 꼬인 말투로 그들에게 나를 가키며 "He is my friend"를 연발했다. 상당히 자랑스러워하는 말투였다. 모두 고개를 끄덕이며 내게 건배를 했다. 나도 잔을 들어 응답했다.

참 기묘한 자리였다. 창녀와 친구가 되어 낯선 비즈니스맨들과 어깨동무를 하고, 팝송을 따라 부르며, 술을 마시고 있다. 니콜라스 케이지의 입장이 조금은 이해가 되는 순간이다.

이윽고 그들은 떠나고, 다시 우리 둘만 남았다. 나는 그녀를 위해 뭐라도 하고 싶었다. 아무튼 그녀의 시간을 빼앗았으니 당연한 일이 아닌가. 장사를 망치고, 어이없이 술에 취해버린 그녀

도 잠깐 망설이는 눈치였다. 그러다 내 제의를 거부하며 다시 확인했다.

"나는 돈을 받고 친구와 자지 않아요."

이미 시간은 새벽 3시를 넘어섰고, 조금씩 손님들도 자리에서 일어났다. 그래도 난 자리에서 뜰 수 없었다. 그녀도 마찬가지였나 보다. 어느새 우리는 한자리에 나란히 앉게 되어, 키스까지 나누게 되었다. 조금만 더 밀어부친다면, 우리는 함께 새벽을 맞이할 수도 있었다. 그녀도 별로 거부하는 기색이 없었다.

그러나 그럴 수가 없었다. 결국 나는 소심하고 나약한 한낱 술꾼에 불과하다. 이런 만남은 여기서 끝내는 편이 좋다. 이런 나의 변화를 눈치를 챘는지, 갑자기 그녀가 늘어지게 하품을 했다. 우리는 서로 이메일 주소를 교환했지만, 결국 누구도 연락하지 않을 것이다. 그럴 것이다.

나중에 한국에 돌아와보니 도우미니 호스티스니 창녀니, 아무튼 이런 위험스런 직종에 일하는 여성을 노리는 범죄 사건이 자주 발생했다. 그리고 그런 뉴스를 접할 때마다 자연스럽게 그녀를 떠올린다. 이름도 모르고, 나이도 모르는 이 여성은 지금 어떻게 지낼지 궁금해진다. 과연 핸드백 속에 숨긴 작은 칼로 자신을 보호나 할 수 있을까 염려도 된다. 아무쪼록 무사히 돈을 모아 고향으로 돌아갔으면 하는 바람도 해본다. 아마 그녀는 꽤 영리하고, 센스도 있으니 그런 위험한 환경에서도 꿋꿋이 살아남을 것이다. 나 역시 이제는 술을 자제하고, 〈라스베이거스를 떠나며〉의 벤이 되지 않기 위해 부지런히 운동도 하고, 감량도 해야겠다. 한 시절이 가고 있는 것이다.

그나저나 왜 창녀들은 칵테일을 좋아할까? 나중에 마르가리타의 기원에 대해 조사했더니 여러 이야기가 나왔다.

그중 하나는 1940년대 멕시코 티후아나 지역에 있는 술집의 바텐더 엔리케 구티에레스가 만들었다는 설이다. 당시 섹시 여배우로 이름 날리던 리타 헤이워드를 생각하며 만들었다고 하는데, 그녀의 본명이 바로 마르가리타 칸시노였다. 실제로 그녀는 어린 적에 이 지역의 바에서 댄서로 일한 바 있어서 엔리케와 잘 아는 사이였다고 한다. 이제는 할리우드의 전설이 된 여성을 위해 그가 경배의 차원에서 만들었다는 것이다.

또 하나는 여가수 페기 리를 위해서 텍사스에 있는 발리니스 룸이라는 나이트클럽의 바텐더 산토스 크루스가 제작했다는 설이다. 당시 재즈 보컬로 전 미국을 사로잡았던 그녀의 본명은 마가렛 리였다. 마가렛을 스페인어로 하면 마르가리타이다.

믿거나 말거나 참 다양한 일화가 있지만, 모든 설에 공통되는 것은 바텐더가 마르가리타라는 여인을 위해 만들었다는 점이다. 그래서 나는 나만의 마르가리타를 생각하며 칵테일을 만들 생각이다. 그때의 홍콩을 떠올리고, 그 여인을 생각하며, 직접 만들어볼 작정인데, 어떤 맛이 나올지 아직 자신은 없다.

작가와 술을 이야기할 때 빼놓을 수 없는 술이 압생트다.
보들레르, 랭보, 오스카 와일드, 피카소, 고흐…
이들은 일반적인 기준에서 벗어나 있는 사람들이기도 했다.
그래서인지 압생트를 마시면 머리가 이상해진다는 속설이 있다.

movie

〈캘리포니케이션〉에서 만난
세기말의 작가와 압생트

    언제부터인지 미국의 드라마 시리즈물, 이른바 '미드'가 유행하고 있다. 구체적으로는 〈X파일〉이나 〈프랜즈〉 등에서 인기몰이를 시작하다가, 〈섹스 앤 시티〉〈위기의 주부들〉〈24시〉 등으로 폭발하더니, 최근까지 그 인기가 지속되고 있다. 이에 편승해서 일본의 드라마 시리즈인 '일드', 한국의 '한드'까지 가세해 조금만 관심을 가지면 하루 종일 PC 모니터나 케이블 TV 앞에서 벗어날 길이 없다.

    물론 나도 미드 중 몇 개에 거의 중독 수준이어서 꼭 챙겨보고 있다. 최근에만 해도, 〈사라 코너 연대기〉〈더티 섹시 머니〉〈프리즌 브레이크〉〈캘리포니케이션〉을 보는데다가 한국형 첩보물 〈아이리스〉까지 겹쳐 일주일 내내 이들 시리즈의 신작을 보느라 시간이 모자랄 정도였다.

흥미로운 것은 이런 미드가 다른 책이나 음악, 영화처럼 우리의 삶에 작던 크던 관여하고 있다는 점이다. 그렇다고 해서 〈프리즌 브레이크〉를 보고 나서 감옥에 갇힌다거나, 〈24시〉를 보면서 유명 인사의 저격 사건에 관여하게 된다는 뜻은 아니다. 워낙 시리즈의 양이 방대하고 또 치밀해서 보는 중에 많은 정보도 얻고, 인생에 대한 교훈도 얻을 수 있다는 말이다.

실제로 〈CSI〉나 〈콜드 케이스〉와 같은 범죄물을 보면, 현장의 작은 단서 하나가 나중에 어떻게 범인을 잡는데 연결되는지 알게 되는데, 그 치밀함은 추리소설을 쓰고자 하는 내게 더없는 교과서다. 또 〈데미지〉나 〈샤크〉를 통해 미국 법정에서 실제 어떤 일이 벌어지고 있는지 생생하게 파악할 수 있다.

〈로마〉라는 미드는, 카이사르에서 아우구스투스에 이어지는 역사적 사실을 배경으로 치밀하게 로마인들의 다양한 삶과 계층 구조를 보여주는데, 이에 매료되어 직접 로마를 방문하기도 했고, 이 도시를 배경으로 한 소설까지 쓴 적도 있다. 아직 출간은 되지 않았지만, 이곳에 한동안 체류하면서 글을 쓰게 할 만큼, 내 삶에 깊은 영향을 준 것이다.

그런 면에 있어서 작가가 주인공으로 나온 〈캘리포니케이션〉은 여러 모로 빠져들게 하는 요소가 많아서 보는 내내 감탄을 하게 하는 미드이다. 〈캘리포니케이션〉이라는 제목은 '캘리포니아'와 '포니케이션'의

합성어이다. 레드핫칠리페퍼스라는 그룹이 10년 전쯤에 이 제목으로 노래를 발표한 바 있고, 그것에서 힌트를 얻어 이 시리즈의 제목으로 이어진 것은 아닌가 싶다. '포니케이션'은 간통이라는 뜻을 갖고 있으니, 캘리포니케이션은 간통이 성행하는 캘리포니아, 즉 성적 방종과 퇴폐가 일상화된 캘리포니아라는 정도의 뜻으로 해석해도 무리가 없을 것 같다.

　　이 미드의 주인공으로 나온 데이비드 듀코브니는 〈X파일〉 시리즈로 우리에게 잘 알려져 있다. 이 시리즈를 볼 때엔 그냥 평범하게 생긴 외모에 단정한 연기로, 일반적인 FBI 요원이 갖춰야 할 평범한 시민의 모습을 연기한다고 느꼈다. FBI든 CIA든 그 요원들은 결코 007시리즈에 나오는 제임스 본드와 같지 않다. 우리의 정보기관 역시 마찬가지다. 그냥 군중에 묻혀 있을 때 거의 눈에 띄지 않는 외모와 복장과 태도를 갖고 있는 것이다. 정보원이라고 밝혀지는 순간, 그의 생명은 끝난 것이나 다름없으니 말이다. 그런 면에서 〈X파일〉에 나온 데이비드의 외모나 태도는 상당히 적합했다고 본다.

　　한데 이 시리즈에선 전혀 다른 모습을 보여준다. 말하자면 한눈에 확 들어오는 캐릭터로 변한 것이다. 늘 술에 취해 있고, 아무 여자에게나 껄떡대며, 주위엔 불량한 친구들이 득실거리며, 늘 사고가 끊이지 않으니 당연히 위장하려고 해도 무리다. 덕분에 동거를 하는 아내와 하나뿐인 딸 모두에게 말썽꾸러기인 캐릭터이다. 간단히 내용을 이야기하자면 다음과 같다. 그의 망나니 같은 행동들에 절교를 선언한 아내는 다른 남자에게 가버리는

데 데이비드는 그 남자의 미성년 딸, 미아와 잠자리를 갖는다. 이 사건을 입 다물어주는 대가로 요청된 것은 데이비드의 원고이다. 그리고 이 원고를 미아의 작품으로 위장하여 출간을 하고 미아는 스타 작가로 성공하게 된다는 식의 전개가 이루어진다. 다른 미드처럼 엄청난 사건이나 반전이 없어 임팩트가 약하기는 하지만 개인적으로는 '작가'가 주인공이라는 점에서 공감하게 되는 부분들이 많아 몰입하며 볼 수 있었다.

〈캘리포니케이션〉에는 작가가 주인공인 만큼, 술도 당연히 자주 등장한다. 역시 작가와 알코올은 떼려야 뗄 수 없는 관계인가 보다. 주인공 데이비드는 대낮부터 맥주나 위스키는 기본이요, 저녁에는 와인을 곁들이고, 파티에선 각종 칵테일도 모자라 결국 마리화나, 코카인 등의 약물에 손을 댄다. 이렇게 새벽까지 흥청망청 들이키다가 눈을 뜨면 제일 먼저 담배와 술을 찾는다.

그리고 밤에는 늘 여자들을 만난다. 지겹도록 많은 여자들이 나타난다. 모델, 뉴스 앵커, 히피, 유부녀, 배우 지망생, 가수, 큐레이터, 영화기획자, 에이전트 여직원, 여비서 심지어 미성년자 여고생까지! 그런데 왜 술자리엔 꼭 여자가 있고 또 섹스가 따라 나올까? 왜 술을 마시면 이성이 마비되고, 성욕이 솟구치는 것일까? 이것은 어찌보면 단순무식한 질문이지만, 한 번쯤 생각해봐야 할 부분이다.

사실 고대 그리스나 로마에서도 술은 항상 섹스와 연결되었다. 디오니소스 혹은 바쿠스 신을 모시는 축제는 늘 고삐 풀린 성행위와 와인이 끊이지 않았다. 일종의 다산을 위한 숭배

의식이니 당연하지 않은가. 그러니 〈캘리포니케이션〉의 주인 공이 벌이는 엽색 행각도 좀 이해되어 줄 수 있지 않을까. 창작 역시 일종의 출산이라는 점에서 별반 다르지 않으니 말이다.

이와 관련해 일정한 양의 술이 성욕을 높인다는 학술 보고서도 흥미롭다. 적당히 마시면 혈관 속의 테스토스테론의 수치를 높여 리비도를 자극한다는 것이다. 물론 이 지점을 넘어가면 혈압 자체가 상승해버려 아예 불능의 단계에 이를 수 있다. 어디가 적정 수준인지는 개인마다 다르니, 이것은 각자의 몫에 맡길 수밖에 없다.

아무튼 술과 여자는 작가의 창조력을 지탱하는 샘물인지 독극물인지는 모르겠지만, 아무튼 할리우드의 작가는 나름대로 수입도 좋아 널찍한 집에 살면서 비록 낡았지만 포르쉐도 몬다. 대충 차려입고, 선글라스를 끼고 나가면 그냥 작가라는 명함에 모두 넋을 잃고 포로가 된다. 진짜로 멋지다! 이런 그에게도 고민이 있으니, 첫째는 별로 글이 써지지 않는다는 것이고 둘째는 아내가 결코 마음을 돌리지 않는다는 것이다.

〈캘리포니케이션〉에서 술과 섹스의 관계말고도 흥미로운 것이 있다면 일종의 블로그 형식을 빌려 그가 인터넷에 글을 올리는데, 그 짤막한 글들이 모여 조금씩 골격을 이루자 바로 할리우드 영화사에서 연락이 온다는 점이었다. 판권료만 해도 수백만 달러에 이르니, 이 대목에서 역시 할리우드인가 싶어 다시 좌절하게 된다. 우리는 아예 창작소설 시장 자체의 씨가 말라, 유명 작가들도 따로 발표할 지면을 찾지 못해 포털 사이트에 연재하는 방법을 쓰고 있는 실정이니, 이런 현실을 보면 더욱 한숨이 나온다.

　작가와 술을 이야기할 때 꼭 빼놓을 수 없는 알코올이 있으니 바로 압생트다. 19세기 말의 퇴폐적이고 향락적인 예술가들에게 필수불가결의 존재였던 압생트 말이다. 압생트에 취했던 화가로는 마네, 드가, 로트렉, 고갱, 고흐, 피카소가 있고, 시인으로는 보들레르, 베를렌, 랭보 등이 있으며, 작가로는 앨런 포우, 오스카 와일드, 헤밍웨이 등이 있다. 실제로 드가, 마네, 피카소는 모두 압생트가 들어 있는 장면을 그리기도 했으며, 특히 고흐는 자주 그렸다. 그가 노란색과 연녹색에 집착한 것도 실은 압생트가 가진 색에 대한 사랑 때문이라는 설도 있다.

　프로이트, 스탈린도 압생트의 팬이었다. 여기서 한 가지 결론을 유추할 수 있다. 이들은 일반적인 기준에서 벗어난 사람들이었다는 점이다. 그래서인지 압생트를 마시면 머리가 이상해진다는 속설이 있다.

　이 시절에 영국에서는 아예 '프랑코포비아'라는 용어를 만들기도 했는데, 이는 세계적으로 고양되는 프랑스의 세력과 그 문화에 대한 공포를 상징하는 것으로, 그 핵심에 압생트가 있었다. 압생트는 대표적인 프랑스 술이어서 영국에 악영향을 끼친다고 단정한 것이다. 당연히 이 술은 배척되었고, 지금은 거의 통용되지 않는 상황이다. 미국에서는 압생트 거래가 완전히 불법이라 감옥에서나 간간이 거래된다고 한다. 그러나 재미있는 사실은 영국에서는 결코 '공식적으로' 금지된 적이 없다고 한다.

그럼 과연 압생트가 그렇게 나쁜 술인가? 실제 연구가들에 따르면 전혀 그렇지 않다고 한다. 압생트는 아니스를 향료로 쓴 리큐어의 한 종류인데, 알코올 도수가 무려 70도나 되어 물이나 다른 음료와 타서 마셔야 한다. 이 술의 매력은, 약간 떫은 맛을 내는 향쑥이 들어 있다는 점에 있다. 그래서 압생트를 마실 때엔 각설탕을 넣는다.

바로 이 설탕이 주는 달콤함과 향쑥의 쓴맛이 어우러져, 압생트만의 멋진 빛깔과 함께 매혹의 세계로 초대되는 것이다. 특히 예술가들이 여기에 매료되었다. 공교롭게도 압생트의 절정을 이룬 프랑스에는 1915년에 공식 금지하기 전까지 주로 군대에 납품했다고 한다. 덕분에 제1차 세계대전에서 대패했는지 모르지만 말이다.

압생트에 대해 나쁜 인식이 퍼지게 된 것은, 베를렌이나 고흐가 같은 사람이 압생트를 즐기면서 극단적인 정신분열을 일으킨 데 있다. 그러나 따지고 보면, 그들은 술과는 관계없이 이미 정신이 혼미했을 뿐 아니라, 70도짜리 증류주라는 것은 꼭 압생트가 아니더라도 위험천만하다.

그렇다고 압생트를 다시 마시자는 뜻은 아니다. 당치도 않은 오명을 뒤집어쓰고 금지된 술이 되어버린 그 신세가 가여워서 그러는 것이다. 현재는 체

코에서만 생산되고 있다고 하니, 혹시 프라하라도 놀러갈 때면 시험 삼아 마셔보는 것도 괜찮을 것이다. 뭐 돌더라도 잠깐 돌지 않겠는가?

과연 술과 창작은 어떤 관계가 있을까? 엄밀히 말하면 약간은 있을 수 있다. 특히 뭔가 착상을 하거나 실마리를 풀 때 도움이 될 수는 있다. 하지만 글을 쓰거나, 그림을 그리거나, 작곡을 하는 것 모두 실질적인 노동을 필요로 한다. 또 논리적인 전개가 필수여서 수학적인 계산이나 연산도 필요하다. 당연히 술에 취한 혼탁한 머리로는 이 방대한 작업을 완수하기 힘들다.

그래도 촌철살인의 한 방이 있는 시(詩)는 어떤지 모르겠다. 술 마시고 쓴 시중에 걸작이 유난히 많은 것도 이와 관련되지 않을까 싶기도 하다. 하지만 나는 시인도 아니고 독주 체질도 아니어서 압생트는 사절이다. 베를렌이나 랭보의 작품처럼 멋진 시를 지을 수 있다면 모르겠지만, 거기에도 기본적인 재능이라는 것이 필요하니 이래저래 나와는 인연이 없는 것이다.

그리고 보니 재미있는 생각이 떠올랐다. 〈캘리포니케이션〉 제작진이나 데이비드 듀코브니에게 연락해서 다음 시즌 때엔 압생트를 한번 마셔보라고 권해보면 어떨까? 아마도 시청률이 엄청 오르지 않을까? 수염을 덥수룩하게 기르고, 해쓱한 얼굴로 시를 쓰고 있는 데이비드의 모습도 꽤 근사할 것 같다.

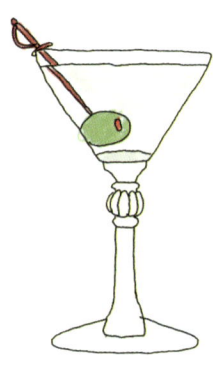

그는 혼자 바에 들어가 생각에 잠길 때면 마티니를 시킨다.
그리고 여기서 낯선 사람을 만나면
자기를 소개하는 것을 잊지 않는다.
"내 이름은 제임스 본드, 제임스 본드라고."

movie
제임스 본드의 섹시한
파트너, 칵테일

　칵테일 하면, 마티니가 떠오르고, 당연히 007시리즈의 제임스 본드가 연상된다. 성인 남성들의 로망이라고 일컬어지는 007은 영국 정보부에서 매긴 번호 중 하나로, 일종의 살인면허를 받은 정보원을 뜻한다. 즉, 자기가 필요하다고 판단되면 얼마든지 살인할 수 있고 이에 대해 정부는 눈감아준다. 일체 책임을 묻지 않는다.

　과연 이런 요원이 지구상에 얼마나 있는지 알 수는 없지만, 냉전이 한창이던 1950년대에 이언 플레밍이란 작가에 의해 창조된 만큼 꽤 신빙성이 있어 보인다. 물론 007 배지를 달고 아무나 닥치는 대로 죽여서는 안 된다. 그것도 제일 윗선에서 허락이 떨어져야 가능하다. 이 시리즈에선 M이 상사인데, 그가 승인해야 본드가 총을 꺼내 들 수 있다. 절차야 어쨌든 멋있는 것은 부인할 수 없다.

한데 왜 이런 사내가 성인들의 로망이 되었을까? 아마도 국가를 위해 자신의 안위쯤은 돌보지 않는 애국심에다가 싸움도 잘하고, 여자에게도 상냥하고, 최고급 양복과 시계를 걸치고 다니는 데에서 현대판 기사를 보는 듯한 기분이 들어 그런 것은 아닐까? 당연히 제임스 본드는 술도 잘 마신다. 폭주하지 않지만, 고급술이 아니면 상대하지 않는다. 그러므로 늘 여성을 만나면 볼링저(Bollinger)라는 샴페인을 딴다. 그것도 호텔의 스위트룸에서 말이다. 혼자 바에 들어가 생각에 잠길 때면 마티니(martini)를 시킨다. 그리고 여기서 낯선 사람을 만나면 이렇게 자기 소개하는 것을 잊지 않는다.

"내 이름은 제임스 본드. 제임스 본드라고."

이 대목에서 따라하지 않은 사람은 본드의 팬이 될 자격이 없다. 그러므로 007 시리즈를 보고 난 다음에는 가까운 바에 달려가 마티니를 시켜야 한다. 볼링저까지 딸 여력은 없으니, 마티니라도 마셔야 하는 것 아닌가?

원래 마티니는 칵테일의 왕으로 불렸다. 흔히 3대 칵테일 하면, 마티니, 다이키리 그리고 마르가리타가 꼽히는데, 007 덕분인지 아니면 마티니의 인기를 007이 이용한 것인지 모르겠지만, 이 셋 중 단연 마티니가 인기다.

마티니는 의외로 만드는 법이 간단하다. 보드카 혹은 진을

3~4, 여기에 베르무트를 1의 비율로 섞고, 올리브로 장식한다. 그뿐이다. 변종으로 깁슨 마티니(Gibson martini)라고 있는데, 화이트 펄 어니언(White Pearl Onions)을 추가하는 정도다. 다만, 무척이나 엄격한 우리의 본드 형은 마티니 제조 마무리 단계에서 결코 흔들기만 할 뿐 젓지 말라고 주문한다. 젓지 않으면 얼음 조각이 그대로 남아 음료를 더 차게 한다는 것이다. 플레밍이건 헤밍웨이건 뜨거운 창작의 전쟁터에서 돌아와 잠시 술집에서 쉴 때엔 역시 머리를 식힐 만한 찬 음료가 필요하지 않았을까 짐작해본다.

내가 처음 돈을 내고 영화관에 간 것은 초등학교 5학년 무렵으로, 〈007 죽느냐 사느냐〉를 관람한 것이 처음이었다. 원래 미성년자는 입장이 안 되었지만, 동네 극장인 데다가, 어찌어찌 틈을 노렸더니 입장이 되었다. 오프닝에서 본드가 멋진 여성을 유혹하는 대목이 나오는데, 자석이 달린 손목시계로 여자의 드레스 뒤에 나 있는 지퍼를 술술 푸는 대목은 평생 잊히지 않는다. 스크린에서 맛본 최초의 섹슈얼리티였기 때문이다. 그 장면뿐만이 아니라 영화에 등장하는 다양한 폭력과 카레이싱, 심지어 카리브 해 연안을 달리는 보트들의 추격 장면까지, 마치 딴 세상에 온 듯한 그림과 풍광에 나는 모든 넋을 빼앗겼다. 영화관에 가면 이렇게 다른 세계가 있구나 처음으로 깨닫고, 이후 영화광이 되었다.

제임스 본드 하면 나보다 몇 년 위의 선배들은 숀 코널리를 떠올리고, 요즘 세대들은 피어스 브로스넌을 떠올릴 것이다. 하지만 나에게 제임스 본드는 곧 로저 무어이다. 다소 응큼해 보이고, 야비한 구석도 있어 보이는 멋진 중년 신사.

007 시리즈는 1962년에 처음 〈닥터 NO〉라는 제목으로 시리즈가 시작되어 최근의 〈퀀텀 오브 솔러스〉에 이르기까지 무려 22편이나 만들어졌으니, 영화사에서 이런 장수 시리즈는 전무후무하다. 맨 처음 숀 코널리가 등장할 무렵에는 한국에도 007 시리즈에 대한 대단한 붐이 일어서, 이런 유행을 타고 이언 플레밍의 원작 소설도 전작이 번역되었다고 한다. 그 책 역시 구하기가 힘들어 아침부터 서점에 길게 줄을 섰다고 하니, 지금 생각해보면 감회가 새롭다. 그러나 현재로서는 국내에 출간된 정식 번역본이 〈카지노 로열〉 하나뿐이어서 007 팬으로서 아쉬운 면이 있다. 예전에는 DVD로 몇 편 모은 바 있는데, 최근에 블루 레이로 새롭게 무장하고 나왔으니, 다시 호주머니를 털어야 할 판이다.

007 시리즈에서 가장 흥미로운 것은 칵테일이라는 술이다. 과연 칵테일이 무엇이고, 얼마나 종류가 다양할까? 칵테일의 어원에 대해선 너도 나도 말이 많고, 나라마다 주장이 달라 뭐라고 단정 짓기 힘들다. 칵테일이란 말 자체가 닭싸움, 수탉 꼬리의 색깔, 남자의 모자에 꽂는 깃털 등 다양한 의미를 갖고 있는데다가, 심지어 멕시코에서는 악솔로트 8세와 칵텔 공주까지 등장시켜 칵테일의 어원이 자기네 것임을 주장하고 있는 실정이니 골치가 아프다.

또 종류만 해도 헤아릴 수 없어서, 미국의 수필가 맹켄이라는 사람은 약 180억 개의 칵테일이 있다고 주장하고 있다. 거의

무한대에 가까운 숫자라 정신이 아득해져 온다.

개인적으로 나는 칵테일을 그다지 좋아하지 않는다. 성분이 다른 음료를 마구 섞었을 때 어떤 화학 작용이 날지 알 수도 없으려니와 많이 마시면 다음날 숙취가 장난이 아니다. 역시 와인이나 위스키처럼 어느 정도 그 자체로 완성된 술을 마시는 편이 낫다는 것이 나의 지론이다.

그런데 이런 칵테일이 활발하게 유행하던 시절이 있었다. 바로 1920년대의 미국이다. 알다시피 당시는 금주법 시대. 누구나 술을 필요하지만 구하기는 힘들었으니, 이때 일종의 칵테일이 붐을 탄 것이다. 그중에 유명한 것은 '목욕통 진'이다. 당시 밀주 가게에서 큰 용량 단위로 술을 팔았다. 밀주를 파는데 조금씩 팔 리가 없지 않은가? 그러므로 소비자는 커다란 용기를 목욕통 안에 준비해야 한다. 밀주를 그대로 마실 수 없기 때문이다. 이 용기에 밀주를 따른 다음, 이 거친 맛을 완화해줄 글리세린을 섞은 후, 설탕, 과일 씨, 과일즙 등을 넣어서 만들었다.

당시 밥값 좀 하는 바텐더라면, 갱과 매춘부를 만족시키기 위해 300여 개의 칵테일 제조법을 알고 있어야 했다. 그중에 음란한 명칭도 적지 않아서, 부점 커레서(가슴 애무기), 스크리밍 오르가즘(비명 지르는 오르가즘), 지퍼 리퍼(지퍼 내리개), 엔젤스 팃(천사의 젖꼭지. 사실은 체리를 은유하는 에로틱한 별명이다) 등, 일일이 소개하기가 창피할 지경이다. 하긴 '섹스 온 더 비치'라는 칵테일도 있으니, 뭐든 새로 만들어서 이름 붙이기 나름이다. 나 같으면 '자니 비 굿(Johnny Be Good)'이 어떨까 싶다. 내 영문 이름 자니에다가 〈Johnny B.

Goode〉이라는 걸작 로큰롤 넘버를 더한 작명이다. 구성물은 아마 소주가 베이스가 되지 않을까 싶다. 또한 나만의 마시는 조건이 있다면 지미 헨드릭스나 척 베리나 자니 윈터의 연주가 깔려야 한다는 것이고.

아무튼 금주법 시대의 칵테일이 알코올을 중심으로 발달했다면, 바(bar) 문화가 세련미를 더해가면서, 칵테일도 변화했다. 이른바 '롱 드링크' 시대로 넘어가기 때문이다. 롱 드링크는 여러 종류의 술과 음료를 셰이커에 놓고 흔드는 것이 아니라, 물건을 쌓아올리듯 차곡차곡 따라서 층마다 다른 색깔로 만들어진, 일종의 블렌드 방식인 것이다. 이런 경우, 알코올은 첨가제에 불과하며 심지어 알코올이 없는 칵테일도 있다.

그렇다면 칵테일이라는 음료를 어떻게 정의해야 할까? 물론 상반된 의견이 존재한다. 다시 1920년대로 돌아가서 클라라 보우라는 섹시 스타의 입을 빌리자. "마티니는 기쁨의 늪인 밤." 놀라운 몸매를 자랑한 보우다운 단순명료한 정의다. 실제로 그녀는 칵테일을 무척이나 즐겼다고 한다.

반대로 1932년에 나온 어떤 서적에서는 "칵테일은 상어가 구역질하고, 악어가 구토할 음료"라고 묘사되고 있다. 절대로 마셔서는 안 되는 음료인 것이다. 하나의 음료가 이렇게 상반된 평을 받은 데에는 그 다양성에 원인이 있지 않을까 싶다. 오히려 마티니나 다이커리 등 특정 칵테일을 상대로 해서 정의를 내리는 편이 더 타당하다고 생각한다.

어쨌든 요즘은 호텔 라운지나 휴양지의 바에서 다양한 칵테일을 팔고 있고, 특히 술을 끊은 경우 이런 음료를 알코올 대신 즐길 수 있으므로, 굳이 칵테일에 대해 적개심을 가질 필요는 없다고 본다. 한국에서는 바텐더의 현란한 묘기를 보기 위해 혹은 란제리 차림의 섹시 바텐더를 만나기 위해 칵테일을 시키는 경우가 있는데, 칵테일의 수준을 저급하게 만드는 것이 아닌가 하는 아쉬움도 든다. 칵테일 그 자체의 퀄리티가 중요하기 때문이다.

이와 관련해서 개인적인 체험을 하나 소개하겠다. 1990년대 말, 도쿄의 아카사카에 들렀을 때 만난 칵테일이 인상적이었기 때문이다. 아니 정확히는 바텐더 때문일 수도 있겠다. 아카사카는 일본의 여의도라 할 만큼 관청이 많고, 밀실 정치의 산실인 요정이 즐비한 일종의 정치 일번지다.

이 가운데 2층 한쪽에 숨어 있는 이 바를 찾은 것은, 이곳 주인 겸 바텐더가 미국의 잡지에 소개될 정도로 장인이기 때문이다. 일본인 중에는 이런 식으로 세계적인 명성을 과시하는 장인들이 많아서 찾을 때마다 감탄하곤 하는데, 이 양반 역시 만만치 않았다. 과연 안에 들어서니 비좁은 실내 한가운데를 카운터가 차지한 가운데, 그 앞에 탁자 여섯 개만 놓여 있었다. 그 뒤로는 사람이 서있을 공간조차 없는, 꽤나 숨 막히는 곳이다.

한데 특이한 것은, 뒷벽에 가득 메뉴가 써 있다는 것이다. 원래 칵테일엔 관심도 없고, 문외한이었으므로 기억하는 이름도 없어서 솔직하게 묻고, 두 개 정도 추천을 받았다. 오케이 사인을 보내자 그는 익숙하게 두 종류의 칵테일을 동시에 만들었다. 이

읔고 두 개의 셰이크를 각각 오른손, 왼손에 든 다음 흔들어댔는데 그 손놀림이 신묘했다. 이어서 정확히 해당 칵테일에 맞는 잔에 따랐는데, 그 단면을 보면 마치 오목렌즈처럼 한가운데가 불쑥 솟아 있었다. 더도 말고, 덜도 말고, 거의 한계에 다다르게 양을 조절한 것이다. 감탄하지 않을 수 없었다.

    재미있는 것은, 이 술을 마시기 위해선 고개를 숙여야 한다는 것이다. 잔을 손에 잡고 드는 순간 바닥에 쏟아질 게 분명하니까. 그래서 고개를 숙여 첫 모금을 마셨는데, 칵테일마다 향과 맛이 전혀 다르고, 여태껏 경험해보지 못한 알코올 맛이 나서 다시 놀랐다. 가만히 생각해보니, 이렇게 고개를 숙이는 것은 어떤 면에서 자연스럽게 바텐더에 인사하는 꼴이 아닌가.

    물론 장인에 대한 예우 차원에서 인사할 수도 있겠지만, 좀 억지스런 기분은 들었다. 다음에 아카사카에 들렀을 때 꼭 한 번 다시 가보자 했으나, 우연히 찾은 곳이라 도무지 위치를 알아낼 길이 없어 포기하고 말았다. 다만 칵테일 명인은 이 정도 실력이구나 하는 소중한 소득은 있었다.

    마지막으로 지옥의 칵테일을 하나 소개할까 한다. 오스트리아의 키르크베르크란 마을에 가면 클럽 '하비타트'라는 곳이 있다. 무려 400년이나 된 성을 개조한 술집으로, 주변 경치가 빼어나 배낭여행족들의 단골이기도 하다.

이곳에서 파는 '플리겐(Fliegeli)'이란 술이 참 묘한 놈으로, 주재료는 레드불(Redbull)과 보드카다. 레드불이라는 음료는 오스트리아에서만 판매될 정도로, 코카콜라보다 무려 10배나 더 많은 카페인이 들어 있다고 한다. 다른 나라에서는 금지 품목이다. 이 음료를 보드카에 섞으면 과연 어떤 일이 벌어질지 상상이 가지 않을 것이다.

    재미있는 것은 이 칵테일은 보통 커다란 얼음이 담긴 와인 잔에 내오는데, 한 가지 원칙을 갖고 마셔야 한다. 즉 받자마자 단숨에 들이켜고, 그 얼음을 종업원의 얼굴에 던져야 한다는 것이다. 만일 열 명쯤 되는 일행이 이 음료를 시켰다면, 종업원은 얼굴에 투구라서 써야할 판인 것이다. 장소가 장소인 만큼, 혈기 왕성한 젊은이들이 이렇게 플리겔을 밤새 진탕 마시고 나면 어떤 일이 벌어질 지는 상상에 맡기겠다.

    멋진 정장을 차려입고, 카운터 앞에 앉아 점잖게 젓지 않은 마티니를 시켜서 어디 볼랑제 사줄 여성이 없을까 힐끔거리는 본드 형이라도 이 칵테일을 마시고 나면 곧 넥타이를 풀어헤치고, 탁자 위에 올라가 요란한 춤을 출 것이 분명하다. 만일 본드가 나오는 다음 영화를 찍는다면, 이런 장면 하나쯤 삽입하는 것도 나쁘지 않을 것이다. 그리고 보니까 다니엘 크레이그란 배우가 꽤 술을 할 것 같으니 말이다.

술 과 음 악 이 야 기

Story three
music

재즈 뮤지션 엘빈 존스는 기린 탄레이를 즐겨 마셨다.
　　거구를 자랑하며 원시인과도 같은 감각으로 드럼을 두드려대는
　엘빈 존스가 일본 맥주를 그것도 온더락으로 마시다니
　　왠지 매치가 되지 않는다.

music

드럼의 신 엘빈 존스의 뮤즈,
기린 온더락

    1980년대만 해도, 한국에서 재즈라는 단어는 흔히 들을 수 없는 말이었다. 재즈와 관련된 서적이나 음반도 드물었고, 재즈를 연주하는 모습을 보기도 쉽지 않았다. 나는 비교적 일찍 재즈에 관심을 둔 덕분에, 이대 근처에 있었던 '야누스'나 이태원의 '올 댓 재즈'를 들락거리기도 했지만 사실 그때는 약간의 겉멋도 있었던 것 같다. 한때는 자욱한 담배 연기에 검은 드레스를 입은 마담이 카운터에 있고, 그 주변에 나직이 흐르는 테너 색소폰을 배경으로 음모와 치정이 벌어지는 이미지를 상상하며 추리소설을 쓰기도 했지만 이는 어디까지나 이미지만 차용한 것이지, 실제 한국에 있는 재즈클럽의 모습과는 거리가 한참 멀었다.

    재즈클럽이나 재즈카페라는 개념이 일반화된 것은 1990년대 이후다. 그전에도 곳곳에 재즈라는 간판을 단 공간이 있기는 했

지만, 어디까지나 마니아들 상대였을 뿐, 일반인의 시선까지 흡수하지는 못했다. 그러다가 1990년대 초 갑자기 재즈 열풍이 몰아치면서 여기저기에 유행처럼 재즈를 이름에 내건 클럽과 카페가 들어섰다. 물론 직접 방문해보면 대부분 한심하기 짝이 없었다. 심지어 라이브를 표방하는 곳조차 변변한 음향 시설은커녕 기본적인 악기 세팅도 되어 있지 않았다. 종종 수준 이하의 뮤지션들이 출연하는 것을 보면 더욱 참을 수가 없었다. 음반 감상을 목표로 하는 곳을 가봐도 사정은 마찬가지다. 언젠가 강남역 부근에 있는 재즈카페를 가보니 소파며 인테리어에 돈은 꽤 들였지만, CD가 고작 20여 장에 불과했다. 괜찮은 오디오 시설은 있을 수가 없었다. 적당히 권리금이나 올려서 되팔려는 수작이 뻔히 들여다보였기에 화가 치밀었다. 차라리 이럴 바에야 재즈라는 말 자체를 쓰지나 말지. 이런 무신경은 대체 어디에서 비롯된 것인가 한탄스러웠다.

자주 간 곳이 일본이니, 이쪽 이야기를 하지 않을 수 없다. 일본에는 재즈를 위한 공간이 많다. 거의 종교적인 신념에 가까울 정도로 재즈를 추앙하고 있는 기분이 든다. 사실 전 세계적으로 볼 때 가장 재즈클럽이 활성화되고, 라이브가 많은 도시는 네 군데 정도를 꼽을 수 있는데, 뉴욕, 파리, 런던 그리고 도쿄다. 일본에서는 오사카, 후쿠오카, 요코하마, 교토, 고베 등 웬만한 대도시에선 재즈라이브를 볼 수 있다. 재즈 애호가로서 부럽기만 하다.

이런 일도 있다. 일본의 한 유명한 재즈 평론가가 타계한 것을 계기로, 그가 평생 모은 책이며 LP, CD 등을 자신의 고향에 기증한 적이 있다. 그런데 시에서 고인의 이런 유지를 적극적으로 받아들여 재즈 박물관을 세우기에 이른다. 말하자면 그가 남긴 자료들을 바탕으로 자료실을 만들면서 덧붙여 갤러리와 카페 등을 아우르는 문화공간으로 발전시킨 것이다. 무척이나 외지고, 조용한 곳이었기에 이런 공간의 탄생은 많은 화제를 불러모았다. 주민들의 성원이 없이는 불가능한 작업이었지만, 이제는 인근 지역에서도 일부러 찾을 만큼 명소가 되었다. 우리에게 이런 이야기는 아직도 강 건너 불구경에 불과한 것일까?

내가 일본의 재즈클럽을 강하게 의식하게 된 것은, 스가와라 쇼지라는 양반이 이치노세키라는 곳에 연 '베이시'라는 클럽을 알게 된 이후부터이다. 베이시는 도쿄에서 기차로 4시간쯤 북쪽으로 올라가면 만날 수 있는 이와테 현의 이치노세키 시에 있다. 도쿄에서 가기도 힘들뿐더러, 간다하더라도 클럽을 구경하고, 공연을 보려면 꼬박 하루를 머물러야만 하는 곳이다. 그래서 방문을 차일피일 미루고 있는데, 가까운 시일에 꼭 방문하려고 한다. 베이시는 1970년에 오픈한 뒤 지금까지 영업하고 있으니 벌써 40년에 가까운 역사를 자랑한다.

스가와라는 집필활동도 왕성하게 하는 재즈평론가로도 널리 알려져 있다. 특히 『스테레오 사운드』라는 오디오 전문지에 '짐 런과 술과 장미의 나날'이라는 제목으로 연재한 칼럼은 대단한 반향을 불러 일으켰다. 짐 런은 우리에게 JBL 스피커로 잘 알려

JBL 스피커 ⓒSovico

진 스피커 브랜드의 창시자다. 짐 런은 스피커 역사에 남는 불후의 명기들을 많이 제작했지만 생전에 빛을 보지 못하고 결국 자살하고만 비운의 천재다. 역설적으로 그때부터 JBL의 신화가 시작되었으니 더욱 그의 타계가 안타깝다. 일본에서는 '재즈는 곧 JBL'이라는 등식이 성립해서, 현재까지도 재즈 하면 JBL을 떠올리는 애호가들이 많다. 그런 영향 탓인지 우리에게도 JBL은 스피커의 대명사처럼 매우 친숙한 존재이기도 하다.

스가와라 JBL의 유명한 유닛들을 모아 자신이 직접 통을 짜서 제작한 시스템으로 LP를 틀어주는데, 소장한 음반만 해도 1만2천 장이 넘는 것으로 알려져 있다. 재즈 LP 박물관이라 불리도 손색이 없는 규모다. 나는 아직까지 베이시를 방문하지는 못했지만, 스가와라 쇼지를 직접 본 적은 있다. 2007년 10월 도쿄에서 열린 오디오 쇼를 참관하다가, JBL 부스에서 그가 직접 강연하는 것을 발견한 것이다. 전국에서 몰려든 스가와라 팬들이 가득 운집한 가운데, JBL이 창업 60주년을 기념해서 만든 DD 66000을 시연하고 있었다.

돌이켜보면, 내가 오디오에 강한 호기심을 갖게 된 것도 이 칼럼 때문이 아니었나 싶다. 그의 원고와 『스테레오 사운드』 잡지 그리고 이후에 쏟아진 각종 하이엔드 기기들의 공세를 통해, 제대로 된 오디오 시스템을 갖고 싶다는 충동을 강하게 갖게 됐다. 물론 그 꿈은 지금도 변함이 없고, 재즈를 듣기 위해 별도의 JBL 시스템을 구축하려는 생각도 있다. 가끔 일본 아키하바라에서 JBL 유닛을 만날 때는 가슴이 뛴다. 스피커를 한 번 짜볼까 하는 충동 때문이다. 그만큼 재즈 애호가에게 JBL의 존재감은 강력하고, 그 전도사인 스가와라 역시 강한 인상을 남기고 있다.

　재즈광으로 시작해서 카페 오너가 되거나 전업 라이터가 되어 유명한 사람들로는 앞에서 이야기한 스가와라나 테라시마 외에 무라카미 하루키가 있다. 이들 모두 와세다 대학교 문학부 출신이라는 점과 글을 쓰는 사람으로서 재즈의 보급에 힘을 썼다는 점도 흥미롭다. 하긴 와세다의 재즈 밴드는 매우 유명해서, 전국 빅밴드 경연대회에서 여러 번 수상한 모양이다. 스가와라는 학창 시절, 와세다 대학교의 재즈 밴드에서 드럼까지 쳤다고 한다. 뭔가 연결고리가 보이는 듯하다. 이들은 1960년대 일본 전학공투회의의 극단적인 학생운동을 거치면서 마음속에 타오르는 열망을 재즈로 산화시켰고, 이것을 평생의 자양분으로 삼았던 것은 아닐까.
　일본의 재즈 붐엔 전후의 참담함과 미국을 배우자는 의식도 있지만 이런 인텔리 재즈클럽 오너들의 활동 또한 무시할 수 없다. 그들이 적극적으로 희귀한 음반을 발굴하고, 음반 해설서를 쓰고, 재즈 가이드북을 만들고, 방송에 출연함으로써 재즈 강국의 일본이 만들어진 것이다.
　아무튼 일본에 가면 틈날 때마다 나는 재즈클럽을 들렀다. 신주쿠의 'DUG'나 아오야마의 '블루 노트', 롯폰기의 '피트 인' 등은 그중 자주 가는 곳들이다. 그러나 일본에 머무를 당시 가장 부지런히 드나들었던 곳은 기치조지에 있는 'MEG'란 곳이었다.

테라시마 야스쿠니라는 재즈 평론가가 직접 경영하는 곳으로, 이곳에 비치해둔 LP만 3천여 장쯤 되는데, 이게 전부가 아니다. 테라시마는 자택에도 엄청나게 음반을 소장하고 있다. 일정한 간격을 두고 재즈클럽의 LP들이 바뀌지 않을까 짐작된다. 개인적으로 MEG에 가면 참 편안하다. 1인용 의자와 탁자로 세팅된 내부는 거의 음악감상실이라 봐도 좋다. 혹은 재즈 도서관이라고나 할까.

이곳은 잡담이 금지되어 있는 것은 물론이고, 휴대폰을 쓰려면 밖으로 나가야 한다. 나는 그런 정숙하고 무거운 분위기가 좋다. 조용한 수도원과 같은 분위기는 집에서 혼자 감상하는 것보다 음악에 더욱 몰입하게 한다. 여기서 파는 음료라 해봐야 커피와 맥주 정도인데 기분이 나면 위스키를 잔으로도 마실 수도 있지만 아무래도 맥주를 자주 마시게 된다.

한데 얼마 전에 MEG를 다시 찾아가니, 이제는 음반 감상 중심의 카페가 아닌, 라이브 중심의 클럽으로 변했다. 그러니 예전처럼 낮 시간을 빈둥거리며 보낼 수 없게 되었다. 심지어 스피커마저 독일의 아방가르드로 바뀌었으므로. 너무 낯설어서 얼른 나오고 말았다. 일단 숨을 고르고, 다음에 다시 방문해야겠다.

여기서 슬슬 술 이야기를 해야겠다. 일본은 앞에서도 말했듯이 크게 네 개의 메이저들이 맥주 시장을 점령하고 있다. 아사히, 기린, 삿포로에 산토리가 더해진 형국으로, 어느 편의점에 가던, 어느 술집에 가던 이 4개 브랜드 이외의 일본 맥주를 볼 수 없다.

이 중에서도 기린 맥주는 19세기 중엽, 나가사키에 정착했던 동인도 회사 소속 토마스 글로버에 의해 만들어졌다. 그는 일본의 개혁 세력과 친분을 맺어, 사업도 사업이지만 일부 청년들을 영국으로 유학까지 보냈다. 일본의 근대화 시대를 논할 때 빼놓을 수 없는 인물인 것이다. 그는 당초 서구 문명을 소개한다는 취지 하에 맥주를 제조했지만, 이후 미츠비시에 넘어가면서 본격적인 사업으로 확장되었다.

현재 기린은 버드와이저, 하이네켄 등을 수입하고 있고, 산미구엘의 지분을 약 50% 정도 소유할 정도의 거대 기업이다. 최근에는 산토리와 합병에 관해 논의할 정도라고 한다.

아사히, 기린, 사포로, 산토리 외에 마니아용으로 만든 에비스(YEBISU)가 있는데, 이는 어디까지나 구색 맞추기용일 뿐이다. 그런데 공교롭게도 나는 이 맥주가 제일 좋다. 일본 맥주답지 않게 싱글 몰트 방식으로 만들어진 탓이다. 나뿐만이 아니라 이런 일본 맥주를 좋아하는 애호가들이 꽤 된다. 하긴 독일에서도 일본 맥주가 팔리는 것을 봤으니 무리는 아니다. 다분히 여성적이고, 섬세하며, 싱거운 일본 맥주를 세상에서 알아주는 터프가이가 즐긴다면 과연 그 사실이 믿어지는가?

일본을 자주 찾는 재즈 뮤지션 중 엘빈 존스라는 드러머가 있다. 개인적으로는 재즈 역사상 최고의 드러머라고 생각한다. 젊은 시절에 존 콜트레인의 밴드에서도 일할 만큼 실력이 알려져 있거니와, 바스켓 하나 분량의 땀을 쏟아부으며 열정적으로 라이브를 하는 것으로도 유명하다.

한데 엘빈 존스는 생전에 스가와라와 친해서 베이시에서 자주 공연을 가졌던 모양이다. 그때마다 그가 즐겨 마시는 술이 '기린 온더락'이다. 거구를 자랑하며 거의 원시인과 같은 감각으로 드럼을 두드려대는 엘빈 존스가 일본 맥주를 그것도 온더락이라고? 짐 빔이나 와일드 터키와 같은 버번위스키를 스트레이트로 들이키는 모습이 근사할 것 같은 엘빈에게 이런 취향은 거의 악취미가 아닐까 싶다.

사실 맥주에 얼음을 넣어서 마시는 풍습은 동남아 지역에 가야 볼 수 있다. 날씨가 더운 지역이니 코카콜라나 환타를 마시는 기분으로 그렇게 맥주를 마시는 것은 이해가 된다. 그런데 엘빈이 온더락이라니. 놀랍지만 사실이다.

엘빈 존슨의 팬인 나는 일본에 있는 재즈카페나 클럽에 갈 때마다 가끔 기린을 시키고, 온더락 잔을 부탁하기도 한다. 물론 나의 개인적인 취향과는 거리가 멀기에 그저 한 잔 정도 따라서 마실 뿐인데 그때는 꼭 임펄스 시절의 존 콜트레인 쿼텟 음반을 듣는다. 저 강렬하고, 선혈한 쿼텟 사운드와 밍숭밍숭한 온더락 맥주와는 전혀 궁합이 맞지 않지만 참을 수밖에 없다. 그 시간은 드럼의 신과 알현하는 시간이다. 더구나 콜트레인도 있지 않은가?

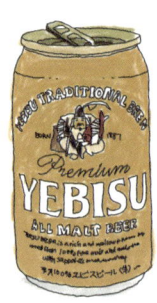

와인도 한 곳에서는 일본 맥주보다는
백스나 하이네켄 같은 독일산 맥주가 어울린다.
진한 육식 동물의 냄새가 풍기는 곳이라
술도 알코올 도수가 높은 것을 원하는 모양이다.

music
클럽 해방구의
필요충분조건

    어떤 도시건 그 도시만의 독특한 냄새를 갖고 있다. 새로운 도시는 시각이나 청각으로만 경험하는 것이 아니다. 후각도 중요한 역할을 한다. 어느 순간에는 그 냄새라는 것이 더 중요해진다. 특정한 냄새는 특정한 도시를 기억하게 만들기 때문이다. 사진이나 글만으로 읽는 여행기의 한계가 바로 여기에 있지 않을까 싶다.

    나는 도쿄를 떠올릴 때마다 간장 냄새가 코끝을 자극하는 것 같다. 오사카 지역의 음식들이 미소(된장)를 많이 써서 걸쭉하고 에너제틱한 맛을 내는 데에 반해, 도쿄의 음식들은 소유(간장)를 중심으로 한 담백하고 깔끔한 맛을 내는 데에 그 특징이 있다. 어느 쪽이든 맛있는데 도쿄에는 나름대로의 색깔이 분명히 존재하는 것이다.

    새로운 도시에 오면, 이렇게 후각으로 그 도시를 제일 먼저 느끼고 시각으로 도시의 모습을 확인한다. 청각(음악)은 맨 나중이다. 공항 로비나 쇼핑센터에서는 언제나 부담 없이 들을 수 있는 이지 리스닝(easy listening) 음악이나 새미 클래식(semi classic)이 배경음악으로 나오기 때문에, 그곳이 어떤 곳인지 알아차릴 수 없다. 길을 걷거나, 택시를 타거나, 음식점에 들어가서 음악을 들어야만, '아하, 난 어디에 있구나'라는 사실을 실감하게 된다. 즉각적인 반응이 오는 후각에 비해, 청각은 상당히 불리한 감각이다. 하지만 특정한 상황에 특정 음악이 연결되면 상상할 수 없는 폭발이 일어난다. 이런 기억은 평생에 걸쳐 지속되기도 하고, 또 간헐적으로 뇌리에 떠오르기도 한다.

유럽에 처음 갔을 때 루프트한자 기내에서 들었던 베토벤의 심포니나, 스페인의 한 허름한 모텔에서 휴대용 라디오로 들었던 필 콜린스의 〈Another Day in Paradise〉, 홍콩의 어느 클럽에서 이름 없는 밴드가 연주했던 크랜베리스의 〈Dreams〉, 오사카의 중고 CD점에서 우연히 흘러나온 롤링스톤스의 〈Wild Horses〉는 이후에 그 음악들을 들을 때마다 당시의 풍경과 기억을 주마등처럼 스쳐지나가게 만든다. 돌이켜보면 훨씬 더 많은 음악들이 다양한 사건들 속에 녹아 나의 무의식 일부분을 차지하고 있을 지도 모르겠다.

나는 일본과 어떤 인연이 있는 것 같다. 이상하게도 도쿄에는 갈 기회가 자주 생겼기 때문이다. 그래서 다른 사람들보다 도쿄에 관한 것이라면 많은 정보를 갖고 있는 편이다. 그러다 보니

욕망과 패션이 폭주하는 롯폰기는 또한 라이브 음악의 메카이기도 하다. 거리를 걷다 보면 숱한 재즈카페, 올디스 전문점, 록 라이브하우스, 댄스 플로워 등을 만날 수 있다. 이 거리는 많은 이들에게 과거 좋았던 시절의 추억을 환기시킬 뿐 아니라, 절대로 잊을 수 없는 감동을 선사하기도 한다.

개인적으로 자주 돌아보는 코스도 생겼는데, 일종의 여행 습관이라고 할 수도 있겠다.

나는 나만의 스타일이 있는데, 나만의 습관과도 같은 도쿄 여행 코스에는 풍요로운 음악 체험이 함께하고 있다. 음악에 관심이 있는 분들이라면 한 번쯤 따라가 볼만도 하다고 자부한다.

나는 주말이 끼고 도쿄를 방문한다면 주저 없이 롯폰기로 향한다. 롯폰기는 근처에 도쿄 타워가 있고, 『스윙 저널』이나 『키네마 순보』와 같은 잡지사가 위치해 있으며, '피트 인'이라는 재즈 클럽이 성업 중인 지역이다. 롯폰기는 나에게 제3의 고향쯤 되는 지역이므로, 도쿄를 방문하면 그냥 지나칠 수 없는 곳이다. 어떤 식으로든 가서 라멘이라도 한 그릇 먹고 와야 하는 곳이다. 그렇게 숱하게 다닌 덕분에 지금은 눈을 감고 다녀도 어디가 어딘지 알 수 있다. 그래봐야 사실은 고작 3킬로미터 내외의 대로변에 위치한 클럽들을 방문하는 게 롯폰기 여행의 전부지만 내게는 많은 추억과 경험이 서린 곳이라 갈 때마다 남다른 곳이다.

내가 제일 처음 들르는 곳은 일본인들로 구성된 비틀즈 카피 밴드의 공연이 벌어지는 '캐번 클럽'이다. 비틀즈는 철이 들면서 제일 먼저 좋아하게 된 밴드다. 사춘기 때엔 어설프게나마 기타 코드를 짚어가며 그들의 노래를 불렀고, 가사를 외우면서 영어 실력을 늘려갔다. 당연히 그들의 노래를 연주하는 클럽이 방문 일순위다.

캐번 클럽에서 연주하는 밴드들은 갈 때마다 달라지는데, 어느 밴드건 간에 실력이 출중하다. 일본에는 수도 없이 많은 비틀즈 카피 밴드가 존재하는데, 눈을 감고 들으면 비틀즈의 음반을 듣는 것 마냥 리얼한 음색이 일품이다. 당시의 악기며 앰프 등을 전부 구비했을 뿐 아니라, 옷마저 똑같이 입고 있어 미니어처 비틀즈를 보는 듯한 재미가 쏠쏠하다. 특히 라이브로 들으면, 평소 알아챌 수 없었던 링고 스타의 드럼 파트가 도드라진다거나, 리듬 기타의 움직임 같은 것들이 보여서 상당한 박력과 리듬감을 만끽할 수 있다.

그들의 음을 들으면서 가끔 이런 생각을 해본다. 과연 오디오로 이런 열기와 리얼함을 재생하려면 어떻게 해야 할까? 우선 비틀즈의 초반을 구해서 최소한 3~4천만 원짜리 LP 플레이어를 구축해야 할 것이다. 거기에 앰프며 스피커에 케이블까지……. 1억 원은 훌쩍 넘을 것 같은 예산을 생각하니 갑자기 골치가 아파온다. 나로서는 도저히 그렇게 갖출 만한 여력이 되지 않으니, 가끔씩 이렇게 실연으로 듣는 것으로 만족해야겠지. 아사히 생맥주와 함께 캐번 클럽에서 공연을 두 세트 정도 관람하고 나면, 잠시 1960년대의 영국 리버풀로 간 듯한 착각 혹은 청춘기로 돌아간 듯한 기분도 든다. 상당히 마음이 느긋해진다.

올드 팝을 좋아한다면, 캐번 클럽 옆에 있는 '켄토스'라는 클럽을 추천한다. 라이처스 브라더스(The Righteous Brothers), 폴 앙카(Poul Anka), 버디 홀리(Buddy Holly), 비치 보이스(The Beach Boys), 바비 빈튼(Bobby Vinton), 슈프림스(Supremes)처럼 50~60년대를 수놓은 스타들의 노래를 들을 수 있으니 말이다. 제법 고풍스런 인테리어 역시 알 수 없는 향수를 느끼게 한다.

그다음 들리는 곳은 '하드 록 카페'다. 캐번 클럽 바로 옆에 있어서 방문하기가 수월하다. 우리나라에서도 하드 록 카페의 체인이 들어왔지만 어찌된 일인지 록이 나오지 않고 댄스나 가요만 나왔다. 사람들은 플로어에서 춤을 추고 말이다. 이름과는 달리 일종의 디스코텍으로 변질된 것이다. 영업상 어쩔 수 없는 선택이라고는 하지만, 록 스피릿이 심하게 훼손당하는 것 같아 불쾌한 기분이 들었다.

하여간 록을 좋아하는 사람들에게 하드 록 카페는 꽤 근사하며 매력적인 곳이다. 록 음악이 끊이지 않고 흐르며, 록 음악의 전설들이 쓰던 기타나 입었던 의상이 벽에 가득 진열되어 있다. 메뉴들마저도 미국 음식들이다. 운이 좋으면 이 클럽에 놀러온 밴드의 공연을 공짜로도 감상할 수 있다.

하드 록 카페에서 술을 마시고 있으면, 이곳에 온 일본 젊은 이들이나 외국인들과 자연스럽게 어울리게 된다. 눈이 마주치면, 그저 "하이!" 하고 웃으면 된다. 그리고 시작되는 가벼운 대화들. 스피커에선 지미 헨드릭스, 도어스, 레드 제플린부터 최근의 라디오 헤드, 콜드플레이의 음악들이 연이어 나오고, 클럽 내부는 무슨 파티라도 벌어진 듯 후끈 달아오른다. 거기에 낯선 사람과 록 음악 이야기를 나누면 그야말로 기분 만점이다. 이곳에서는 다른 사람들이 마시는 것과 꼭 같은 하이네켄이나 버드와이저를 시킨다.

하드 록 카페를 뒤로 하고 다음으로 가는 곳은 롯폰기 대로변에 위치한 '패디스 폴러'이다. 일종의 아이리시 펍인데 손님의

80퍼센트 이상이 외국인이고, 롯폰기의 다른 지역처럼 영어가 주요 언어이다. 롯폰기에서는 참으로 다양한 국적의 사람들을 만났다. 미국, 캐나다, 영국, 호주 등 앵글로 색슨 계열을 비롯해 독일, 이태리, 브라질, 이란 등 거의 인종 박람회를 방불케 한다.

　패디스 폴러에서 들이키는 것은 아일랜드의 명물 기네스 맥주다. 향이 짙고, 맛이 강하기 때문에 누군가는 한약 같다고 투덜거리지만, 내 입맛엔 그만이다. 기네스 같은 맥주는 지나치게 차게 마시면 곤란하다. 아무래도 풍미가 중요하기 때문에 약간 시원한 정도로 마셔야 한다. 참고로 영국이나 아일랜드에선 맥주를 차게 마시지 않는다. 날씨가 우중충하니 뱃속까지 차게 해주는 맥주를 마실 필요가 없을 지도 모르겠다.

　패디스 폴러에서는 아일랜드 전통 민요나 포크송이 나온다. 나에게는 다소 낯선 음악들이다. 그러나 돌이켜 생각해보면, 아일랜드는 밴 모리슨이며 시네드 오코너, U2, 셀틱 우먼, 코어스, 엔야, 크리스 드버그, 개리 무어 등 기라성 같은 뮤지션들이 활동한 곳이다. 낯설지만 결코 참지 못할 수준은 아니다. 무엇보다 아일랜드까지 가지 않더라도 차게 식히지 않은 기네스 생맥주를 마실 수 있으니 그것만으로도 들러본 만한 곳이다.

　이렇게 마시다보면 눈요기라도 좋으니, 클럽을 도는 아가씨들이 보고 싶어진다. 꽤 멋을 내고 온 클러버들이 많으므로, 그냥 지나칠 수 없다. 이번에는 대로변에 면한 클럽들 차례. 일본의 신세대 미인들이 많이 모이는 '가스패닉'이 제1순위이고, 와일드한 헌터들이 득실거리는 '모타운'도 떠오른다. 그밖에 소규모의 디스코텍이나 레게 바도 많다.

　우선 가스패닉으로 말하면, 현재 2호점이 있을 정도로 성업 중인 곳이다. 아무리 추운 겨울이라도 짧은 치마를 입은 아가씨들이 용감하게 플로어 위를 점령해서 시원스럽게 춤을 추는 곳이다. 굴비 엮듯 천장에 설치된 쇠파이프에 주렁주렁 아가씨들이 매달린 모습은 어떤 순간에 웃음을 자아낸다. 이런 장면이 있기에 후끈 열기가 치솟는 것 아닌가?

　그러나 이곳의 음악은 주로 테크노나 전자음악 중심이어서 내 취향이 아니다. 다행히 가끔 유명한 곡이 나오면 바닥이 흔들릴 만큼 환호성이 터져 나오는데, 아마 이런 순간을 위해 저렇게 지루하고, 따분한 곡들을 계속 선곡하지 않았을까 하는 의심이 나올 정도다.

　모타운은 과연 용기 있는 자가 미인을 취한다는 말이 실감이 날 정도로 전 세계에서 난다긴다 하는 헌터들이 몸으로 뛰는 곳이다. 여기에서는 돈이나 권위나 나이가 큰 의미가 없다. 약육강식, 오로지 자신의 몸을 움직여서 쟁취하는 곳이라 어떤 면에서는 매우 평등한 곳이기도 하다. 이곳에 들리면 평소 단련을 해서 배도 집어넣고, 알통도 불끈 튀어나오게 할 걸 하는 후회도 한다. 이곳은 어떤 여성이든 들어오기만 하면 일군의 남자들이 여자를 에워싸서 혼을 빼놓고, 서로 자기 것이라 우길 만큼 뻔뻔스러운 행동도 불사한다. 예전에 모 방송국에서 근무하던 여성 PD와 작가분을 모신 적이 있는데, 들어서자마자 웃통을 벗은 남아메리카계 청년들이 빙 둘러싸서 화들짝 비명을 지른 적이 있다. 이런 문화에 익숙하지 못한 분들이라면 당황할 법도 한 광경이었다. 그래도 곧잘 적응해서 함께 춤을 추는 모습을 보고, 역시 '작업'은 세계 공용어라는 사실을 새삼 확인했다.

이런 와일드한 곳에서는 일본 맥주보다는 벡스나 하이네켄 같은 독일산 맥주가 어울린다. 진한 육식 동물의 냄새가 풍기는 곳이라 술도 알코올 도수가 높은 것을 원하는 모양이다.

모타운의 음악은 클럽 이름처럼 전통적인 R&B가 주류를 이룬다. 스티비 원더, 템프테이션스, 다이애나 로스, 스모키 로빈슨 등은 물론이고 록도 심심찮게 곁들여져서, 아무 일도 하지 않고 그냥 고개만 끄덕거려도 기분이 좋아진다.

홍대 앞 클럽들과는 달리 도쿄에서는 클럽 출입에 나이 제한이 일절 없다. 아니 전 세계 어디를 가도 그렇다. 물론 복장 제한도 없다. 자기가 입고 싶은 대로 와서, 자기가 듣고 싶은 음악을 듣고, 자기가 놀고 싶은 대로 놀고 가면 그만이다.

세련된 정장에 돈푼 꽤나 있어 보이는 젊은이들이 자주 가는 '벨 파레'나 '바닐라' 같은 클럽조차 점퍼 차림으로 들어서도 뭐라 하는 사람이 없다. 또 그렇게 입고 왔다고 혹은 나이가 좀 들었다고 신경 쓰거나 제지하는 사람도 없다. 왜냐하면 클럽은 해방구이기 때문이다. 해방구는 오로지 20대만 필요한 게 아니다. 60대라도 오고 싶으면 된다. 들어와서 잘 놀고 가건, 혹은 외면당하건 순전히 그의 문제다. 처음부터 차별하는 것은 말이 되지 않는다. 여기서 곰곰이 생각해보면, 한 살만 나이가 많아도 바로 선배 행세를 하려는 우리의 문화가 역으로 조금만 나이가 들면 배척하려는 역작용을 낳지 않는가 싶다. 그러나 한편으로 입으로는 자유와 평등을 외치며 해방구를 꿈꾸는 젊은이들이 오로지 나이를 먹었다는 이유 하나만으로 배격한다는 것은, 일종의 난센스가 아닐까 싶다. 선택은 개인에게 맡기되 문호는 모두에게 열려야 한다.

    이렇게 클럽을 순회하는 롯폰기 투어가 슬슬 끝날 무렵이 되면 배가 출출해진다. 이때 꼭 들르는 라멘집이 있다. 테이블은 없고, 긴 스탠드에 8명 정도 앉아서 먹을 수 있게 해놨기에 늘 줄을 서야 하는 곳이다. 심하면 30분쯤 기다려야 하는데, 워낙 맛이 좋아 꾹 참고 기다린다. 그러면서 클럽 주변의 풍경을 살펴보는 재미도 쏠쏠하다. 운이 좋으면 같이 줄을 선 예쁜 아가씨와 대화를 나누는 행운도 누린다.

    이윽고 입장을 하면 진한 국물에 돼지 편육이 둥둥 떠 있는 라멘을 땀을 쏟으며 먹는다. 라멘을 다 먹고 나서의 입가심으로 기린 맥주 정도가 무난하다. 더도 말고 덜도 말고 딱 한 병으로 O. K. 이젠 배도 부르고, 잠도 온다. 더 이상 마시기 힘들다.

    그리고 숙소로 돌아오기 전, 지하철이 열리기를 기다리며 편의점에 잠깐 들린다. 다양한 만화 잡지를 보다 보면 신기하게도 다시 술이 당긴다. 마지막으로 뭔가 색다른 것을 마시고 싶다. 아니 마시면 안 된다. 그러나 마시고 싶다. 언제 또 롯폰기에 온다고. 이런 갈등을 끝내면 주저 없이 에비스 맥주를 꺼내든다. 그리고 편의점 앞을 서성이며, 밝아오는 주위를 살피며, 한 모금 들이킨다. 싱글 몰트 특유의 강한 개성이 입안을 가득 채우면, 일종의 해장술이라도 되는 듯 정신이 번쩍 든다. 그래, 이제 돌아가자. 돌아갈 때다. 지하철로 터벅터벅 지친 발걸음을 옮긴다.

또 하루가 갔다. 맥주와 클럽과 음악으로 범벅이 되어버린 나. 옷에서는 담배와 각종 먼지로 찌들은 냄새가 진동한다. 뭔가에 홀린 것 같은 이 기분. 그래도 마음 한구석이 뿌듯하다. 어차피 파티에 오려고 마음먹었으면 뒤끝 없이 즐겨야 하는 것 아닌가. 원 없이 술도 마셨고, 춤도 췄고, 멋진 아가씨들 구경도 했으니 이 정도면 된 것 아닌가? 하룻밤에 몇 백만 원씩 들여 룸살롱 같은 곳에서 보내는 것보다야 이런 낭만이 낫지. 그럼 됐지, 뭐. 이런 기분으로 마지막 병을 비우고 빈 에비스 맥주병을 쓰레기통에 던진다.

굿바이, 롯폰기. 씨 유 넥스트 타임.

사케의 깊고 풍부한 맛과 안도감을 농도는
와인처럼 홀짝거리며 즐기게 하는 매력이 있다.
그러니 대개 혼자 와서 눈을 감고 감상하는 사람들이 많은
재즈카페에서 사케가 팔리는 것이 전혀 이상할 게 없다.

music
도쿄=재즈=사케

10월이 되면 습관처럼 도쿄에 가곤 한다. 사실 매년 10월마다 딱히 무슨 일이 있어서 도쿄에 갔던 것은 아니다. 음반을 사러 가거나, 도쿄 영화제를 구경하는 등의 일들이었는데 공교롭게도 일정이 10월로 맞아떨어진 적이 많았던 것이다. 또 이 시기에 오디오 쇼가 열리는 관계로, 오디오 평론을 하는 입장에서 쇼 참관과 취재를 핑계로 며칠씩 묵었다 온다.

아무튼 가을의 도쿄는 날씨도 쾌청하고, 공기도 신선해서 어슬렁거리며 다니기엔 더없이 좋다. 비도 잘 오지 않아 우산도 필요 없다. 여름의 도쿄는 습기도 많고, 긴 장마도 있고, 불쾌지수도 높아 그다지 가고 싶지 않지만, 가을엔 확연히 다르다. 조금씩 날씨가 추워지면 뜨끈한 오뎅 국물 생각도 나고, 소유 라멘의 강인하면서도 확고한 뒷맛이 입안에 맴돌기도 한다. 주전부리 할 것도 많아서, 포장마차에서 파는 타코야끼나 군밤을 들고 다니며 쩝쩝거리는 재미도 있다.

하지만 10월의 도쿄가 무엇보다도 좋은 이유는, 적당히 볼 것도 많고, 적당한 활기와 그 나름의 느슨함이 있기 때문이다. 러시아워만 피하면 웬만한 지하철엔 빈 자리가 있고, 카페나 커피숍은 발에 차일 만큼 많으며, 중고 책방이나 레코드점은 항상 눈에 띤다. 유럽의 다른 도시처럼 오랜 역사를 자랑하는 대단한 건축물이나 성당은 없지만, 눈을 좀 크게 뜨고 다니면 흐뭇한 미소를 짓게 하는 것들이 많다.

그럼 이런 '완소'한 장소들을 하나하나 훑어보자. 우선 레코드점부터. 도쿄의 레코드점에는 구매할 만한 음반이 많다. 특히 재즈로 말하면 세계에서 가장 풍부한 소프트웨어를 보유하고 있다고 해도 과언이 아니다. 재즈의 종주국은 분명 미국이지만, 음반이나 클럽 문화는 일본에서 만개했다고 봐도 무방하다. 그중에서 음반으로 말하면 눈이 돌아갈 만한 타이틀이 많다. 처음 도쿄에 왔을 때엔 레코드점 순례로 모든 일정을 바쳤을 정도다.

중고 음반을 주로 취급하는 레코드부터 재즈 전문점 디스크 유니온, 거대한 복합 기업의 이미지가 강한 타워 레코드, 어딘지 영국을 연상케 하는 HMV, 거기에 구석구석 숨어있는 작은 숍들까지, 구경하는 것만으로도 숨이 찰 정도다. 특히 일본에는 일정 기간 동안에만 일본 내 유통을 목표로 삼는 라이선스 음반이 많다. 다른 지역에서는 도저히 구할 수 없는 레퍼토리를 만나는 재미는 정말 각별하다. 도시바-EMI에서 나온 'SBJC(Super Bit Jazz Classics)'라던가, 빅터에서 나온 'XRCD' 등은, 늘 구매욕을 자극한다.

그래서 매년 도쿄에 갈 땐 미리 무슨 음반을 구입할까 계획을 하고 간다. 각 레코드점의 홈페이지에 들어가 신규 음반을 확인하고, 일본의 주요 메이저 레이블도 체크한다. 워낙 CD값이 비싸기 때문에 한 장 한 장 선별하는 작업이 쉽지 않지만, 이 또한 하나의 재미이므로 포기할 생각이 없다.

음악 서적이 숱하게 많은 것도 도쿄를 찾는 또 다른 이유이다. 재즈 전문지 『스윙 저널』과 『재즈 비평』은 기본 중의 기본이고, 그 외 『레코드 컬렉터스』 『일본판 롤링 스톤』 『DIG』 등 사야할 잡지들이 허다하다. 거기에 각종 단행본에 이르면 골치가 아프다. 요즘엔 'The DIG Series'에서 나온 단행본들을 모으고 있는데, 다양한 대중음악 장르를 한 권씩 나눠서 추천 CD와 함께 발매하고 있는 일종의 가이드북이다. 브라질 음악이라던가 네오 어쿠스틱, UK 펑크, 록커빌리, 골든 팝스 등 사야할 것들이 많다.

앞 장에서도 말했지만 다양한 라이브 클럽이 많은 것도 빼놓을 수 없는 도쿄 방문의 이유이다. 비단 재즈뿐 아니라, 록, 팝, 올디스, 힙합, 테크노, 라틴, 제3세계 등 참 다양한 아이템의 클럽이 많다. 평소 접하기 힘든 장르를 이런 기회에 듣는 것도 큰 자극이 된다. 한때 시부야에 있는 '온 에어'도 자주 방문했는데, 이곳은 일본 인디 록밴드들의 성지이다. 여기서 기량을 쌓아 전국구 스타로 발돋움한 사례가 많다. J-POP 애호가라면 꼭 방문해볼 만한 곳이다. 이런 식으로 구석구석 훑다보면 참 많은 클럽을 만날 수 있다.

여기서 한 가지 흥미로운 점은, 도시마다 독특한 음악의 색깔이나 감성을 갖고 있다는 것이다. 예전에 뉴욕에 갔을 때의 일이다. 때는 혹독한 추위가 불어 닥치는 1월 중순이었고, 나는 맨해튼 한가운데의 타임스 스퀘어 근방의 호텔에 묵고 있는 중이었다. 입구에 들어서자마자 카운트 베이시처럼 생긴 커다란 덩치의 흑인 사내가 활짝 웃으며 반겨주었는데, 마침 스피커에서 빅 밴드 재즈가 유유히 흘러나왔다. 과연 뉴욕은 재즈의 수도라는 생각에 첫 인상인 남달랐다.

파리는 아무래도 샹송으로 기억될 듯하지만, 실은 제3세계 음악이 강하다. 거리를 걷다보면 수도 없이 많은 아프리카, 아랍 인종을 만나게 되고, 다양한 민속음악이 여기저기에서 흘러나온다. 심지어 몽마르트 언덕을 넘어선 북쪽 지역에 가보면, 북아프리카에 있는 도시에 온 듯한 착각도 느끼게 된다.

그렇다면 도쿄는 어떤가? 물론 J-POP이 큰 인기를 얻고 있고, 시부야계의 진취적이고, 매력적인 팝 아티스트들도 많지만, 나에게 도쿄는 재즈와 비틀즈로 요약된다. 어디를 가도 재즈를 만날 수 있고, 수도 없이 많은 비틀즈 관련 라이브 클럽이나 기념품 가게를 지나치게 된다. 물론 이것은 어디까지나 개인적인 동선이나 관심사와 연관이 되어 있으므로, 내게만 국한된 느낌이다. 절대로 공론화할 생각은 없다.

아무리 볼거리가 많고, 갈 곳이 많은 도쿄라 부지런히 움직여도, 어차피 밤은 오는 법. 지친 다리를 재즈카페에서 쉬며 JBL에서 나오는 쳇 베이커나 윈튼 켈리를 들으면, 피로도 좀 풀리고, 마음도 느긋해진다. 그럼 어김없이 맥주 한 병 시켜서 몸을 추스른다. 자, 저녁은 어디서 때울까? 야키니쿠집에 갈까, 돈가스를 먹을까, 한국 식당에 들릴까? 무얼 먹을까 고민하는 와중에 신기했던 것은 재즈카페에서도 사케를 판다는 것이었다. 거기다 아무 사케나 파는 것이 아니다. 사케에도 등급이 여러 가지 있어서, 사케라고 다 사케는 아니다. 그냥 청주 정도로 해석하고 만만하게 봐서는 안 되는 것이다. 특히 이런 곳에 진열된 것들은 한눈에 봐도 병의 생김새며 디자인이 범상치 않다. 심지어 사케 한 병에 몇백만 원을 호가하는 제품도 있다고 하니, 일본판 로마네 콩티나 페트뤼스쯤 되는 모양이다.

『맛의 달인』이란 만화를 보면, 주인공으로 등장하는 신문사의 요리 비평 담당은 전 세계의 술 중에 가장 매니악하게 빠져들게 되는 술로 와인과 사케를 꼽고 있다. 그 이유로 가장 단순한 재료로 가장 단순하게 만들지만, 가장 복잡하고, 풍부한 맛을 지녔다는 점을 든다. 이해가 간다.

전통 사케는 쌀과 물과 효모만 사용해서 만든다. 공정도 단순하다. 그러면서 명주의 반열에 오르려면 무엇 하나 소홀히 하면 안 된다. 마치 이제 막 걸음마를 시작한 아기를 다루듯 갖은 신경과 정성을 쏟아야 한다. 쌀이 주원료지만, 사케를 위해 별도의 품종을 재배한다고 하니, 이 정도면 웬만한 와인 저리 가라할 정도이다. 물도 중요하다. 물과 쌀이 좋으면, 뛰어난 사케가 나오는 것은 불문가지. 효모도 빼놓을 수 없다.

예로부터 니키타라는 도시는 동해를 면한 항구로, 쌀과 물이 좋아서 명주의 본고장으로 잘 알려져 있다. 또한 미인도 많다. 미인의 산지라 불리도 무방하다. 쌀과 물로 명주를 만드는 곳이니, 남자와 여자로 미인을 만드는 것은 당연하지 않은가, 라고 그쪽 사람들이 말한다. 미인과 사케, 뭔가 어울리면서 또 억지스럽기도 하다. 아무튼 일본 사람들의 사케에 대한 자부심은 대단해서 보르도나 부르고뉴에 전혀 주눅 들지 않을 정도다.

흥미로운 것은, 북쪽으로 갈수록 물이 좋고, 남쪽으로 갈수록 효모가 좋으며, 중간 지역은 쌀이 좋다는 것이다. 이런 지역적인 차이에서 독특한 맛과 향이 다양하게 나오는 것이다.

이 대목에서 사케, 니혼슈(일본식 청주), 청주, 정종 등 여러 가지 단어들이 떠오른다. 뭔가 연관성이 있는 것 같은데, 의외로 혼동해서 쓰인다. 그러나 간단하게 말하자면 이들은 같은 뜻이다. 사케의 본래 뜻은 일본에서 만든 술이란 것이다. 그렇기 때문에 '니혼슈'라고 부른다. 청주도 마찬가지이다. 정종은 청주의 한 브랜드이다. 그런데 한국에서는 청주가 사케를 뜻하는 단어가 되었다. 트렌치코트가 버버리로 불리는 것과 같은 맥락이다.

그렇다면 소주는? 위의 사례와는 번지수가 틀리다. 무엇보다 사케가 발효주인데 반해 소주는 증류주다. 맥주와 위스키의 차이처럼 소주와 사케는 전혀 다른 술이다. 그러나 영 헷갈린다. 아마 브랜드나 너무 많기 때문일 것이다.

여기서 한 가지 팁을 알려주겠다. 사케가 보통 알코올 농도 15퍼센트 안팎인데 비해, 소주는 25퍼센트 정도 한다. 알코올 도수로 구분할 수 있다. 최근에는 보리로 만든 소주가 인기인데, 보리 소주의 경우는 무려 알코올 도수가 40퍼센트나 한다. 일본도 큰 불황을 겪은 바가 있어서 40도짜리 소주로 빨리 취하자는 이야기인데, 어째 그 배경설명이 으시시하다. 아무튼 사케는 15퍼센트 정도의 도수를 갖고 있다고 이해하면 고르는 데 실수할 일은 없다. 브랜드에 현혹될 필요가 없는 것이다.

물론 소주의 세계도 깊어서, 절대로 만만히 봐서는 안 된다. 일본의 소주는 일종의 '미주와리 방식'으로 마시는 것이 하나의 룰로 정해져 있다. 즉 위스키처럼 잔에 얼음을 넣고, 소주를 붓고, 여기에 약간의 물을 혼합하는 것이다. 그 과정은 상당히 경건해서, 소주 한 잔 갖고 왜 저러나 싶어 웃음이 나오지만, 정작 맛을 보면 수긍하게 되는 면도 있다. 우리는 소주를 스트레이트로 마신다는 점을 생각할 때 한일 양국의 소주 문화는 상당히 다르다고 해야겠다.

어쨌든 브랜드도 많고, 종류도 많아서 사케만큼이나 소주도 마니악한 술이라고 생각한다. 대영제국이 자랑하는 비틀즈와 롤링스톤스처럼 소주와 사케는 일본이 자랑하는 양대 술로 서로 개성과 매력이 다르면서도 호각지세의 실력을 겨루는 존재인 것이다.

나는 개인적으로는 소주보다는 사케가 더 좋다. 독주보다 약주(弱酒)를 선호하는 체질 탓이리라. 말하자면 롤링스톤스보다는 비틀즈에 손을 들어주고 있는 것이다.

사실 알코올 농도 15퍼센트는 어딘지 아슬아슬하게 스트라이크 존에 걸친 서클 체인지 업을 보는 것 같다. 5도짜리 맥주는 시시하고, 25도짜리 소주는 부담스러우며, 40도짜리 위스키는 사절이라고 선언했을 때 일종의 구원 투수처럼 사케가 등판하는 것이다.

그런데 이런 어정쩡함이 어떤 면에서 사케의 존재를 강하게 부각시키지 못하는 단점이 되는 것도 같다. 화끈하게 취하거나, 대충 입가심하는 것도 아니니, 대체 15도란 무슨 의미란 말인가? 뭐든 화끈한 것을 좋아하는 우리네 기질과 맞지는 않지만, 와인이나 맥주를 즐기는 분들이라면 사케에 눈을 돌려보라고 권하고 싶다.

사실 사케의 깊고 풍부한 맛과 절묘한 알코올 농도는, 와인처럼 홀짝거리며 즐기게 하는 매력이 있다. 그러니 대개 혼자 와서 눈을 감고 감상하는 사람들이 많은 재즈카페에서 사케가 팔리는 것이 전혀 이상할 게 없는 것이다.

  또 가만히 생각해보면, 일본인이 좋아하는 재즈와 사케 사이에는 묘한 연관이 있는 것도 같다. 그들은 격한 하드 밥이나 빅 밴드 재즈도 좋아하지만, 일본인들이 제일 좋아하는 장르는 아무래도 가벼운 피아노 트리오나 여성 보컬, 웨스트 코스트 재즈 쪽의 음악이다. 사케처럼 간결하고, 뒤끝이 좋으며, 여운이 풍부한 맛을 갖고 있으므로, '도쿄=재즈=사케'라는 등식이 성립될 법도 하다.

  더 나아가 만일 사케에 대한 감식안이 좀 있다면, 빌리 홀리데이를 들을 땐 이런 사케로, 몽크를 들을 땐 저런 사케로, 하는 식의 재미도 있을 법하다. 아예 콜트레인 사케, 사라 본 사케 하는 판촉은 어떨까? 결코 망할 것 같지 않은 괜찮은 마케팅 기법이 아닐까?

LP와 소주는 통하는 구석이 많다.
    기본적으로 순수하고 자연스럽다.
    첨가물이 별로 없어서 뭐든 쉽게 마실 수 있고,
        뒤끝도 깨끗하다.

music

LP와 같은
순수한 소주를 기다리며

　얼마 전 대구 MBC에서 제작한 다큐멘터리가 음악계에 조용한 파장을 일으키고 있다. LP가 CD나 MP3보다 훨씬 낫다는 주장을 담고 있는 〈생명의 소리-아날로그〉가 바로 그 주인공이다.
　이 연구를 위해 3명의 교수진과 십여 명의 연구원들로 구성된 팀이 3개월 동안 오이와 고추, 호박, 미모사, 아기장대 등 실험용 식물군에 하루 8시간씩 동일한 곡을 LP, CD 그리고 MP3로 각각 나누어 들려줬다고 한다. 그런데 불과 10일 만에 놀라운 일이 벌어졌다.
　아기장대라는 실험용 식물이 LP와 CD 등에 반응했는데, 자라난 몸집의 결과가 절반 이상씩이나 차이가 났다. 마지막으로 MP3를 들은 식물군의 경우, 성장호르몬의 일종인 지베렐린이 LP에 비해 무려 40퍼센트 가까이 적게 나왔다. 놀라운 상황이 벌어진 것이다.

다만 CD보다 정보량이 많은 SACD의 경우, LP에 필적할 정도로 결과가 나왔으므로, 이 연구를 제안한 프로듀서는, 향후 CD가 아닌 보다 정보량이 많은 포맷으로 디지털 음악 매체가 바뀌어야 하는 게 아니냐고 말하고 있다.

CD나 MP3가 그 편리성에도 불구하고 LP에 떨어지는 이유는 바로 자연스러움이다. 실제로 우리가 듣는 바람 소리, 물소리, 파도 소리 등 자연의 음들은 저음역의 잡음 대역 속에 우리의 마음을 진정시키고, 치료를 촉진하는 특수한 소리의 파동이 있다고 한다. 과학적인 용어로는 'F분의 1의 흔들림'이라고 한다.

콘서트장에서 듣는 일반 악기 소리 역시 이 성분을 갖고 있고, LP 역시 마찬가지다. 그러나 CD나 MP3에 오면 흔적도 없이 이게 사라져버린다. 노이즈가 제거된 깨끗한 음이라는 캐치프레이즈 속에 이런 함정이 존재하는 것이다.

그렇지 않아도 최근의 오디오 업계를 보면, 이른바 '피시 파이(PC-FI)'라고 해서, PC 사용자들이 어떻게 하면 고급스런 음을 들을 수 있을까 하는 고안이 이뤄지고 있고, 또 아날로그 르네상스라고 할 만큼, 세계적으로 LP 리바이벌 붐이 불고 있다. 한쪽은 음악과 전혀 관련이 없는 PC를 이용해서 보다 고급스러운 음을 원하고, 또 한쪽은 순수하게 아날로그 포맷으로 돌아가 최상의 음질을 추구하니, 방향은 서로 다르지만 일맥상통하는 부분도 있다.

여기서 한 가지 밝히고 싶은 사실은 절대적으로 LP의 음이 CD보다 낫다는 것은 아니라는 점이다. 그간 하이엔드 오디오 업계도 CD의 음을 보다 뛰어나게 만들기 위해 수많은 노력을 기울여서, 어중간한 아날로그 시스템보다는 훨씬 좋은 음질을 갖게 되었다. 왜 이런 이야기를 서두에서 길게 하느냐면, 가끔 보급형 LP 플레이어를 쓰는 사람들이 CD 하면 무조건 고개를 절레절레 흔드는 경우가 많아서다. 절대 그렇지 않다. 합리성뿐 아니라 음질면에서도 CD의 퀄리티는 상당한 수준이 된 것이다.

하지만 그럼에도 불구하고 CD에 없는 뭔가 자연스러움이 LP에 있는 것은 사실이다. 특히 현악이나 보컬, 목관악기 등에서 LP가 지닌 호소력은 대단하다고 생각한다. 그래서 좋은 CDP와 CD 컬렉션을 보유한 분들도 일종의 외도 비슷하게 턴테이블을 들였다가 그만 불이 붙어서 하루가 멀다하고 음반 가게를 드나들며 LP를 고르는 것도 다 이유가 있는 것이다.

나도 예외는 아니어서 LP를 놨다 버렸다 여러 번 반복한 끝에 다시 LP에 손대고 있는 실정이다. LP를 내놓은 이유는 간단하다. 보관이 힘들고, 이사 갈 때 번거롭기 짝이 없으며 한번 들으려고 하면 여러 복잡한 과정을 거쳐야 한다. 또 듣는 내내 긴장해야 한다. 한마디로 수동식 기어를 장착한 스포츠카라고나 할까?

그에 반해 CD는 보관도 용이할 뿐 아니라, 일정한 금액을 투자하면 양질의 소리가 나오니 이래저래 편하다. 그냥 리모컨을 들고 버튼만 누르면 된다. 그뿐이다.

이래서 LP를 처분하고 한동안 CD에 몰두하다가 우연한 계기로 LP를 다시 손대게 되고, 그래서 한동안 부지런히 모으다가 결국 포기하고 마는 사이클이 여러 번 반복되었다. 지금은 어떤가 하면, 다소 신중하게 컬렉션하는 상황이다. 즉 CD로 구하기 힘든 타이틀을 위주로 모으고 있는데, 이렇게 되면 나중에 다시 버리지 않을 것 같다.

　물론 LP의 장점을 음질이나 자연스러움만으로 설명할 수는 없을 듯하다. 최근에 다시 모으면서 느낀 것인데, 역시 우리 세대에게 LP의 최대 매력은 '추억'이라고 생각한다. 노스탤지어라고 해도 좋겠다. 큼지막한 사이즈에 강렬한 이미지로 각인되는 커버 디자인, 낡은 음반이 주는 냄새와 감촉에다 한때 이 음반을 수없이 들었던 젊은 날까지 오버랩 되면, 음악을 듣지 않아도 귀에서 멜로디가 맴도는 듯한 착각을 느끼게 된다.

　또 여기엔 '원판 콤플렉스'라는 독특한 감성도 개입한다. 원판은 미국이나 유럽에서 제작된 오리지널 음반을 말한다. 우리 세대는 이런 원판을 자유롭게 듣고 소유할 수 있는 세대가 아니었다. 음원을 공급받아 한국에서 찍어낸 라이선스조차 마음껏 살 수 없던 시절이었으므로, 대개는 이른바 '빽판'이라고 하는 해적판을 많이 들었다. 당연히 음질은 떨어지고, 재킷도 흑백 2도 인쇄라 원래 디자인이 갖고 있는 수려함은 실종되었으며, 숨어서 파는 형국이라 늘 레퍼토리가 불안정했다. 또 '빽판'을 찍어내는 분들도 음악에 대한 정보가 어두워서 재즈나 블루스 같은 장르는 아예 기대해볼 수 없었다.

　나중에 CD 시대가 열렸을 때 환호한 것은 무엇보다 다양한

레퍼토리 때문이었다. 드디어 재즈 음반을 마음껏 컬렉션할 수 있겠구나 하는 기쁨이 CD의 편의성보다 훨씬 더 강렬하게 다가왔던 것이다.

그렇게 CD를 듣고, 음질의 개선을 목격하고 하면서 보내다가 다시 LP를 손댄 이유는 어쩌면 청춘기에 만족시키지 못했던 욕구를 뒤늦게나마 해소하려는 목적이 있을 것이다. 또 지난 세월 동안 계속 음악을 듣다보니, 어느 정도 내가 원하는 장르의 역사나 명반에 관한 정보를 꿰게 되고, 특정 음반은 질리도록 들은 바도 있고 해서, 약간 심심해진 탓도 있는 것 같다.

사실 록이든 클래식이든 재즈든 최전성기는 1950~70년대라고 생각하는데, 당시에는 LP라는 포맷밖에 없었다. 뒤늦게 CD가 나타나 새로 담기 시작했지만, LP로 발매된 음원 중 누락된 것도 많고, 또 성의 없이 디지털 마스터링해서 음질이 극단적으로 나쁜 것도 나오게 되었다. 이런 점을 생각하면 CD에 반감을 가진 분들이 이해가 된다. 어쨌든 다시 LP를 손대기 시작한 것은 바로 이런 레퍼토리, 즉 CD로 발매되지 않은 음원을 구하는 맛에 있다고 하겠다. 그것은 예전에 처음 CD가 나왔을 때의 상황을 보는 것 같아 약간 아이러니하기는 하다.

오랜만에 집에서 다시 LP를 듣는 맛은 이루 말할 수 없는 충족감이 있다. CD를 들을 땐 빈둥거리며 책이나 잡지도 읽고, 이런저런 궁리를 하게 되는데, LP를 들을 땐 집중하게 된다. 음 하나하나를 가슴에 깊이 새겨 넣고, 연주자의 의도나 감성에 동화되기 위해 노력한다. 또 불현듯 옛 추억도 떠올라서 주체 못할 때도 있다. 이 녀석은 요물이구나 하는 생각이 절로 든다.

그런데 LP를 이렇게 다양한 레퍼토리로 접하게 된 결정적인 이유는 따로 있다. 아무래도 미국에서 LP의 수요가 적어지고, 가격이 크게 폭락하면서, '땡처리' 가깝게 처리된 물건들을 손쉽게 왕창 수입할 수 있는 창구가 열렸기 때문이다. 회현동에 가면 그런 물건들은 따로 세일을 통해 판매한다.

물론 LP도 희소성이 높은 것은 부르는 게 값이고, 클래식의 초반의 경우 한 장에 30만 원은 기본 중의 기본이다. 200만 원 들고 숍에 갔다가 음반 넉 장과 교환하는 분도 봤다. 이 세계는 대단하구나 하고 탄복한 적이 있다. 이 지역 대부분의 가게 역시 그런 LP가 주력 상품이지만, 한편으로 이런 세일도 병행하고 있는 것이다. 일종의 유인책인데, 꽤 효과적인 전략이라 보인다. 덕분에 LP 인구도 상당히 늘었고, 턴테이블에 대한 수요도 증가했으며, 향후 고가 음반들에 대한 욕구도 높아질 것이라 생각한다.

어쨌든 나도 이런 세일에 현혹이 되어 한때 주말마다 이 지역을 돌며 사냥에 몰두했다. 예전에 책이나 잡지에서만 봤던 음반들이 말도 안 되는 가격에 팔리고 있는데다가, 그게 모두 원판이니, 두말 할 나위가 없지 않은가?

하지만 이후 조금씩 판단을 해보니, 역시 5천원 이하짜리들은 음질에 문제가 있는 것들이 많고, 재킷도 좀 헐어서 왠지 기분이 꺼림칙했다. 그렇다고 판이 마구 휘거나 바늘이 툭툭 튀는 상황은 아니지만(그런 음반들은 고를 때 신중히 제외가 된다), 어차피 양으로 승

부하려고 들어온 세계가 아닌 만큼, 뭔가 필터링을 해야겠다는 생각이 든 것이다.

　사실 정상적인 LP는 비록 중고지만 1만 원~1만5천 원 정도가 기본이다. 이는 CD와 다름없는 가격이다. 그래도 결국 세일 코너보다는 이쪽 가격대에 집중하게 되었다. 단 한 장을 모으더라도 반질이 괜찮고, 재킷도 멀쩡한 것들을 갖고 싶어진 것이다. 결국 승리자는 회현동의 가게들이었다. 그래도 나는 별로 기분이 나쁘지 않다. 오랜만에 명동에 나가 음반도 고르고, 거리도 구경하고, 오랜만에 만난 지인이 있으면 함께 소주라도 한 잔 하는 여유를 얻었기 때문이다. 부산하게 교보문고나 쇼핑몰에서 CD를 고르는 것과는 확실히 다르지 않은가.

　그러면서 곰곰이 생각해보니, 의외로 LP와 소주는 통하는 구석이 많다. 기본적으로 순수하고 자연스럽다. 첨가물이 별로 없어서 뭐든 섞어서 마실 수 있고, 뒤끝도 깨끗하다. 일전에 모 방송국에서 인간의 생로병사를 다루면서 가장 인체에 해가 없는 술로 소주를 꼽았는데, 조금은 이해가 간다. 우리 부친의 경우도 평생 소주를 드셨지만, 칠순이 넘는 나이에도 정정하시니, 이것도 좋은 예가 아닐까 싶다.

　원래 소주는 아라비아에서 원나라를 거쳐 서기 1300년경 고려시대에 들어온 것으로 되어 있다. 소주의 가장 큰 특징은 증류주라는 점이다. 다시 말해 1차로 발효시켜 담근 술을 끓인 뒤 그 이슬을 받아내 만든 술이라는 뜻이다.

그래서 소주를 노주(露酒)라 부르기도 하는데, 이슬 로자를 쓰는 이유는, 증류할 때 발생하는 이슬로 만든 술이라는 뜻을 품고 있기 때문이다. 일본에선 순양주라고 해서 순수하게 양조한 재료를 증류했다는 표현을 쓰기도 한다. 이런 증류주의 또 다른 대표적인 술이 위스키다. 소주도 위스키처럼 증류한 술을 다시 발효시키면 당연한 이야기지만 맛이 깊어지고, 보다 순수해진다.

20세기 초만 해도 한국에는 많은 소주 양조장이 있었다고 한다. 1916년의 통계로 2만 8천 4백 4개소라고 하니, 대단한 숫자가 아닐 수 없다. 예전에 교수 한 분이 30년쯤 숙성된 소주를 마신 적이 있는데, 위스키 저리 가라 할 만큼 좋았다는 이야기를 강의 중에 한 적이 있었다. 그때는 몰랐지만, 지금 생각해보면 그럴 수도 있겠다는 생각도 든다. 위스키 30년산을 생각해보면 금세 납득이 되지 않는가?

물론 이런 증류주는 쌀, 보리, 밀과 같이 철저하게 곡물만 사용하며, 평균 30~35도 정도의 알코올 도수를 갖는다. 우리가 이런 증류 소주를 잘만 발전시켰다면 위스키 부럽지 않은 술 문화를 만들 수도 있었을 것이다.

흔히 높은 알코올 도수를 가진 술을 서

양에서는 스피릿(Spirit)이라 부른다. 스피릿은 화학 용어로는 에탄올을 뜻하지만, 원래의 뜻이 영혼이라는 점을 생각하면 참 묘한 의미로 다가온다. 말하자면 이 정도의 독주도 만들지 못하는 나라는 영혼이 없는 사람들만 살고 있다고 해석될 수도 있기 때문이다. 위스키를 만드는 이들의 오만함이라 하겠는데, 그런 면에서 소주라는 술을 가진 우리도 우리만의 스피릿이 있다고 자부할 수 있다.

하지만 현실은 그렇지 못하다. 현재 우리가 대부분 접하는 소주는 일명 희석주라고 해서, 곡물이나 고구마, 당밀을 발효시켜서 증류한 주정에다 알코올이나 물을 섞어서 적당히 마시기에 편한 도수로 만든 것이다. 보통 20~25도 정도의 알코올 도수를 갖고 있다. 말하자면 순수한 증류주에 여러 물질을 혼합시켜 희석시켰다는 의미에서 희석주라고 하는 것이다.

물론 이런 술을 마시고도 얼마든지 장수할 수 있고 또 즐길 수 있지만 뭔가 아쉽다는 것이 내 생각이다. 이런 술도 있고, 또 제대로 잘 만든 고급주도 있어야 한다고 본다. 술에도 스피릿이 필요한 것이다. 그런 면에서 몇 가지 상표가 통용되는 맥주 시장만큼이나, 소주 시장 역시 상당히 획일화되어 있다는 점이 답답하다.

나는 한국 음식이나 문화에서 소주가 가장 이상적인 술이 아닐까 생각하고 있다. 소주는 찌개류나 전골, 고기, 회 등 가릴 것 없이 어울린다. 그러므로 여기서 제안하고 싶은 것은 LP와 같이 보다 더 순수하고 자연스런 소주를 만들어 달라는 것이다. 말하자면 일체의 불순물이나 첨가물이 없이 순곡류만을 증류한 술을 원하는 것이다.

물론 순수 증류주를 표방하는 몇 개의 브랜드가 있기는 하다. 그러나 대부분 입에서 쓰고, 뒷맛도 거칠다. 그냥 증류만 해서는 안 되고, 적당한 발효 과정을 거쳐서 맛을 다듬어야 하는 것이다. 좀 더 연구가 필요하다.

어차피 남아도는 쌀, 막걸리만 만들지 말고 전통 소주 좀 만들어 주십시오. 제대로 먹기 좋은 소주 말입니다. 우리도 스피릿이 필요합니다. 그럼 앞으로 LP를 더 열심히 듣겠습니다. 전혀 연관성이 없는 이야기지만 순수성이라는 면에서 또 뭔가 통하는 구석도 있지 않은가?

맥주는 주류계의 음악이다.
    어느 나라, 어느 도시를 가도 맥주가 존재하고,
자국의 맥주 브랜드가 있다. 그러나 어느 때부터인지
    마시는 맥주의 종류가 한정되어 버렸다.

music
로버츠 라디오를 통해 깨달은 다양성의 미덕

오랜만에 이사를 간 덕분에 한동안 경황이 없었다. 혼자 사는 처지에 뭔 짐이 그렇게 많을까 생각해보지만, 기본적으로 냉장고, 세탁기, 텔레비전, 컴퓨터에 오디오 시스템까지, 변변치 않더라도 꽤 항목이 많았다. 그밖에 여태껏 모아놓은 책과 CD와 LP 등을 합하니 짐들이 더 늘었다. 침대나 피아노 같은 게 없어서 다행이라는 생각이 절로 든다.

이사를 가면서 생긴 변화가 한 가지 있다면, 이전보다 조금 평수가 넓어져서 거실처럼 쓸 수 있는 공간이 생겼다는 것이다. 방은 원래 세 개가 있는데, 하나는 드레스룸, 하나는 컴퓨터 작업을 하는 방, 그리고 또 하나를 안방으로 쓰고 있다. 안방에 책이며 음반이며 오디오를 잔뜩 쏟아 넣은 덕분에 부엌 공간이 약간 한가로워졌다.

부엌에 약간의 틈이 생겨 여기를 어떻게 꾸밀까 생각해봤다. 탁자 세트를 놔서 손님들이 오면 술자리로 쓸 수도 있겠다 싶었다. 그러나 어쩌다 한 번 모이는 것을 위해 이 공간을 다이닝룸으로만 할애하고 싶지는 않았다. 순간 작은 아이디어가 하나 떠올랐다. 여기에 있는 공간 모두가 각자의 목적이 있다. 컴퓨터방에서는 글을 쓰거나 정보를 찾는다. 안방은 음악을 본격적으로 듣는 데 사용한다. 드레스룸에는 옷장이며 행거가 들어차 어찌할 도리가 없다. 그러니 주방은 일종의 대합실 개념으로 사용하면 어떨까라는 생각이 들었다. 말하자면 방과 방을 잇는 연결고리 같은 쉼터로 만들자는 것이다. 이러던 차에, 누가 갖다 버렸는지 꽤 큼지막한 1인용 소파가 단지 입구에 버려져 있었다. 아무리 살펴봐도 멀쩡했는데 직접 앉아보니 상당히 편안했다. 하늘의 계시구나 싶었다. 혼자서 이 무거운 것을 3층까지 어떻게 날랐는지 지금 생각해보면 아득하지만, 어쨌건 공짜라는 것은 참 무섭다. 이런 엄청난 괴력을 발휘해 소파를 집으로 들여놓았으니 말이다. 이렇게 한 구석에 커다란 소파를 장만해놓고, 틈만 나면 여기에 앉아 잡지나 신문 따위를 읽으면서 소일을 했다. 그러다 보니 좀 심심해졌다. 뭐 없을까 싶어서 두리번거리다, 아하, BGM(배경음악)이 필요하구나 싶었다.

    그러나 여러 기능이 달린 요란한 것은 피하고 싶었다. 세상에는 이런 목적으로 수없이 다양한 제품이 존재하는데, 욕심을 부리자면 한이 없다. 최고는 메리디언이 페라리와 공동 작업한 제품으로, 이쪽 업계의 최고 하이엔드인데, 도저히 손에 넣을 수 없다. 현실성 있게 추구하자는 마음을 먹었다. 그래서 심플하게 FM 라디오만 나오면 된다는 것을 첫 번째 조건으로 휴대성을 두 번째 조건으로 수많은 인터넷 사이트를 검색하고, 카탈로그를 구해봤다.

이런저런 정보를 찾던 나는 로버츠(Roberts) 라디오에 주목했다. 소리나 디자인이 뛰어났고, 성능도 보증할 만했으며, 가격대도 합리적이므로 일단 사두면 결코 후회할 일이 없을 것 같았다. 로버츠는 책장이든 뭐든 어느 공간에 쑤셔 넣으면 절대로 안 된다. 공간이 탁 트인 곳에 둬서 자유롭게 활개치도록 해야 한다. 휴대성이 대단해서 아무렇게나 들고 다녀도 되는 라디오였다. 여행용으로도 좋지만, 야구장 같은 데에 가져가서 중계를 보며 들어도 된다.

요즘 로버츠는 활약이 대단하다. 우리 집의 대합실에서, 그것도 제일 손을 뻗기 좋은 위치에 놓여 있어서 오다가다 심심할 때마다 틀어보게 된다. 늘 KBS 제1 FM에 고정되어 있으니, 항상 클래식을 들을 수 있다. 클래식에 질리면 AFKN도 가끔 듣는데, 특히 클래식록 시간이 오면 절로 흥이 난다.

이렇게 로버츠가 갖춰지고 나니 국가에서 공짜로 들려주는 베토벤이며 로시니며 파바로티며 베를린 필을 듣게 되고(게다가 미국 정부에서 제공하는 비틀즈와 레드재플린과 롤링스톤스까지!), 그즈음 되면 이 세상에 별로 부러울 게 없다. 손에는 읽을거리가 들려 있고, 푹 파묻힐 수 있는 소파까지 있으니 말이다. 그런데 언제부턴가 음악과 독서에 더불어 맥주가 손에 자주 잡혔다. 결국 책 읽은 시간보다

는 맥주를 마시며 이런저런 공상을 하는 시간이 압도적으로 늘어나게 된 것이다.

맥주는 주류계의 음악이라고 생각한다. 어느 나라, 어느 도시를 가도 맥주가 존재하기 때문이다. 위스키는 아일랜드와 스코틀랜드의 전유물이고, 미국과 캐나다에서 조금 만드는 정도다. 와인은 따로 만들어질 수 있는 지역이 있어서, 다른 지역에서 만들기가 곤란하다. 최근에 일본에서 좀 만들긴 하지만, 어디까지나 민속주의 개념이지 정식으로 음용할 만한 수준은 못 된다. 데킬라, 럼, 소주, 청주, 꼬냑, 보드카, 마오타이, 진 등등 다양한 술이 있지만, 의외로 이들 술도 지역적으로 국한되어 있다.

반면에 맥주는 그렇지 않다. 전 세계 어디를 가도 자국의 맥주 브랜드가 있고, 꼭 중부 유럽산이 아니더라도 명품 맥주들이 수두룩하다. 일본의 에비스나 미국의 사무엘 아담스 등은 결코 본고장인 유럽 맥주에 뒤지지 않는 수준이라고 생각한다.

그러나 어느 때부터인지, 마시는 맥주의 종류가 한정되어 버렸다. 몇 개의 상표만이 눈에 띌 뿐이다. 더불어 내가 듣는 음악도 제한되는 기분이 덩달아 든다. 이는 로버츠 라디오를 들으면서 깨달은 자각이다. 잠시 과거로 돌아가겠다.

1970년대에 사춘기를 보낸 나의 베스트 프렌드는 라디오 카세트였다. 일본에서는 이를 줄여서 '라지카세'라고 불렸던, 양쪽에 스피커가 있고 가운데에 앰프와 튜너와 카세트 데크가 있는 것이 기본 형태이다. 요즘 세대가 과연 카세트가 뭔지 짐작할 수 있을지 모르겠지만, LP처럼 정식으로 아티스트의 앨범이 녹음되어 출시될 뿐 아니라, 개인적으로 솜씨를 발휘해서 이런저런 소스를 녹음도 할 수 있으니, 여러모로 쓰임새가 많은 포맷으로 회상된다. 물론 지금은 VCR처럼 역사의 저편으로 사라져버렸다.

나는 카세트로 많은 음악을 들었다. 특히 밤에 잠자리에 누워 머리맡에 이 녀석을 두고 FM을 들을 때면, 머릿속은 상상의 나래를 폈고, 음 하나하나가 귀에 쏙쏙 들어왔다. 신청곡을 담은 엽서라도 보내서 채택이라도 되면 얼마나 심장이 두근거리는지 몰랐다. 그런 시절이 있었다. 지금 생각해보면 이런 라디오 카세트가 준 교훈이 몇 가지 있다.

첫 번째 교훈은 라디오 카세트는 장르를 편식하지 않는다는 것이다. 당시만 해도 가요, 록, 클래식, 유로 팝, 민속 음악 등 다양한 방송이 나왔는데, 별로 거리낌 없이 들었던 것 같다. 또 좋아하는 음악이 나오면 재빨리 녹음 버튼을 눌러 카세트에 옮겨담아 수없이 반복해서 들었다. 두 번째 교훈은 아무런 지식이나 정보가 없이 음악을 접하게 되니, 음악적 편견이 없었다는 것이다. 그냥 좋으면 좋은 것이다.(나쁘면 왜 나쁜지 그 이유는 잘 몰랐지만) 따라서 모든 음악 소스가 동등한 가치를 지니고 다가오고, 제대로 접하기도 전에 평가를 해버리는 습관이 없었다.

하지만 지금은 어느 정도 음악에 대한 정보도 있고, 꽤 많은 앨범을 샀다 내쳤다 하면서 나름대로 스스로의 구력을 믿는 편인데, 오히려 이런 지식이 새로운 음악을 접하는 데 방해가 되지 않나 하는 생각이 든다. 비틀즈가 딥퍼플보다 낫고, 베토벤이 슈베르트보다 위대하고, 마일스 데이비스에 비하면 쳇 베이커는 장난이고, 아트 록은 정체불명의 음악이며, 가요는 들어줄 만한 수준이 아직 못 된다는 이런 편견들이 실제로 음악을 즐기는 데에 얼마나 도움이 되는지 새삼 반성하게 된 것이다.

그래서 요즘에는 로버츠를 통해 다양한 음악을 들으려고 한다. 더불어 음악과 함께 즐기는 맥주를 보며, 이 녀석도 요즘의 나와 같은 신세구나, 하는 생각에도 빠진다. 너무나 한정된 브랜드만 통용되어, 전 세계적으로 거의 획일화되다시피 하는 상황이기 때문이다.

맥주의 역사에서 호프의 출현은 큰 이벤트이다. 덕분에 독일의 바이에른 지방에서는 1516년 '맥주 순수령'을 발표하기까지 했다. 물, 보리, 호프, 효모의 4가지 요소만 갖고 맥주를 만들라는 것이다. 이것은 이른바 전통적인 방식의 제조법으로, 흔히 '에일(Ale) 공법'로 부른다.

이런 맥주 제조법에 일대 혁명이 온 것은, 1842년 오스트리아의 보헤미아 플제니 지역에서 개발한 '라거(Lager) 공법'이 등장하면서다. 플제니는 지금의 체코 지역으로, '필스너(Pilsner)'라는 말은 바로 이 지역 이름에서 유래한 것이다.

그럼 라거와 에일의 차이는 뭘까? 의외로 간단하다. 에일이 상면발효인 반면, 라거는 하면발효다. 맥주 표면에 효모가 거품층을 형성하는 것을 상면발효라고 한다. 하면발효는 맥아즙에서 초기에 요란한 발효가 끝나면 효모가 양조통 밑바닥으로 가라앉는 것을 말한다. 효모가 쌓이는 위치를 기준으로 구분한 것이라 별것 아닌 구분 같지만, 이 둘의 차이는 크다. 단순한 발효법만 놓고 보면 하면발효의 경우 문제가 있다. 저온에서 발효를 시키기 때문에 효모 능력을 억제시키는 면이 있다. 따라서 효모가 만들어내는 독특한 과일향과 맛이 어느 정도 사라진다는 단점이 있다. 그럼에도 이 방식을 쓰는 이유는 장기 보관이 가능하고, 특히 저온에서 마실 수 있기 때문이다.

라거는 독일어로 '저장'이라는 뜻을 갖고 있다. 실제 라거 공법으로 만든 맥주는 차가운 술 창고에서 여러 달 저장된 후 판매된다. 특히 20세기에 들어와 냉장고가 가정에 널리 보급되면서 차고 상쾌한 라거 맥주는 현대인의 입맛을 사로잡는다. 기하급수적인 라거 맥주의 점령이 이뤄진 것이다.

최근의 통계를 보면 미국 소비량의 90퍼센트, 영국 소비량의 70퍼센트 정도를 라거가 차지하고 있다. 독일이나 일본에 관해선 두말 할 나위가 없다. 우리의 경우 100퍼센트라고 봐도 된다. 라거는 대개 섭씨 3도에서 관리된 만큼, 12.2도에서 서빙되는 에일에 비해 확실히 강점이 많다. 그러나 맥주의 다양성을 심각하게 침범했다는 점에서는 정말로 문제가 많다. 실제로 에일을 지지하는 영국의 전통주의자들은 라거에 열광하는 미국인들을 빗대 이렇게 빈정거린다. "미국 맥주가 왜 차가운지 알아? 안 그러면 오줌과 구별이 되지 않잖아."

하지만 고집스럽게 에일을 고수해온 영국도 1970년대에 들어와 라거에 점령이 되자, 여기저기에서 격분한 전통주의자들이

일어섰다. 그들은 아예 CAMRA(진정한 에일을 위한 캠페인)이란 단체를 조직해 집요한 로비까지 펼쳤다. 결국 이들의 15년간에 걸친 노력이 성과를 이뤄 영국에서는 '게스트 비어법'이 탄생하기에 이른다. 이 법안의 골자는 양조업체가 운영하는 펍은 반드시 다른 회사의 제품, 그것도 진짜 에일 공법으로 만들어진 맥주도 함께 판매해야 한다는 것이다. 이 법안이 탄생하던 날, 전통주의자들의 축배가 영국 곳곳에서 이뤄졌음을 충분히 짐작할 수 있다. 현재 영국에서는 300여 개, 미국에서는 1,300여 개의 소규모 양조업자들이 활동하지만, 앞서 설명한 대로 메이저들의 강점에 맞서기에는 열악한 상황이다.

이런 다양성이라는 측면을 음악에 적용해보자. 음악의 다양성에서 제일 핵심이 되는 것은 다양한 레코드 회사와 가수들의 존재이다. 그런데 지금의 음악계는 마치 라거맥주의 독점 혹은 몇몇 메이저 브랜드의 과점처럼 너무나 단순한 구도로 축소되어버렸다. '유니버설 뮤직 VS. 나머지 레이블' 같은 구도 말이다. 최고의 메이저 유니버설이 있고, 그 나머지 레이블로 EMI, 워너 뮤직 등 군소 레이블이 존재할 뿐인 것이다. 레코드 회사가 이렇게 단순화되면 음반 역시 마찬가지여서, 몇 가지 팔릴 만한 아이템이 아니면 제작하지 않는다. 신인 가수나 밴드의 등용문은 갈수록 좁아지고, 이른바 '대박'이라는 히트 앨범이 나오기도 힘들어졌다. 물론 좋은 아티스트와 레퍼토리를 가진 작은 레이블이 존재하기는 하지만, 워낙 적게 찍어내기 때문에 손에 걸리기가 쉽지 않다. 뭔가 대책이 절실한 것이다.

1950년대에 영국에서는 일부러 BBC 라디오를 통해 영국과 스코틀랜드, 아일랜드 전역에 퍼져 있는 민속 음악을 채집하는 일을 했다. 당연히 방송에도 많이 내보냈고, 좋은 뮤지션이 있으면 지원도 해줬다. 이것을 시작으로 찬란한 브리티시 포크, 아이리시 포크의 전통이 세워질 수 있었고, 그 흐름은 현대 팝으로까지 이어져 아직도 큰 영향력을 행사하고 있다.

　나는 로버츠를 들으며 그런 상상을 해본다. 앞으로 많은 국가가 음악에 대한 전폭적인 지원을 해서, 좀 더 많은 장르와 뮤지션들이 햇빛을 보면 어떨까 하는 상상을. 실제로 현재 프랑스에서는 스크린 쿼터제와 같이 강제로 FM에서 자국의 음악을 일정 비율 이상 틀게 해서 좋은 성과를 얻고 있다.

　더 나아가, 술 애호가로서 맥주에도 역시 쿼터제를 도입했으면 한다. 이를테면 라거 공법은 전체 생산량의 60퍼센트를 넘을 수 없으며, 특정 브랜드가 전체 시장의 20퍼센트 이상을 장악할 수 없으며, 연간 30만 리터 정도만 생산해도 얼마든지 전국에 판매할 수 있는 권리를 많은 제작자들에게 허용하는 것처럼 말이다. 더 나아가 수입 맥주에 부과하는 관세는 좀 낮춰주고, 맥주 전문점이라고 하면 최소 100여 개 정도의 아이템은 확보하는…… 음, 이건 너무 심했나?

와인을 마실 때는 주로 클래식이나 여성 보컬의 음악을
많이 듣게 된다. 그러나 위스키를 마실 때에는
클래식 록이나 블루스, 재즈 등을 듣게 된다.

music
위스키엔 체스의 블루스를
와인엔 나폴리의 산초네를

    요즘 집에서 술을 마실 땐 대개 와인을 마신다. 가끔은 위스키를 사기도 하는데, 가격 대비 맛으로 따졌을 때 잭 다니엘과 캐나디언 클럽을 최고로 꼽아 추천한다. 특히 잭 다니엘은 향이 매우 강하고 개성이 대단해서 위스키에 별로 친숙한 사람이 아니면 고개를 절레절레 흔들 정도지만 난 잭 다니엘이 너무 좋다.

    흥미로운 사실은 와인을 마실 때와 위스키를 마실 때 듣는 음악이 차이가 난다는 것이다. 와인을 마실 때에는 주로 클래식이나 여성 보컬의 음악을 많이 듣게 된다. 그러나 위스키를 마실 때에는 클래식 록이나 블루스, 재즈 등을 듣게 된다. 어떤 논리적인 이유는 없다. 그저 분위기와 느낌에 선곡을 맡길 뿐.

    얼마 전에 우연히 잭 다니엘을 마시다가 리드 벨리(Lead Belly)의 음악을 꺼내 들었는데, 매우 흡족했다. 리드 벨리는 블루스 음악의 초창기 인물로, 재즈사에 등장하는 시드니 베세(Sidney Bechet)나 킹 올리버(King Oliver)처럼 파란만장한 삶을 살았다. 뜻하지 않게 범죄에 연루되어 살인죄로 기소당해 무려 35년의 징역형을 받은 것도 놀랍지만, 복역한 지 2년 만에 풀려난 스토리는 더 놀랍다. 자신의 억울함을 호소하기 위해 텍사스 주지사 앞에서 노래한 것이 주지사의 마음을 움직여 특별 사면을 받았기 때문이다. 35년형이라면 종신형에 가깝다. 중형을 받은 범죄자가 노래 하나로 대폭 감형을 받아 풀려났다는 것은, 영화에서도 볼 수 없는 극적인 스토리다. 예술의 한계가 어디까지인지는 모르겠으나, 이 정도라면 블루스 음악도 적극 해볼 만하다는 생각이 든다.

    리드 벨리가 갇혔던 감옥이 있던 텍사스 주는 '감옥의 천국'이다. 특히 헌츠빌(Huntsville)이라는 소도시에 집중적으로 감옥이 몰려 있는데, 약 15만 명 규모의 인구를 자랑하는 헌츠빌 인구의 대부분이 감옥과 관련된 일에 종사하고 있다고 해도 과언이 아니다.

    이곳 헌츠빌 감옥촌 최고의 악당으로 꼽을 수 있는 사람이 바로 존 웨슬리 하딩(John Wesley Harding)이다. 우리에겐 밥 딜런의 앨범 제목으로 익히 알려져 있는데, 사실 딜런의 서정적이고 멜랑콜리한 노래와는 달리, 이 양반은 악당 중의 악당이다. 워낙 총질을 자주 한 덕분에 지금까지 알려진 사망자만 44명이라고 한다. 그중 어떤 사람은 심하게 코를 골며 잤다는 이유로 총에 맞았다 하니, 코를 고는 버릇이 있는 독자라면 주의할 필요가 있다.

    텍사스 감옥의 인물은 아니지만, 록을 좋아하는 팬들에게 익

구수하고 텁텁한 목소리에 느긋한 기타 솔로로 후대 블루스맨들의 귀감이 되었던 리드 벨리. 그는 자신에게 주어진 재능이 어떤 식으로 운명을 바꿀 수 있는지를 보여준 좋은 사례이다. 낡고 거친 녹음 속에서 그의 음성이 반짝반짝 보석처럼 빛나는 이유가 바로 여기에 있는 것이다.

숙한 존재가 제시 제임스(Jesse G. James)다. 역시 밥 딜런의 노래에 나오는 인물이기도 하다. 그는 형제들과 친구들을 이끌고 집단적으로 몰려다니면서 은행을 털고, 방화를 일삼아서 이들은 '제임스 갱'이라고 불렸다.

사실 많은 이들은 음반을 구매할 때 아티스트 중심으로 모은다. 당연한 일이다. 그러나 어느 선을 넘어가면, 아는 뮤지션도 드물고, 좀 더 계통학적으로 접근할 필요성을 느끼게 된다. 이때 필요한 것이 바로 레이블 정보다. 레이블이라니? 그럼 과연 마일스 데이비스가 어느 레이블에서 활동했고, 비틀스가 어디서 음반을 냈는지가 중요하냐고 되물을 만하다. 나의 대답은 '그렇다'이다. 레이블은 매우 중요하다.

물론 이런 정보는 록이나 클래식에는 크게 해당되지 않고, 주로 블루스와 재즈에서 유용하다. 아무래도 프로듀서의 입김이 강하게 작용할 뿐 아니라, 함께 어울린 연주자들과의 유대가 중요하기 때문이다. 레이블마다 개성이 다르고 겨냥하는 음악도 다르다. 레이블로 따지면 EMI 시절의 카라얀과 DG 시절의 카라얀이 다르고, 멜로디아에서 녹음할 때의 리히테르와 서방 레코드사에서 녹음할 때의 리히테르가 다르다. 클래식까지 확장하면 너무 전문적인 이야기가 되므로, 일단은 재즈와 블루스에서 그치겠다.

제일 먼저 재즈에서 제일 손이 많이 가는 모던재즈 시대의 3대 레이블을 이야기해보자. 바로 블루 노트, 프리스티지 그리고 리버사이드 레이블이다. 또 개인적으로 큰 흥미를 갖고 있는 웨스트 코스트 재즈 쪽을 보면, 아무래도 퍼시픽 재즈와 컨템포러리, 판타지 등이 떠오른다. 가장 60년대적인 정신을 갖고 있다고 할 수 있는 레이블을 꼽자면 임펄스가 있고, 대중적으로 어필할 수 있는 음반을 많이 제작한 곳은 버브 레코드다. 이런 식으로 재즈는 레이블을 통해 접근할 때 얻는 지식이 상당해진다. 당연히 알프레드 라이언, 밥 와인스톡, 오린 킵뉴스, 크리드 테일러, 노먼 그랜츠와 같은 레이블 오너 겸 프로듀서의 이름도 외우게 된다. 이들의 개성과 생각이 어쩌면 재즈사 전체를 지배하지 않았을까 싶을 정도로 중요하기 때문이다.

이런 시야를 블루스로 돌린다면, 제일 먼저 떠오르는 레이블은 체스다. 재즈의 블루 노트 레이블과 마찬가지의 위상을 갖고 있다고 보면 되겠다. 한데 블루 노트의 알프레드 라이온을 소재로 한 영화는 아직 없지만, 체스의 오너 레너드 체스를 주인공으로 한 영화는 만들어졌으니, 대체 그가 어떤 인물인지 궁금하지 않을 수 없다.

원래 체스 레코드는 레너드와 필 체스 두 형제에 의해 창립되어, 윌리 딕슨을 음악 감독으로 앉히고, 머디 워터스를 비롯, 리틀 월터, 하울링 울프, 소니 보이 윌리엄슨 등 숱한 블루스의 명인들을 배출한 곳이다. 또 50년대부터 록큰롤 녹음도 적극적으로 행해서, 척 베리, 보 디들리 등을 발굴, 록 음악의 탄생에도 기여한 공로도 크다. 당연히 돈도 많이

벌고, 유명세도 많이 타서, 한때는 시카고의 명물로 자리 잡았다.

여기서 주목할 만한 사건은 1964년 초에 벌어진다. 어떤 백인 청년 다섯이 체스 레코드 앞에서 기웃거리자, 마침 스튜디오로 가던 머디 워터스가 걸음을 멈추고 물어본다. 생긴 모습이며 헤어스타일이 영 심상치 않아서다. 그러자 그들은 마치 성인(Saint)을 보는 양 황송해하며 이렇게 말한다.

"우리는 당신의 팬들입니다. 그래서 그룹 이름도 당신의 노래 제목을 따서 롤링스톤스로 했습니다. 한 번 안에 들어갈 수 있을까요?"

바로 롤링스톤스가 찾아온 것이다. 평소 체스의 음악을 흠모했다가 시카고에 온 김에 제일 먼저 들린 것인데, 이래서 그들은 여기서 노래 하나를 녹음하게 된다. 그게 바로 〈2120 South Michigan Avenue〉다. 이 제목의 뜻이 무엇일까? 바로 짐작하겠지만, 체스 레코드사의 주소다. 스톤스의 앨범『12X5』의 B면 첫 곡에 수록되어 있는데, 사실 이 곡은 뒷부분이 잘린 트랙이다. 풀 버전에는 함께 세션에 참여했던 머디 워터스의 솔로가 수록되어, 애호가들은 독일이나 프랑스에서 나온『Around and Around』음반을 찾는다. 아쉽게도 아직 들어본 바는 없지만, 꼭 구하고 싶은 LP다.

어쨌든 롤링스톤스를 위시해, 에릭 클랩튼, 비틀즈, 레드 제플린, 제프 벡 등 난다 긴다 하는 영국 출신의 록 밴드들이 체스 레코드에서 깊은 영향을 받은 것은 사실이고, 그 때문에 체스의 위상은 지금까지 건재하다.

체스 레코드의 역사를 보면, 1947년에 창업해서 공식적으로 75년에 문을 닫았지만 실은 70년대부터 허수아비 상태였다. 오너인 레너드가 69년에 미국에서 두 번째로 큰 테이프 제작사인 GRT(General Recorded Tape)에 회사를 매각한 후 급사한 상태였고, 이후 뮤지션들도 차례로 떠났기 때문이다. 시카고의 명물이었던 체스 본사는 지을 때 벽에 설치한 독특한 음향판 덕분에 '체스 사운드'라고 불리면서 독자적인 음향을 선보였고, 많은 뮤지션들이 이곳에서 녹음을 열망할 만큼 명성이 자자했다. 그러나 시대가 바뀌고, 팬의 기호가 변해버려 더 이상 지탱하기 힘들게 된 탓과 더 이상 레코드 제작에 의욕을 갖지 않은 체스 형제의 결정으로 몰락하고 말았다. 동향의 라이벌로 적절한 임기응변을 통해 살아남은 애틀랜틱 레코드사와 비교하면 안타까운 대목이다.

그리고 보니, 한참 레너드가 영업할 당시에 라디오 DJ들에게 선물한 위스키는 주로 스카치였다. 조니 워커, 시바스 리갈 등이 주종목이었고, 이런 선물을 받은 DJ들도 흡족해했다. 그중엔 전설적인 DJ 앨런 프리드가 있는데, 그가 '록큰롤'이라는 말을 처음 멘트에 날려서, 이후 이 말이 하나의 용어가 된 것도 유명한 일화에 속한다.

위스키 쪽 이야기만 쓰다보니, 상대적으로 와인을 둘러싼 이야기는 도외시된 것 같다. 이 점을 유감스럽게 여길 독자들을 위해 몇 마디 쓰기로 하겠다.

요즘 우리나라 와인 업계의 흥미로운 일 중 하나는, 이른바

'와인바'라는 것이 점차 사라지고 있다는 것이다. 사실 이런 형태의 업종은 뭔가 문제가 있다고 봤다. 아무리 와인 자체가 훌륭한 알코올이라고는 해도, 그 자체만 갖고 음미하고 평을 하며 신격화시키는 일은 어찌보면 지나친 탐닉이 아닐까 싶다. 한때 교양의 일환으로 와인 마시는 법, 좋은 와인 고르는 법 등이 화두가 된 적도 있는데, 이것도 사실 우스운 일이다. 왜냐하면 와인은 음식문화와 떼려야 뗄 수 없기 때문에, 기왕에 와인을 배우고자 한다면 서양의 식사 예절이나 요리도 곁들여야 한다.

그러므로 최근에는 와인바 대신 작은 형태라도 이탈리아나 프렌치 요리 전문점이 나타나고 있고, 풀 코스가 힘들면 디저트 중심으로 전환하는 모습도 보인다. 또 많은 이자카야에서 정식으로 와인을 취급하고 있고 명품 소고기집에도 와인 리스트가 나오니, 이래저래 와인 문화가 달라지고 있다. 상당히 바람직한 일이라고 여겨진다.

이런 이자카야나 레스토랑에 가면, 당연히 와인용 음악이 나온다. 앞에서 말한 대로 와인을 마실 때 틀어주는 배경음악은 주로 클래식과 여성 보컬의 음악이 대부분이다. 가끔 칸초네나 샹송도 나오는데, 이는 상당히 신선한 느낌을 준다. 스파게티나 피자를 먹으면서, 키안티를 마시고, 밀바나 달리다를 듣는 것도 괜찮다. 프랑스식 레스토랑에서 풀코스 정식을 먹으며, 보르도 와인을 마시고, 아다모나 몽땅을 듣는 것보다 더 캐주얼하고, 또 신이 난다. 몸에 착 달라붙는 이탈리아 슈트를 입은 듯 폼도 난다.

칸초네하면 나폴리를 빼놓을 수 없다. 워낙 이곳을 방문하고 싶었던 차에 가볼 기회가 생겼는데, 사실 나폴리는 관광지로서는 최악이다. 얼마 전 전 세계에 충격을 준 〈고모라〉라는 영화도 있었지만, 이 지역의 마피아는 시칠리아보다 더 지독하고 잔인하다. 일체의 동정심이라고는 없다. 당연히 밤에 혼자 야경투어를 한다고 나폴리의 뒷골목을 다니다간 쥐도 새도 모르게 가는 수가 있다. 또 빨래의 도시로 악명이 높을 정도로 정리가 되어 있지 않다. 스파카 나폴리와 같은 구시가를 걷다보면 하늘에 온통 빨래가 '나폴'거린다(그래서 나폴리인가?). 가만히 바라보고 있으면 정신이 다 혼미해질 지경이다. 여기에 최근에는 쓰레기의 도시라는 별명이 더해졌다. 쓰레기 처리를 담당하던 마피아가 손을 놓는 바람에 도시 여기저기에 쓰레기 더미가 가득 쌓여 붙은 별명이다.

이러저러한 우중충한 단점들이 있는 도시이기도 하지만, 피자의 발생지이자 다양한 문화가 녹아있는 나폴리가 칸초네에도 큰 비중을 차지하고 있다는 점을 생각하면 조금은 좋아지게 될 것 같다. 내가 바로 그런 심정이었으니 말이다. 이렇게 낡고, 거칠고, 혼잡한 도시에서 애절하고, 정감이 풍부한 음악이 만들어졌다는 것은, 다시 말해 뉴올리언스에서 재즈가 발생한 것이나, 리버풀에서 비틀즈가 나온 것과 비슷한 맥락이라고 할 수 있다.

칸초네는 본래 이탈리아 곳곳에서 발생한 일종의 민요와 같은 음악이었다. 그중 나폴리는 변천이 심한 굴곡진 역사를 가진데다가 예로부터 동서양의 교류가 많아, 뭔가 애절하고 감상적인 톤의 칸초네가 많다. 그래서 이를 특별히 '칸초네 나폴레타나'고 부르는데, 여기엔 두 가지 특징이 있다. 하나는 표준적인 이탈리아어로 부르지 않고 나폴리 사투리로 부른다는 점과 18세기에 등장한 벨칸토 창법의 지대한 영향을 받았다는 점이다.

이런 특징까지 기억하기 어렵다면 〈오 솔레미오〉나 〈돌아와요 소렌토로〉와 같은 음악을 들으면 나폴리의 칸초네가 어떤 것인지 자연스럽게 떠올릴 수 있을 것이다. 내 기준에서는 나폴리가 왜 세계 4대 미항에 속하는지는 의문이지만, 칸초네와 더불어 떠올린다면 그 어떤 항구보다 커다란 존재감을 가진 도시로 다가오는 것도 사실이다. 아쉽게도 요즘의 칸초네는 그 중심이 나폴리가 아니다. 보다 밝고 명랑한 로마의 칸초네나 북부의 산레모를 중심으로 한 새롭고, 신선한 칸초네가 더 각광받고 있는 추세이다. 하지만 유행에 신경 쓰지 말고 와인의 산지에 따라 칸초네도 다양하게 즐기는 것이 좋을 듯싶다.

다시 처음으로 돌아가자. 위에서 나는 위스키에 어울리는 음악, 와인에 어울리는 음악으로 나누기도 했지만 굳이 술에 따라 듣는 음악을 나눌 필요는 없다. 다만 조금만 신경을 쓴다면 술맛도 깊어지고, 음악도 재미있게 다가온다고 생각할 뿐이다. 그런 면에서 각자 자신만의 술과 음악의 관계도를 만들어보는 것은 어떨까.

술 과   여 행 이 야 기

*Stony Jones
travel*

외국인과 식사할 때 가장 곤란 것이 술이다. 뭘 시켜야 할지 고민이다.
와인? 그리 나쁘지 않지만 종류가 한정되어 있어서 난처하다.
맥주? 우리 맥주는 기본적으로 약간 싱거워서
유럽인들의 입맛에는 맞지 않는다.
이럴 때 바로 소맥이 필요한 것이다.

travel

위아더월드
소맥 레시피

만일 비욘 뱅트손을 한 번이라도 본다면, 결코 잊히지 않을 외모로 큰 인상을 받을 것이다. 미남인 그는 무엇보다 수염을 멋지게 기른데다가 어깨까지 축 늘어지는 '전지현 헤어스타일'을 하고 있어서, 멀리서도 비욘임을 알 수 있다. 게다가 주위를 환하게 만드는 미소도 갖고 있어서, 그와 대화를 나누면 괜히 기분이 좋아진다.

그는 N케이블 회사의 마케팅 담당자이다. 직책 덕분인지 그는 수도 없이 여행을 다닌다. N케이블이 관계하는 전 세계 많은 나라들의 수입상이며 딜러들을 방문해서 신제품 정보나 제품 판매 현황 등 체크해야 할 일이 한두 가지가 아니기 때문이다. 여행을 굉장히 좋아하는 나로서는 부러운 직업이 아닐 수 없다. 그와는 해외 오디오 쇼에서 여러 번 대면한 적이 있으므로, 서로 얼굴을 알고 있던 상태였다. 그런데 그와 관계하는 D수입사에서 이번에 그가 방한했으니 식사나 하지 않겠냐는 연락이 왔기에 흔쾌히 승낙하고 약속 장소로 갔다.

대개 해외의 오디오 쇼에서 미팅을 하면 만나는 곳이 정해져 있다. 뮌헨에서는 라츠켈러나 호프브로이 같은 커다란 호프집이 자주 선택되고, 라스베이거스에선 베네시안 호텔 내의 이탈리아나 프랑스 레스토랑이 리스트에 오른다. 이런 곳의 메뉴라는 것이 어느 정도 뻔해서, 주로 맥주나 와인을 시켜서 스테이크나 소시지 등을 곁들여 대화를 나눈다. 파스타와 피자도 빠질 수 없다. 그런 대로 무난한 선택이다.

그러나 무대가 한국으로 바뀌면 참 난감해진다. 한국을 처음으로 방문한 외국인이라면 강남의 고깃집이나 한정식집 등으로 모시면 좋다. 그러나 그런 곳에 이미 서너 번, 많게는 열 번 이상 들락거린 이라면 갖은 꾀를 다 짜내야만 한다. 인터넷에 들어가서 맛집 코너를 살피는가 하면, 주변에 자문도 구한다. 아예 집으로 초대하는 경우도 있다. 게다가 방한 일정이 하루 이틀이면 괜찮지만, 사나흘로 이어지면 뭔가 이벤트가 필요해진다. 고궁이나 민속촌도 한계가 있다. 영화관에 데려갈 수도 없다. 그래서 어떤 수입사는 손님과 함께 낚시를 떠난 적도 있고, 설악산에 등산을 간 적도 있다고 한다. 어떤 사장은 국립중앙박물관을 수없이 다녀왔다고 하니, 그 심정이 이해가 된다. 관광입국을 표방하는 한국이지만, 현실을 살펴보면 정말 외국인 친구에게 어디를 소개해야 할지 난감해질 때가 한두 번이 아니다.

과연 약속된 레스토랑에 갔더니, 벌써부터 D수입사의 L사장, 일명 식신이라고 불리는 이의 표정이 밝지 않다. 비욘은 한국이 벌써 다섯 번째 방문이라고 한다. 어지간한 곳은 모두 데려가서 이번에는 무엇으로 기쁘게 해줘야 할지 도무지 답이 나오지 않은 모양이다. 그래서 무슨 아이디어가 없을까 고민하다가 나에게 도움을 요청한 것이다. 우리끼리 이런저런 의견을 내놨지만 뭐 뾰족한 수가 없다. 그때 TV에서 뉴스가 나왔다. 단풍놀이에 관한 것이었다. 때는 11월 초. 이미 설악산엔 눈이 내리고 있지만, 남쪽이라면 괜찮다. 마침 내장산이 절정의 단풍 시즌이라고 한다.

내장산이라면 근처에 군산도 있고, 전주도 있다. 전주 하면 또 먹을거리의 본고장이 아닌가. 비빔밥과 콩나물 국밥과 같은 한정식이며, 비욘이 좋아할 만한 메뉴들이 득실거린다. 좋다. 일사천리로 계획표가 세워졌다. 다음날 일찍 만나서 서해대교를 타고 군산에 가서 회를 먹다가 전주로 가서 한정식을 저녁으로 한 뒤 함께 1박을 하고, 이튿날에는 내장산에 가서 단풍을 즐기다가 백양사로 간다. 그곳은 민물 매운탕이 넘쳐나니 점심으로 먹고, 저녁은 오는 길에 생각나는 곳으로 가자. 어찌보면 우리만 좋은 식도락 코스지만 다행히 비욘은 한국 음식을 좋아했다. 젓가락질도 잘하고, 국물도 잘 먹으며, 심지어 고추장에 고추를 찍어서 우걱우걱 맛있게 먹는다. 식사 중에 이런 계획을 말했더니 비욘의 입이 떡 벌어진다. 엄지손가락을 추켜세우며, 잔뜩 기대를 한다. 식신과 나 역시 괜히 어깨를 으쓱이게 된다. 굿 아이디어!

사실 비욘과 이야기를 나누고 있으면, 백과사전이 따로 없을 정도로 다양한 분야에 있어 막힘없는 정보를 자랑한다. 방문 지역의 역사나 정치 등은 기본이고, 음식이나 와인 등에 통달했다. 이번 방한만 하더라도, 베트남과 중국을 거친 뒤 한국을 지나 마지막 목적지가 일본일 정도로 아시아통이다. 이후 보스턴 본사에 돌아가 출장과 관련한 보고를 하고 이후 CES 준비를 위해 라스베이거스로 떠난다고 한다. 문득 제임스 본드가 생각났다. 브리프 케이스 안에 살상 무기가 아닌 중요한 케이블과 설명서가 들어있는 것만 다를 뿐.

외국인과 식사할 때 가장 곤란한 것이 바로 술이다. 상대가 술을 마다하는 사람이라면 문제가 없겠지만, 어차피 반은 비즈니스이고, 또 반은 놀이이기 때문에 약간의 알코올은 필수다. 그런데 대체 뭘 시켜서 마셔야 하는 것일까? 와인? 그리 나쁘지 않지만 종류가 한정되어 있어서 조금 난처하다. 그렇다고 맥주로 마시자니 어딘지 개운하지 않다. 우리 맥주는 기본적으로 약간 싱거운 편이어서 유럽 사람들의 입맛에는 어울리지 않기 때문이다. 이때 나의 파트너 식신이 제안을 한다. 바로 소맥이었다! 그러니까 맥주와 소주를 적절하게 섞어 마시자는 것인데, 여기엔 나름대로 노하우가 있다. 간단히 정리하자면 다음과 같다.

소주와 맥주의 비율이 중요하다
- 소주잔의 7할 정도를 소주로 채워서 맥주잔에 따른다.
- 그리고 전체의 8할 정도가 채워지도록 맥주를 붙는다.

얼음이 필요하다

- 얼음 하나를 꺼내서 약 20초 이상을 휘젓는다.
- 그리고 이 얼음은 그대로 버린다.
- 다음 잔에는 새 얼음을 꺼내서 사용한다.

개인적으로는 '카스(Cass)' 맥주와 '처음처럼' 소주의 조합을 선호한다. 이것은 순전히 개인 취향이다. 나는 소주는 별 상관이 없지만 맥주는 꼭 카스여야 한다. 왜 그렇게 이 제품에 연연하는지는 모르겠으나, 아무래도 맛과 관련이 있지 않을까 싶다. 그리고 얼음으로 말하면, 이상하게 한 번 쓴 얼음을 다시 사용하면 맛이 나지 않으므로 무조건 한 번 쓰고 버려야 한다. 원칙 중의 원칙이다.

여기서 내가 선호하는 카스 맥주를 이야기하려면 OB 맥주의 역사와 잠시 등장했던 진로-쿠어스 연합 세력, 하이트(HITE)의 등장 등 한국 맥주 역사의 여러 가지 사건을 짚고 넘어가야 한다. 1980년대만 해도 OB의 시장 점유율은 무려 70퍼센트에 육박했

ⓒOB blue

다. 한데 1994년에 하이트가 출시되면서 그 형세가 역전, 처음으로 50퍼센트 이하의 점유율을 맞이하게 된다. 이후 1999년에 진로-쿠어스를 인수하면서 덩달아 카스도 잡게 되었다. 바로 이 녀석이 효자 종목이 되어 드디어 2000년에 51퍼센트의 점유율을 확보하면서 OB는 잃어버린 자존심을 확보하게 된다. 카스 특유의 달콤한 맛은, 제조 과정에서 쌀을 넣기 때문이다. 버드와이저도 이 기법을 쓰고 있다. 이런 달달한 맛을 별로 좋아하지 않은 분들은 카스를 내켜하지 않지만, 적어도 소맥의 제조에 있어서는 상당히 좋은 맛을 내는 비기의 술이라고 할 수 있다. 어쨌든 이상의 조리법으로 등장한 소맥은 다행히 비욘의 입맛을 사로잡았다.

다음날 우리는 눈앞에 어른거리는 각종 요리를 열거하면서 승용차에 올랐다. 총 인원은 D수입사의 식신을 비롯해서 이 회사 직원인 J군과 나, 그리고 비욘 4명이었다. 그런데 때는 늦가을이었고 게다가 토요일 오후였다. 도로가 한산할 리 없었다. 서울을 겨우 빠져나가니 이미 오후 4시가 훌쩍 넘어가버렸다. 결국 군산에 들러 회를 먹기로 한 계획을 수정하여 바로 전주로 차를 돌렸다. 그러나 전주에 도착했을 때는 이미 8시가 넘은 시각이라 저녁을 먹기 위한 한정식 집을 찾기엔 너무 늦은 시간이었다. 결국 어쩔 수 없이 아중리 지역의 한 고깃집에 들어갈 수밖에 없었다. 술은 어제 마셨던 소맥이 다시 등장했다. 그렇게 아쉬운 접대의 밤이 지나갔다.

이튿날 아침에는 일행들이 모이자마자 곧장 콩나물 국밥으로 유명한 '삼백집'으로 갔다. 일행 누구보다도 비욘의 입맛에 맞지 않으면 어떻게 하나 싶어 걱정을 했는데 다행히 비욘이 한 그릇을 쉽게 비워냈다. 이런 자리에서는 모주 한 잔이 빠질 수 없다. 모주는 막걸리에 여러 가지 약재를 섞어서 끓인 음료인데 지역에 따라 제조법에 따라 맛이 다르다. 이 모주가 아침부터 비욘의 입맛을 사로잡았다. 그 자리에서 거푸 두 잔이나 마셨을 뿐 아니라, 나중에 서울에 와서도 그 술 이름이 뭔지 재차 물었을 정도였으니 반해도 크게 반했던 모양이다. 그러고 보니 요즘 막걸리가 새롭게 각광받고 있다. 1차를 막걸리로 시작하는 모임도 많이 생겼다. 예전과 달리 요즘 막걸리는 아침에도 뒤끝이 좋다고 한다. 나는 막걸리에 얽힌 악연이 너무 많아 그다지 입에 대지 않지만, 막걸리를 활용한 모주는 조금 마시는 편이다. 특히 술 마신 다음날 마시는 모주에는, 뭔가 지친 속을 풀고, 마음을 평온하게 하는 부드러움이 있다. 뿐만 아니라 모주는 원기도 북돋워준다. 콩나물국밥과 모주로 포만감 넘치는 아침을 하고 관광을 시작할 준비를 제대로 했다.

내장산 입구에 다다르니 과연 여기서 내려다보는 풍경은 뭔가 색다른 맛이 있었다. 빽빽한 산림이 모두 화려하게 옷을 갈아입고, 눈부신 가을 햇살을 받아 환히 웃고 있었다. 1년에 딱 한 번, 자연이 커다란 변신을 하는 순간이다. 그 아름다움에 비욘도 잠시 넋을 잃은 듯했다. 이렇게 산길을 오르면서 서너 번 정차해서 몰래 설명을 듣고, 사진을 찍었다. 하지만 우리의 산하는 생각

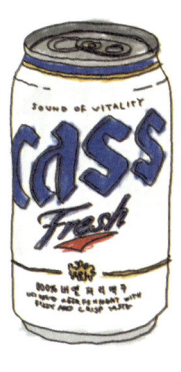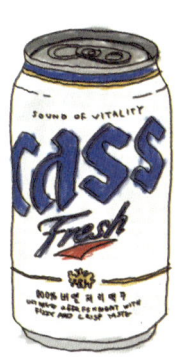

만큼 아주 큰 편이 아니다. 그래서 조금 보다보면 심드렁해지기 쉽다. 작고 아담하고 수려하지만, 여기에 뭔가 하나를 더 얹어야 한다. 그래서 산사가 필요한 모양이다. 하여 그다음 코스가 백양사가 아니겠는가.

이윽고 내장산 정상에 올라가 보니 주차장이 보인다. 주차를 하고 나오니 주변에 장승이 가득하고, 원숭이를 데리고 물건을 파는 장사치도 보인다. 문득 어딘가에서는 흥겨운 음악에 맞추어 여장을 한 남자가 신나게 춤을 추고 있었다. 몇몇 손님들이 일어서서 춤을 추거나 박수를 치며 흥을 돋운다. 역시 비욘을 발견하더니 무대에 오르라고 난리다. 나도 좀 부추겼더니 그의 얼굴이 붉어진다. 공연이 끝난 뒤에는 엿을 팔기 시작했다.

"엿판에 끼었으면 엿을 사야지."

어디선가 훈수 두는 소리에 뒤를 돌아보니 간이음식점이 나온다. 식신의 표정이 변한다. 훈훈하게 김이 피어오르는 그릴이 보이는 게 아닌가. 뭔가 올려서 활활 구워주세요, 라며 손짓하는 듯하다. 식신이 급히 달려가 양념삼겹살을 만원어치를 시키자, 푸짐하게 고깃덩어리가 올려진다. 과연 이런 맑은 공기에서 굽는 삼겹살엔 특별한 묘미가 있다. 칡으로 만든 술도 한두 잔씩 걸치고, 고기를 먹고, 공연을 구경했다. 잠깐이지만 초보 관광객이 되어 기분이 풀어진다. 비욘도 사진을 찍으며 흥미로워 했다. 고기 맛에 대해선 엄지손가락을 추켜세운다.

그다음 코스는 백양사. 그러나 초입부터 잔뜩 차들이 들어차 있다. 꼼짝할 기미가 보이지 않는다. 그리 멀지 않으면 도보로 갈까 했더니 꿈도 꾸지 말라고 한다. 산과 절, 이 완벽한 조합에서 하나는 포기해야 한다니 한숨이 나왔다. 과연 우리나라는 땅은 좁고 인구는 많다는 사실을 새삼 실감한다. 한정식과 내장산과 백양사가 어우러진 꿈은 이런 식으로 처참하게 무산된다.

결국 그냥 서울로 갑시다. 이렇게 합의를 하고 힘없이 고속도로를 탔는데, 다시 악몽은 시작되었다. 올라가는 길, 때는 일요일 오후. 도로가 무사할 리 없다. 역시 주차장이었다. 게다가 비까지 내리니 속도를 내기란 여간 어려운 일이 아니었다.

겨우 8시쯤 서울에 도착해 허겁지겁 예약한 식당에 갔다. 식신이 즐겨 찾는 양고기 전문점으로, 거의 냄새가 나지 않은 양을 구워먹을 수 있는 곳이다. 여기서도 또 술은 소맥. 그렇다. 비욘에게 소주를 먹일 수도 없고, 맥주를 먹일 수도 없다. 적당한 타협이다. 모주는 없냐고 그가 묻지만 여기는 전주가 아니다. 쏘리. 그런데 비욘은 이 맛도 괜찮은지 식신의 제조법을 칭찬한다. 어느새 식신의 손은 '매직 핸드'가 되었고, 그가 만든 소맥은 '매직 비어'가 되었다. 앞으로 다시 만나면 그의 입에서 모주와 매직 비어 두 단어 튀어나올 것만 같다.

하루 종일 차에 갇혀 있다가 식사 때 소맥을 마신 게 전부인 1박 2일의 관광. 어쩌면 우리의 삶은 이런 식으로 여기저기 흩뿌려져서 아무 의미 없이 낭비되는 것은 아닐까 하는 생각이 들었다. 왜 우리는 늘 쫓기고, 두서없이 하루하루를 보내고, 이런 식으로 엄청나게 시간을 허비하는 것일까? 굳이 시스템이니 뭐니 거창한 개념을 꺼내지 않더라도, 자연스럽게 몸으로 다가오는 진실이다. 피할 도리가 없으니 에라 모르겠다. 술밖에 답이 없는 현실이다.

잔뜩 지친 비욘을 보내면서 문득 그가 독신이라는 것을 깨달았다. 그러고 보니 친분이 두터운 오디오 마케터들 중에는 독신이 많았다. 어쩌면 이런 삶은 싱글이 아니면 안 되는 것인지도 모른다. 1년의 반을 해외로 나도는 사람에게 정상적인 가정이 쉽지 않을 것이다.

나 역시 독신이다. 그래서 틈만 나면 여행을 꿈꾸고, 낯선 도시를 헤집고 다니는지도 모르겠다. 호텔로 돌아가는 그의 뒷모습이 오늘따라 왜 이리 외로워 보이는지 모르겠다. 집 앞 포장마차라도 들러 나만의 제조법으로 소맥이나 몇 잔 마셔야겠다는 생각이 문득 찾아온다.

뜨거운 탕에 몸을 담그고,
 천천히 사케를 마시는 것이야말로 최고의 음주 행위다.
 안주도 없이 마시는 데에도 더없이 감미로웠고,
  혀에 척척 감길 뿐 아니라
몸이 후끈 달아오르는 맛이 그야 말로 일품이다.

travel

노천탕 속 사케의
감미로운 속살

비가 내리는 쌀쌀한 오후, 뜨거운 노천탕에 들어간다. 코끝이 찡할 만큼 춥고, 머리에는 차가운 물기가 가득하지만, 목 아래부터는 금세 붉게 달아오른다. 그러나 목 위부터는 춥기 때문에 두뇌는 혼란에 가득 싸인다. 대체 춥거나 혹은 덥거나 둘 중의 하나의 신호를 보내야 신체 메커니즘이 올바로 반응할 텐데, 이런 이율배반적인 상황 아래에서 우리 몸은 당황스럽기만 하다. 그러나 시간이 조금 지나자 서서히 눈앞에서 펼쳐진 아름다운 풍경에 마음이 평온해진다.

지금 나는 호텔 옥상에 있는 노천탕에 몸을 담그고 있다. 손에는 이미 탕에 푹 담구어 놓아 적당한 온기가 배인 작은 게케이칸(月桂冠) 사케가 들려 있다. 사케를 한 잔 마시면서 밑을 내려다보면 꿈꾸듯 드넓은 바다가 펼쳐져 있다. '지금 나는 어디에 있는가? 라는 질문을 스스로에게 던져보지만 취한 머릿속은 웅얼웅얼 뚜렷한 실마리를 잡지 못한다. 나는 서서히 눈을 감고 취기에 몸을 맡겨본다.

한해의 마무리를 일본의 노천탕에서 보내지 않겠냐는 L사장의 유혹은 확실히 달콤했다. 때는 12월 말로 크리스마스의 열기가 가라앉고 차분히 새해를 맞이하는 순간이었다. 어차피 남아도는 것은 시간이었으니 흔쾌히 L사장의 제안을 수락했다. 더구나 약간의 취재를 곁들인 여행이기에, 그냥 술 마시고, 밥 먹는 여행과는 차원이 다를 것이라는 생각도 있었다. 이번 목적지는 오이타 현으로 유명한 온천 도시 벳푸를 비롯해, 유후인, 오이타 등이 몰려 있는 남쪽 큐슈 지방의 작은 현이었다. 비행기라고 해야 1시간이 조금 넘으면 도착하는 거리로 쉽게 말해 엎어지면 코 닿을 정도의 위치였다. 뜨끈한 온천에 사케라는 로망까지 넘치는 곳, 마다할 이유가 없었다.

오이타 현 하면 가장 먼저 떠오르는 도시가 벳푸다. 벳푸는 온천의 천국이라 할 만큼 다양한 온천이 있으며, 그중 8개의 코스로 구성된 지옥탕 순례는 벳푸 여행의 백미로 꼽을 수 있다. 도착하자마자 우리 일행은 지옥탕 순례 코스를 돌았다. 산 지옥, 바다 지옥, 붉은 지옥, 하얀 연못 지옥 등 특색 있게 꾸민 것도 재미있지만, 여기를 와야만 살 수 있는 특산물이 즐비한 것도 쇼핑 충동을 일게 만들었다.

지옥탕 순례를 관람한 뒤에는 호텔에 가서 짐을 내려놓고 잠

시 시내 관광에 나섰다. 지방도시답게 역 앞의 광장과 상가가 중심지의 전부이고, 나머지는 주택과 온천 정도였다. 고층 건물이라고 해봐야 백화점 정도일 정도로 한산하지만, 구석구석에 걸쳐 다양한 양식으로 지어진 건물들의 모습은 이제 아파트 단지 일변도로 획일화되어 어딜 가도 카메라를 들이댈 곳이 없어진 우리와 묘한 대조를 이루었다.

한데 이렇게 한적한 소도시가 밤이 오자 언제 그랬냐는 듯 모습을 바꾼다. 해가 지자 갑자기 도시가 깨어나며 불야성을 이루는 것이다. 특히 상가 근처에 밀집된 환락가의 규모나 수는 도저히 이곳이 소도시라는 사실이 믿어지지 않을 정도다. 일본의 노는 문화가 깊다는 것은 익히 알고 있지만, 솔직히 이 정도일 줄은 몰랐다. 각종 바나 라멘집, 이자카야 등이야 그렇지만, 건물 전체를 가득 메운 스낵바의 행렬은 기가 질리게 한다. 스낵바? 여긴 대체 뭐하는 곳인가?

일본 사람들은 이곳을 스나꾸(すなく)라고 부른다. 입장료는 한 사람당 3~4천 엔 정도로 입장료를 내면 한 시간 정도 놀 수 있다. 한 곳을 정해 들어가보니 내부에는 커다란 바가 있고, 테이블이 몇 개 있으며, 서빙을 하는 아가씨들이 있다. 바 너머로 가라오케 시설이 갖춰져 손님들이 가끔 마이크를 쥐고 폼을 잡기도 한다. 얼핏 보면 룸살롱과 비슷한 분위기인데, 룸이 없다는 것이 다르다.

돈을 지불하고, 자리를 잡았다. 그리고 무한대로 마실 수 있는 술부터 찾았다. 물론 이런 곳의 술이라고 해야 정체불명의 위스키지만, 여기에 얼음을 넣고, 물을 탄 미즈와리로 하면 그런 대로 마실 만하다.

　일본의 뒷골목을 돌아다니다보면, 참으로 다양한 형태의 술집들이 있다는 데에 놀란다. 일반적으로는 이자카야라고 해서 간단한 안주류와 사케, 맥주 등을 즐기는 곳이 많다. 또한 앞에서 이야기한 스나꾸도 있다. 그밖에 바 종류만 해도 어마어마하다. 그중에는 풀장을 갖춰 놓고 있어, 수영복을 빌려서 입고 들어가 술을 마시는 곳도 있다. 이 정도의 바에 가려면 몸매 관리는 필수지만, 일단 눈이 즐거워 어쩔 수 없이 배에 힘을 잔뜩 집어넣고 간다. SM 바라는 곳도 있어서, 사디스트-마조히스트 컨셉의 특수한 욕망을 드러내놓고 영업하는 곳도 있다. 이쪽에 관심이 있다면 한번 입장해보기를. 클럽으로 눈을 돌리면 입이 쩍 벌어질 정도다. 특히 회원제로 운영하는 곳에는 올누드의 아가씨들이 서빙하는 곳도 있다고 한다.

　그러나 우리와 같은 술꾼의 입장에서 제일 추천할 만한 곳은 역시 온천이다. 뜨거운 탕에 몸을 담그고, 천천히 사케를 마시는 것이야말로 최고의 음주 행위다. 반복하지만 사케-청주-정종-일본주-니혼슈는 모두 같은 술을 말한다. 혼란이 없기를 바란다.

　사케는 일본을 대표하는 술로, 쌀과 효모와 물만으로 만든다. 와인과도 같다. 하지만 지역에 따라 맛이 달라, 북쪽으로 가면 물이 좋고, 남쪽으로 가면 효모가 좋다. 중간에는 쌀이 좋은 지역이 있다. 물론 이 세 가지를 모두 최상급으로 해서 만들면 좋겠지만, 그것은 4번 타자들로 구성된 야구팀을 결성하는 것과 같다. 전적으로 밸런스를 잃어버린 술이 나온다. 그

래서 사케라는 것이 어렵기도 하고 또 마시는 재미도 있는 것이다.

　물론 사케를 다 데워 마시는 것은 아니다. 차게 해서 마셔도 좋은 술이 많다. 이런 술은 그 자체로 향이 풍부하고, 맛이 깊어서 열을 가했다간 밸런스가 왕창 무너져 버린다. 그러므로 약간 싼 가격대의 사케를 사다가 데워 마시는데, 그 온도가 온천물에 담그는 정도의 온도인 것이 적당하다. 나중에 청주를 데울 일이 있으면, 온천물의 온도를 염두에 둘 필요가 있다.

　다음날은 자는 둥 마는 둥하고, 유후인으로 향했다. 유후인은 벳푸보다 더 작은 시골이지만, 최근 이곳이 각광받고 있다고 한다. 유후인에 가서 놀란 것은, 사극 세트장에 온 것이 아닐까 싶을 만큼 완벽하게 과거의 건물들이 보존되어 있다는 점이다. 특히 100여 년 전쯤에 지어졌음직한 목조건물과 대정전으로 보이는 양식의 주택들은 이국적인 정서를 자아내기에 충분했고, 어떤 면에서 지금은 우리나라에서 사라진 과거의 풍경을 떠올리는 면도 많아 묘한 향수를 느끼게 했다.
　나는 온천 취재를 병행했으므로, 유후인에서 다양한 온천을 만날 수 있었다. 아예 택시를 하루 빌려서 다닌 덕에, 기사의 안내에 따라 관광지로 개발된 대규모 온천부터 동네 사람들이나 다닐 법한 온천에 이르기까지 다양한 형태를 만났다. 무척이나 조용한데다가 주변이 산으로 둘러싸인 만큼, 공기도 좋고, 나물도 다양하고 또 온천까지 많으니 한 일주일 푹 쉬어갔으면 하는 생각이 간절했다.

그중 한 곳은 직접 몸을 담가봐서 지금도 기억에 남는다. 꽤 큼지막한 연못 근처에 그냥 '아랫탕' 정도의 이름만 쓰인 이곳은, 탕이라고 해봐야 10명쯤 들어가면 다 찰 만큼 비좁았다. 그런데 한쪽 면이 훤하게 바깥과 연결되어 있어 바깥 경치에 넋을 잃게 한다. 그야말로 신선놀음이 따로 없었다. 게다가 동네 주민들을 상대로 장사를 하고 있었으므로 입장료도 없다. 맞아, 바로 저게 바로 내가 찾던 곳이야!

얼른 우리는 옷을 벗고 풍덩 탕 안에 들어갔다. 이때를 위해 인근 구멍가게에서 사온 청주를 꺼내서, 병째 탕에 넣어서 데웠다가 찔끔찔끔 마셨다. 정말로 감칠맛이 났다. 다시 한 번 이야기하지만 데워 먹는 사케는 약간 저렴한 녀석이 좋다. '월계관'이란 한자가 쓰인 게케이칸은, 우리로 치면 백화수복에 해당할 만큼 꽤 일반적인 청주다. 우리나라에서도 흔히 구할 수 있는 술이다. 역시 게케이칸은 데워야 맛이 있다. 안주도 없이 마시는 데에도 더없이 향이 감미로웠고, 척척 혀에 감길 뿐 아니라, 몸이 후끈 달아오르는 맛이 그야말로 일품이었다.

게케이칸이 처음 만들어진 것은 1637년의 일로, 무려 360여 년 전이다. 후시미라는 지방 도시에 지에몬 오쿠라라는 사람이 설립했는데, 순전히 이곳이 물이 좋았기 때문이라고 한다. 월계수로 만든 왕관이라는 뜻의 회사명을 지은 것은 1905년이었다. 이후 성장에 성장을 거듭해 세계 최대의 사케 메이커가 되었다. 심지어 1989년 미국 캘리포니아의 풀섬에도 공장을 지었는데, 이

때도 설립 이유가 역시 좋은 물 때문이었다고 한다. 게케이칸의 미국 버전은 캘리포니아산이다. 과연 후시미산과 비교했을 때 어떻게 맛이 다를까 상상해본다.

　신기하게도 이런 곳에 오면 시간이 천천히 흘러간다. 눈앞에 유유히 잔물결이 흐르는 호수가 펼쳐져서 그런 것일까? 아니면 노곤해진 몸과 마음 때문일까? 아무튼 사케를 몇 잔 쭉 들이키고 땀도 꽤 쏟았다고 생각했는데도 고작 30분이 흘렀을 뿐이었다. 게다가 꽤 술을 마셨지만, 결코 취하지 않았다. 마시자마자 땀으로 배출되었기 때문일까? 아무튼 이때 재미를 느꼈는지, 벳푸에 있는 숙소에 돌아왔을 땐 완전히 온천의 포로가 되고 말았다. 다음날부터는 겁도 없이 점심 때 라멘을 먹으면서 맥주 한 잔을 걸치며 대낮부터 발동을 걸었다. 이런 행동이 가능했던 것은 바로 온천 때문이다. 아무리 술에 취해도 탕에 몸을 담그면 금방 술에서 깨게 되니 일체 부담이 없었던 것이다. 마침 우리가 숙소로 삼은 호텔은 오이타 역 부근에 있었는데, 11층 옥상에 노천탕이 있었다. 유카타를 걸치고 올라가면 겨울 찬바람에 이내 몸을 부르르 떨게 되지만, 덕분에 평상시보다 더 뜨거운 욕탕이 몸을 담가도 별로 뜨겁게 느껴지지 않는다. 머리 부분이 춥기 때문일까?

　이제 마지막 날. 이때부터는 막가는 분위기가 조성됐다. 이미 환락가는 불야성을 이루고 있고, 적절한 취기에 몸이 달은 두 사람은 아무것도 거리낌이 없었다. 스나꾸와 이자카야를 전전하며 2차, 3차를 마다하지 않았다. 그리고 새벽이 다 되어서야 돌아왔다. L사장은 완전히 쓰러졌다. 코를 골며 자는 통에 도무지 잠을 이룰 수가 없다. 조금씩 취기가 가시며 정신이 명료해진다. 하는 수 없다. 3라운드를 마쳐야 할 때인 것이다.

다시 옥상에 있는 노천탕에 갔다. 서서히 태양이 떠오른다. 알몸으로 난간에 기대 서서히 기지개를 켜는 도시를 내려다본다. 문득 이 도시가 마음에 확 와 닿는다. 이 멋진 절경을 혼자 감상하기가 아깝다. 방으로 가서 L사장을 마구 깨운다.

"왜 이래, 형?"

L사장이 역정을 내지만, 10분만 시간을 내달라고 조른다. 하는 수 없이 그가 졸린 눈을 부릅뜨고 일어난다.

"그래도 마지막 의식은 해야 할 것 아냐?"

편의점에서 산 사케 작은 병을 집어 들었다. 그리고 우리는 함께 옥상으로 갔다. 마지막으로 푹 몸을 담그고, 적당히 데워진 사케를 병째 마셨다. 내가 한 모금 마시고 건네면 그가 한 모금 마시고 다시 내게 건네는 식이다. 이미 해는 떠올라 주위가 훤하다. 바깥에서 분주한 소리가 들린다. 곧 투숙객들이 몰아닥칠 상황이다.

그러나 점차 정신이 몽롱해진다. 조금 있으면 짐을 꾸려서 공항으로 가야 하는데, 이제 별로 시간이 없는데, 조금씩 나는 무너져갔다. 그리고 시간과 공간과 내 자신을 몽땅 잊어버리고 헛소리까지 했다. 지금 여기가 어디지? 난 뭐하고 있는 거야? 그래도 이 취기가 너무나 달콤하고, 유혹적이어서 습관적으로 다시 사케에 손을 뻗었다.

생맥주는 시간과의 싸움이다. 일정한 시간이 지나면 맛이 상한다.
생맥주는 잔에 따르는 기술 또한 중요하다.
일본에는 생맥주를 따르는 장인까지 있다.
하지만 뭐니뭐니 해도 생맥주를 가장 맛있게 먹을 수 있는 방법은
야구장에 가는 것이다.

travel
생맥주가 가장
맛있는 그곳

　　일본은 확실히 생맥주가 맛있다. 특정 가게를 지목할 필요도 없다. 그저 아무 호프집이나 식당에 들어가 생맥주 메뉴가 있다면 시키면 된다. 그뿐이다. 그만큼 그 맛을 믿을 만하다. 국내에서는 맥주회사에서 운영하는 직영점이나 특정 호프집을 찾아야만 제대로 된 생맥주를 즐길 수 있는 것과는 딴판이다. 그 비결은 과연 무엇일까?

　　이에 대해 크게 두 가지 사항을 지적할 필요가 있다. 첫 번째는 운송 문제다. 일본은 생맥주를 냉장차에 실어 운반하는 데 반해, 한국은 그냥 운반한다. 한여름이라면 이런 운반이 어떤 결과를 초래하는지에 대해 별다른 설명이 필요 없다. 두 번째는 포장 단위의 문제다. 일본은 1만 밀리리터 이하의 생맥주도 판매하는 반면, 한국에서는 기본 단위가 2만 밀리리터로 고정되어 있다. 생맥주는 '시간과의 싸움'이다. 일정한 시간이 지나면 상한다는 의미다. 가게에 따라서는 제시간에 팔지 못한 것을 내올 수도 있다.

생맥주를 잔에 따르는 기술 또한 중요하다. 예전에 일본 시부야에서는 생맥주 따르는 장인이 장안의 화제였다. 그 가게는 오로지 땅콩과 생맥주 두 가지 메뉴만 제공했는데도, 워낙 맥주를 따르는 기술이 좋아 손님이 끊이지 않았다. 얼마나 손님이 많았던지 바닥에는 손님들이 먹고 버린 땅콩 껍질이 수북할 정도였다. 이 장인이 은퇴하던 날에는 사회 각계각층의 저명인사들과 연예인들까지 두루두루 찾아와 장인의 노고에 감사를 표할 정도였다고 한다.

생맥주는 효모가 살아 있어서 이를 제대로 처리하면 상당한 맛을 낼 수 있다. 그러나 생맥주의 제조과정을 보면 모두 그런 것은 아닌 모양이다. 1970년대에 영국에서 생맥주 붐이 분 적이 있는데, 이때는 적당히 여과하고 저온살균한 다음 탄산가스를 주입한 생맥주를 팔았다. 가짜 생맥주였던 것이다. 하지만 이런 방법으로 생산한 생맥주는 꽤 인기가 높아 날개 달린 듯 팔렸다고 한다. 물론 정통주의자들은 격분했다.

생맥주와 가장 어울리고 맛있게 먹을 수 있는 공간은 역시 야구장이 아닐까 한다. 요즘에는 국내 야구장에서도 맥주를 팔지만, 90년대까지만 해도 이것은 꿈도 꿀 수 없었다. 야구에 미쳐 있었던 그 시절, 난 LG 트윈스를 응원하기 위해 잠실구장을 자주 찾았다. 하지만 밍밍한 기분으로 세 시간이 넘는 야구 경기를 관람한다는 것은 매우 싱거운 일이었다. 하여 일부 열성 팬들은 몰래 팩소주를 반입해서 마시기도 했다. 이 때문에 입구에서 경비원들이 소지품을 검사하는 진풍경도 벌어졌다. 취한 관중들이 경기장에서 농성하는가 하면, 그라운드에 이물질이나 화염병을 던지고 그것도 모자라 원정팀의 버스를 불사르는 일도 마다하지 않던 시절이었으니, 알코올 하면 눈을 부릅뜨고 관리하는 측의 입장도 이해할 만하다.

야구의 역사를 보면 맥주와 밀접한 관련이 있음에 놀라게 된다. 우리가 현재 자주 접하는 빅리그를 살펴보자. 1876년, 내셔널리그가 8개 팀으로 구성되어 창설되었을 때, 처음으로 미국 곳곳에 산재된 야구팀을 드디어 하나의 리그로 묶을 수 있었다. 이것이 현재 미국 메이저리그의 시작이다. 그런데 이 리그의 창시자들은 생각이 좀 묘했다. 야구라는 서민 운동을 좀 더 고급화하길 원했던 것이다. 테니스나 골프까지는 아니어도, 보다 고상한 프로 스포츠로 자리 잡기를 바랐던 것이다. 이런 까닭으로 이들은 관람료로 종전의 관람료인 25센트보다 두 배 높은 50센트를 받았고, 교회에 가야 하는 일요일엔 경기를 하지 않았으며, 무엇보다 구장에서 맥주 판매를 금지했다. 성실하고, 타의 모범이 되며, 경제력이 있는 중산층을 주요 관람객으로 끌어들이고자 했던 전략이었다. 어떤 얼빠진 친구가 이런 아이디어를 냈는지 모르지만, 당시에는 꽤나 설득력이 있는 생각이었다.

　하지만 맥주 생산을 주요 산업으로 삼고 있는 세인트루이스, 필라델피아, 신시내티 등의 시민들이 마음 편할 리 없었다. 맥주를 마시며 힘든 노동의 하루를 야구와 함께 풀려는 소박한 마음을 이런 식으로 유린당할 수는 없지 않은가. 이들이 원하는 것은 스트레스 해소지 결코 고상함이 아니었던 것이다. 결국 격분한 이들이 독립해서 아메리칸리그를 창설하게 되었다. 이들은 입장료를 원래대로 환원했고, 일요일 하루만 쉴 수 있는 많은 노동자들을 위해 주말 경기를 열었으며, 경기장 안에서 맥주를 팔았다. 그러고 보면 오늘날 메이저리그의 양대 리그를 구축하고 있는 아메리칸리그와 내셔널리그의 갈림길이 바로 이 맥주 판매에 있었던 셈이다.

　어쨌든 LG 트윈스다 뭐다 야구에 미쳐 있을 무렵, 일본이며 미국쪽 동향도 신경 쓰게 되었고, 당연히 그들처럼 야구장에서 맥주를 마시는 장면을 상상했다. 물론 TV를 보면서 늘어진 자세로 맥주를 마시는 것도 나름대로 재미는 있지만, 거기에는 운치나 로망은 없다. 역시 그라운드를 직접 보면서 선수들과 관중의 열기를 느끼면서 마셔야만, 진짜 맥주인 것이다.

　그런 차에 우연히 도쿄를 방문할 일이 있어서 잘됐다 싶은 생각에 도쿄돔에 갔다. 정말 무작정 갔다. 이제야 생맥주를 마시며 야구를 보게 됐다는 평소의 로망을 실현하게 된 것이다. 생전

처음 찾은 도쿄돔의 위용은 대단했다. SF 영화에나 나올 만큼의 크기에 주눅이 들어 처음에는 촌놈처럼 주위를 두리번거렸다. 바닥은 너무나 깔끔해 신발을 벗고 들어가야 하나 당황할 정도였다. 특히 천장을 덮은 돔이 주는 중압감이 상당해서, 어딘가 이색적인 공간에 들어온 느낌이 들었다. 야구가 아닌 뭔가 다른 용도를 위해 지어진 건물이라는 생각이 들었던 것이다. 얼마 전 SK 와이번스의 선수들이 아시안 시리즈를 위해 처음으로 도쿄돔을 방문하면서 상당한 쇼크를 받았다고 하는데, 그 말이 전혀 과장이 아니다.

내가 도쿄돔을 찾은 날 치러진 경기의 주인공은 도쿄 파이터스, 이른바 '니혼햄'이었다. 당시 도쿄돔 구장은 요미우리 자이언츠(이하 교진)과 니혼햄이 나눠 쓰고 있었으니, 이른바 홀짝 게임이나 다름없었다. 즉 운이 좋으면 교진, 나쁘면 햄이었다. 우리의 LG 트윈스와 두산 베어스를 생각하면 된다. 단, 이들은 리그가 달라, 두 팀이 이곳에서 만나려면 일본 시리즈 결승 경기 밖에는 없다. 그래도 어떤가? 교진이건 햄이건 나에게는 큰 관심거리가 아니었다. 나는 그저 당초 목적대로 먼지 하나 없는 청결한 돔 구장에 앉아 매점에서 사온 생맥주를 홀짝거리며 야구 경기를 보면 될 뿐이었다. 아! 이런 맛에 샐러리맨들이 퇴근하자마자 야구장으로 달려가는구나 실감이 났다. 쾌적하고, 여유 있는 분위기. 하긴 교진 전이라면 분위기는 달라지겠지만.

이렇게 야구 경기를 보며 생맥주를 마시고 있자니 문득 머릿

속에 떠오른 것이 무라카미 하루키였다. 정확히는 하루키가 자신이 어떻게 소설가가 되었는지에 대해 쓴 수필이 생각났다. 하루키는 작은 재즈카페를 운영하던 20대 중반 무렵에 앞으로 무얼 하고 살아야 하나 고심하면서 진구 구장에 갔다고 한다. 운영하던 재즈카페는 그럭저럭 궤도에 올랐지만, 마음속에서는 전혀 다른 것을 갈망하고 있었던 것이다. 당시의 진구 구장은 야쿠르트 스왈로스의 전용구장이었는데 작고 아담하지만 포근하며, 외야엔 잔디가 깔려 있어서 드러누울 수도 있는 구장이었다.

　하루키가 야쿠르트의 팬이 된 계기도 재미있다. 하루키는 고베 근방 출신이니 당연히 오릭스 버팔로스(한때 구대성 선수가 활약했던 구단이다)를 응원해야 하지만, 도쿄에 올라왔을 무렵엔 진구 구장 근처에 살고 있었으므로, 어쩔 수 없이, 혹은 자발적으로 팬이 된 모양이다. 지금도 그렇지만 당시의 야쿠르트는 인기도 없었고, 성적 또한 만년 꼴찌로 참담했다. 당연히 관중이 있을 리가 없었다. 그래도 오후에 외야 잔디에 드러누워 빈둥거리며 경기를 보는 것은 나름대로 운치가 있었던 모양이다. 하루키는 그즈음 외야로 긴 포물선을 그리며 날아오른 플라이 볼을 보면서 문득 소설가가 될까 하는 생각이 들었다고 하니 말이다. 그때의 생각으로 집에 와서 글을 쓰고 고치고, 여러 군데에 응모를 하다가 결국 작가가 된 것이다. 문득 이 돔 구장의 외야에 앉아 있는 내게도 홈런 볼이 온다면, 하루키처럼 작가의 길을 확실히 걸을 수 있겠다는 생각이 들었다. 불현듯 그런 생각이 드는 순간 이쪽으로 볼이 날아와 바로 좌석 앞부분에 꽂혔다. 깜짝 놀랐다. 우연치고는 기막히지만, 어떤 계시가 아닐까 하는 생각도 들었다.

만년 꼴찌 팀 야쿠르트도 기적적으로 1978년에 한 번 우승을 한 적이 있다. 이때의 감동을 하루키는 이렇게 표현하고 있다. "그해의 야쿠르트는 정말이지 속이 시원시원해지는 시합을 했다. 후나다가 교진전에서 날렸던 최후의 홈런이라던가, 힐튼이 일루에 헤드 슬라이딩했던 일이라던가, 우승 결정전에서 마쓰오카가 보여주었던 신들린 듯한 피칭, 고라쿠엔의 외야석 제일 윗 계단으로 날아간 매뉴얼의 홈런 등 지금도 그런 장면들을 하나하나 기억하고 있는데, 기억을 되살릴 때마다 뭉클뭉클한 감동이 되살아난다." 어지간한 야구팬이 아니면 감히 쓸 수 없는 문장이다. 이렇게 꼴찌를 헤매다가 우승했을 때의 기분이란, 가뭄에 내린 단비와 같지 않을까 싶다.

사춘기 시절에 다른 친구들처럼 야구, 그것도 고교 야구에 미치기는 했지만, 일본 야구는 문외한이었다. 어쩌다 오 사다하루나 장훈 선수의 소식을 듣는 게 고작이었다. 그러다 중학교 3학년 때에 일본에서 공부하다가 전학 온 친구를 짝으로 맞아들이게 되었다. 언론사에 있는 그의 부친이 도쿄에서 특파원을 몇 년 간 한 덕에 이 녀석도 일본 생활을 꽤 했던 것이다. 그러다가 귀국해서 빡빡한 입시 지옥으로 떨어졌으니 아무래도 문화적 충격 같은 것이 있을 것이다. 나는 담임선생님의 명으로 자연스럽게 그의 현지 적응을 돕는 도우미가 됐다. 당연히 틈나는 대로 그의 집을 방문하여 모자란 교과 과정을 돕고, 한국의 치열한 중학교 생활을 버텨내는 비결 등을 알려주었다. 한데 이 녀석의 방에는 일본에서 가져온 야구 잡지가 가득했다. 당시에는 교진의 인기가 대단해서 선수 생활의 마지막을 장식했던 오 사다하루와 장훈 선수의 사진이 가득했으므로, 페이지를 넘길 때마다 북받치는 흥분을 감출 수 없었다. 멋진 구장에 폼 나는 유니폼, 어마어마한 관중들. 당시 일본 야구는 엄청난 꿈의 세계였다.

이때부터 틈만 나면 일본 야구 정보를 수집하게 되었고 결국 한국, 미국, 일본 야구 모두를 아우르는, 상당히 시간이 많이 드는 취미를 갖게 되었다. 실제로 야구 게임을 한 번도 해보지 못한 주제에, 분에 넘치는 호사스러운 취미가 아니었나 싶기도 하다. 차라리 그 시간에 볼을 던지고, 배트를 휘둘렀다면 지금쯤 사회인 야구팀이라도 기웃거리지 않았을까? 하긴 운동에 별 소질이 없으니, 벤치에 앉아 주전자 심부름이나 했을지도 모르겠다.

최근에는 국내 프로 야구를 보기 위해 잠실에 간 적이 있다. 햇수로 치면 약 10년 만에 다시 잠실을 찾은 것이다. 마침 동행한 분들이 두산 베어스의 열렬 팬인 관계로, 두산 베어스와 한화 이글스가 경기하는 모습을 봤다. 잠실구장에 LG 트윈스가 없는 경기를 보는 것은 이때가 처음이다. 덕분에 경기 관람 대신 주변의 풍경을 보는 시간이 더 많았다.

그 풍경들을 보고 있자니 참 많이들 변했다는 생각이 들었다. 일단 예전처럼 선수나 감독을 향해 욕지거리를 하거나, 심판을 모욕하는 언사를 남발하는 주정꾼을 볼 수 없었다. 대신 응원 문화가 발전에 발전을 거듭해 단순히 치어리더의 율동을 감상하

는 수준에서 벗어나, 관람객 모두가 하나가 되어 공 하나하나에 울고 웃는 시스템이 완성되어 있었다. 단순히 박수를 치면 되는 게 아니었다. 틈만 나면 파도타기 응원이다 뭐다 해서 잠시도 그냥 놔두질 않았고, 관객 중 누구나 무대에 올라 깜짝 퍼포먼스도 펼쳤으므로 손으로 입을 모아 야유건 환호성이건 질러야 했다. 한 7회쯤 되니까 관람객 중 괜찮은 커플을 골라 일부러 키스를 시키는 일도 있었는데, 요즘 친구들은 겁도 없이 잘도 키스를 한다. 또 중간 중간 끝도 없이 경품 추첨이 이어졌으므로 연신 자신의 입장권 번호를 확인해야 했다. 여기에 가끔씩 날아오는 파울 플라이는 간담을 서늘하게 하니, 이래저래 지루하지 않았다. 하지만 곰곰이 생각해보면, 이런 행위들 대부분이 정적이면서 집중을 요하는 정신적인 스포츠인 야구라는 경기와는 좀 거리가 있다는 생각이 들었다.

일본에서도 야구를 볼 때 응원을 한다. 그러나 어디까지나 외야석 쪽에 진을 치고, 가볍게 박수 장단을 맞추거나 함성을 지르는 정도에서 그친다. 대부분은 혼자 와서 경기를 집중해서 본다. 여럿이 온다고 해도 별로 떠들지 않는다. 우리의 요란한 응원 문화와 비교하면 마치 도서관에서 경기를 보는 듯하지만, 아무래도 나는 이런 분위기가 좋다. 야구라는 운동 자체가 고도의 심리전과 수 읽기로 구성되어 있기 때문이다.

역시나 이날 가장 감격한 것은 맥주였다. 젊은 여성들이 당당하게 통을 어깨에 메고 생맥주를 팔고 있었다. 굉장히 신선한 장면이었다. 예전 같으면 상상도 할 수 없는 일이니 말이다. 예전에는 야구를 보며 적당한 음주를 즐기기 위해 얼마나 많은 관객들이 팩소주를 숨겨서 입장했는가? 맥주 덕분에 나는 일찍부터 술에 취해, 5회쯤 지나니까 경기고 뭐고 그냥 응원단장이 하라는 대로 박수도 치고, 자리에서 벌떡 일어나 야유를 보내는 처지가 되었다. 그냥 흠뻑 취해버린 것이다.

경기가 끝나고, 우리 일행은 인근 술집에 자리를 잡았다. 소리치고, 떠들고, 앉았다 일어났다 했더니 배가 무척이나 고팠다. 대충 음식을 시키고 나니, 옆자리의 친구 한 명이 내게 은근슬쩍 이렇게 물어왔다.

"참, 오늘 이긴 팀이 어디지?"

우리가 야구를 봤는지, 단순히 맥주를 마시기 위해 구장을 찾았는지, 혹은 응원한답시고 고래고래 소리를 지르며 스트레스를 날리려고 했는지 잘 모르겠지만, 어쨌든 재미있었다. TV에서 보는 야구 중계와는 격이 달라도 한참 다르니까 가끔 우울하거나, 심심할 때 일부러 야구장을 찾아보는 것도 좋다. 자기가 응원하는 팀이 지더라도 본전 생각은 나지 않을 것이다. 거기에 생맥주와 함께라면 정말 금상첨화일 것이다.

샘 애덤스는 적당히 고상하면서 적당히 거칠다.
재즈로 치면 뉴욕을 근거로 한 하드 밥 정도라 하겠고,
옷으로 치면 포멀함과 캐주얼한 느낌을 동시에 간직하고 있는
부룩스 브라더스를 떠올리게 한다.

travel

재즈의 성지에서 마시는
샘 애덤스 한 병

"최고급 레스토랑에서 최고의 밴드가 연주하는 음악을 들으며 룰렛이나 바카라 같은 최고의 오락을 즐기고, 최고급 룸에 자면서 최상의 서비스를 받는다. 이곳은 인생을 윤택하게 해주는 모든 것이 갖춰져 있다. 호화롭지만, 결코 질리지 않지. 바로 호화 여객선을 떠올리게 하는 맛이야."

어떤 만화에 보면, 샤토 페트뤼스 1970년산을 마시고 이런 감상을 읊조리는 장면이 나온다. 이 정도 명주를 마셔본 적은 없지만 아마 마시게 된다면 이런 표현도 무색해질 만한 감동이 올 것만 같다. 만인이 칭송하는 명품에는 다 그럴 만한 이유와 역사가 있는 것이다.

그러나 꼭 명품 와인을 마셔야만 감동의 수준도 최고가 되는 것일까? 절대 그렇지 않다고 본다. 특정한 상황과 공간에서는 소주 한 잔도 눈물겹게 가슴을 채울 수 있고, 맥주 한 병도 영원히 잊지 못할 추억을 선사한다. 그런 점에서 술은 참 위대하다.

모든 술꾼이 그렇겠지만, 나도 이 수준에 버금가는 음주 체험을 한 적이 있다. 호화 여객선을 탄 것도 아니고, 샤토 페트뤼스도 등장하지 않는다. 그러나 그때 그 자리에서 마신 술은 세상 어디에다 내놓아도 결코 부럽지 않았다. 지금부터 그 이야기를 시작하겠다.

내가 언제부터 재즈에 흥미를 갖게 되었는지 확실치는 않다. 어린 시절로 거슬러 올라가면, 아무래도 지독한 영화광이었던 부친 덕분에 일찍 할리우드 고전영화를 접하고, 흑백 TV에서 본 많은 명작들의 배경에 재즈가 흐른 것이 오랜 기간 쌓이고 쌓여 자연스럽게 재즈라는 음악과 친숙해진 것은 아닐까 추측해본다. 물론 그에 따른 후유증도 있다. 예를 들어 금발의 미녀를 동경한다거나, 한 번도 가지 못한 뉴욕이나 LA가 마치 예전에 살던 곳처럼 다가온다거나, 알코올에 무방비 상태라는 점 등이다.

이런 까닭에 예전부터 꼭 가보고 싶었던 곳이 있다. 뉴욕 맨해튼에 소재한 빌리지 뱅가드(Village Vanguard, 이하 VV)라는 재즈클럽이다. 정식 주소는 55 East 52nd Street NYC 10055다. 물론 재즈의 성지인 뉴올리언스나 웨스트 코스트 재즈의 보고 LA, 혹은 샌프란시스코도 중요하고, 각 지역마다 유수의 클럽들이 산재해 있다. 그러나 현재 진행형으로 활발하게 신인들이 등장하고 또 새로운 유행을 만들어낸다는 점에서 뉴욕에 견줄 만한 도시가 없다. 그 핵심에 VV가 있다.

지구상에서 한겨울의 맨해튼만큼 멋진 정경을 선사하는 도시는 드물다. 안개가 몽실몽실 피어오르는 듯한 분위기 속에 고층 빌딩들이 줄지어 늘어선 모습은 가히 압권이다. 사진작가들이 연방 셔터를 눌러댈 만한 배경인 것이다. 겨울, 맨해튼, 흑백 사진, 재즈. 뭔가 아귀가 맞는 조합이 아닌가?

재즈사를 논할 때 클럽이 빠지지 않는 것은, 아무래도 클럽이 재즈 연주인들의 주요 활동 무대였기 때문이다. 사정은 지금도 마찬가지여서 미국에서는 미성년자 연주인이라도 무대에 오르는 경우에 한해 술집을 출입할 수 있다. 과거에 흑인이라고 해도 연주자라면 백인들만이 출입할 수 있던 술집에 들어올 수 있는 경우와 같은 셈이다. 그런데 모던재즈의 전성기였던 50~60년대만 해도 클럽의 분위기는 지금과 많이 달랐다. 마약이나 알코올, 매춘 등이 성행했을 뿐 아니라, 공공연한 입맞춤이나 포옹도 쉽게 볼 수 있었다. 이런 타락한 풍경은 일부 도덕주의자들의 원성을 샀는지, 재즈라고 하면 지금도 더럽고, 퇴폐적인 음악이라는 인상을 갖는 이들이 많다. 그런데 희한하게도 이 시절에 멋진 연주가 많은 것을 보면, 재즈에는 이런 퇴폐스러움이 조금은 가미되어야 하는 모양이다.

VV는 그 시절 맨해튼의 52번가에 몰려 있던 여러 명소 중 하나인데, 지금까지 그 자리를 지키고 있는 유일한 곳이라는 점이 약간 신화적인 느낌을 풍긴다. 카페 소사이어티(Cafe Society), 파이브 스폿(Five Spot), 버들랜드(Birdland), 로열루스트(Royal Roost) 등 재즈의 역사에 등장하는 많은 장소들이 지금은 모두 사라져버렸기 때문이다.

"내게 로망이 하나 있다면, VV에 가서 맥주 한 잔 하면서 라이브를 보는 것이다."

재즈를 좋아하면 이 정도의 생각이 드는 것은 당연하지 않은가? 하지만 내게 미국행이라는 티켓은 좀처럼 주어지지 않았다. 일정한 직업이 없고, 소득이 부실한 내게 미국 비자는 아무리 손을 뻗어도 닿을 수 없는 곳에 있었으므로, 미국에 갈 기회는 많았지만 번번이 무산되었다.

결국 무비자 협정이 체결되면 갈 수 있겠구나 체념했던 터에 기적처럼 구원의 손길이 내려왔다. 모 오디오 메이커에서 미국의 CES 쇼에 출품하는 것을 관계로, 내게 함께 가지 않겠냐는 제의가 온 것이다. 비자 문제는 어떡하냐고 되묻는데, 다행히도 여기서 모든 제반 서류와 보증을 서주었다. 이렇게 해 가까스로 미국행 비행기에 오를 수 있게 됐다. 사실 해외여행이라는 것은 나에게 그리 낯선 행위가 아님에도 불구하고, 이날만큼은 잠을 이루지 못했다. 돌이켜보면 내 삶의 상당 부분이 미국 문화에 의해 잠식되었다고 해도 과언이 아니다. 재즈는 물론 록 음악, 할리우드 영화, 하드보일드 추리소설, 버번위스키……. 그 리스트는 끝도 없다. 한데 미국 본토는커녕 괌조차도 가보지 못했으니, 그간 얼마나 갈증이 심했는지 이날 밤 새삼 느낄 수 있었다.

하지만 첫 번째 미국 방문에 대해선 별로 쓸 것이 없다. 왜냐하면 너무나 신기하고 재미있는 체험이 많아, 이 부분만 따로 떼어내서 써도 책 한 권 분량이 족히 나올 수 있기 때문이다.

하지만 여기서 꼭 언급하고 싶은 인연이 있는데 바로 이 방문을 통해 만나게 된 나의 오랜 친구, 해리다. 해리 덕분에 LA와 라스베이거스의 숨은 명소를 구경하면서 사무엘 애덤스, 일명 샘 애덤스라는 맥주를 알게 되었다. 사실 미국 맥주는 버드와이저를 비롯해 대부분 그 맛이 밍밍하고, 개성이 없다. 미국에서조차 고상한 취향이 있다고 하면 유럽 맥주를 찾는 게 일반적이다. 일본이나 우리나라에서나 벌어지는 똑같은 현상이 미국에서도 벌어지고 있는 것이다. 하지만 이들이 유럽산과 동격으로 취급하는 맥주가 딱 하나 있으니 그게 바로 샘 애덤스다. 아무래도 하버드와 레드삭스 팀이 있는 보스턴에서 제조된다는 점과 유럽식 공법으로 매우 향이 진하고, 강렬한 맛이 있다는 점이 이런 지위를 누리게 하지 않았나 싶다. 실제로 이 맥주는 국내에도 조금은 보급이 되었는데, 극단적으로 취향이 엇갈린다. 향이 진한 데다가 쓴맛도 약간 있어서, 자칫 잘못하면 맥주에 무슨 꿀을 넣은 것이 아닌가 싶을 정도다. 그런 면에서 무척이나 개성적인 잭 다니엘스를 연상케도 한다.

나는 바로 이런 개성을 높이 평가한다. 부드럽거나 깔끔하진 않지만, 이렇게 까칠까칠하면서 독특하게 삼키는 맛이 꼭 미국 동부의 이미지와 잘 어울리기 때문이다. 적당히 고상하면서 적당히 거칠다고나 할까? 재즈로 치면 뉴욕을 근거로 한 하드 밥(Hard Bop) 정도라 하겠고, 옷으로 치면 포멀함과 캐주얼한 느낌을 동시에 간직하고 있는 브룩스 브라더스(Brooks Brothers)를 떠올리게 한다. 최고의 술자리에 더없이 어울리는 맥주인 것이다.

사무엘 애덤스는 미국 독립의 영웅 중 한 명으로, 지금은 정치철학자로 불릴 만큼 미국 공화당의 원리 원칙을 세운 사람으로 유명하다. 1984년에 미국 최고의 맥주를 만들겠다는 포부 아래 보스턴에서 맥주 회사를 세운 짐 코치에게는 이만한 이름도 없었을 것이다. 사무엘 애덤스는 현재 350여 명의 직원을 둘 정도로 성공한 기업이 되었는데, 그것은 아마도 정통적인 장인 정신을 바탕으로 꼼꼼하게 제조한 덕분이 아닐까 한다.

개인적으로 이 회사에 매력을 가진 것은, 다품종 소량생산 시스템 때문이다. 말하자면 연평균 200만 배럴 이하의 생산량을 가진 회사임에도 불구하고, 라거나 라이트 외에 시즈널 비어(seasonal beer)라고 해서 사시사철 다채로운 맥주를 출시하는 한편 임페리얼이니 익스트림이니 하는 조금 거창한 콘셉트로 만든 제품도 갖추고 있다. 총 20개가 넘을 만한 제품군이라, 자연스럽게 이 모든 것을 마셔보고 싶다는 생각을 갖게 하는데, 그 점이 또 매니아적이라 하겠다.

VV를 방문한 것은 두 번째 미국 여행에서였다. 이번 여행은 단순히 놀러가는 게 아니라, 일을 하러간 만큼 시간적인 여유는 별로 없었다. 또 큰 기업체에서 일을 맡겼으므로, 아침부터 저녁까지 빡빡하게 스케줄이 짜여 있었다. 여느 샐러리맨들처럼 퇴근 후에야 시간이 나는 상황. 그런 가운데 혼자서 저 무시무시한 뉴욕의 지하철을 타고, VV에 가야 하는 과업이 주어진 것이다.

여기서 잠깐. 왜 뉴욕이 재즈의 수도냐는 의문을 가지는 독자들도 있을 법도 하다. 물론 뉴올리언스가 있지만, 이곳은 일종의 발생지다. 뉴올리언스는 지금도 딕시랜드 풍의 전통적인 재즈가 주류를 이루는, 이른바 관광지용 재즈를 한다. 늘 새롭고, 신선한 아이디어로 창조적인 뮤지션들이 클럽을 채우고 또 이런 음악을 녹음하는 레코드사가 몰려있는 곳은 지금도 뉴욕이다. 그래서 뉴욕을 재즈의 수도로 꼽는 것이다.

내가 묵었던 호텔만 해도 처음 체크인을 하고 들어설 때 흑인 직원이 방긋 웃으며 안내를 했는데, 라운지에 잔잔히 흐르고 있는 음악이 빅밴드 재즈였다. 혹시나 싶어 왔다갔다 로비를 지날 때마다 체크해보면 늘 재즈가 흐르고 있었다. 재미 삼아 지배인에게 이 도시에서 갈 만한 재즈클럽이 뭐가 있냐고 물어봤더니 줄줄이 리스트가 나온다. 아니, 오히려 반갑다는 듯 종이에 빼곡하게 이름이며 위치 등을 알려준다. 과연 재즈의 수도에 있는 호텔이 맞구나 실감했다.

모든 일이 그렇듯, 나도 마지막 날 밤이 되어서야 넉넉한 저녁 시간을 확보할 수 있었다. 그러므로 드디어 비키니 바의 유혹을 과감히 뿌리치고, 오랫동안 염원해온 VV 방문을 실현하는 거사를 치르기로 했다.

짐작은 했지만, VV는 역시 그리 크지 않다. 단, 구조가 독특해서 비좁은 무대를 중심으로 천천히 확성기처럼 공간이 커져 가는 구조여서, 이 삼각형 구조가 역으로 음향에는 좋은 역할을 하고 있다. VV를 배경으로 한 라이브 앨범이 유독 많은 것은 실은 이런 구조에 근거한다. 여기에도 사연이 있다. 1917년 도시 개발의 일환으로 맨해튼에 한참 지하철 공사가 한창일 때, 이 지역이 덜컥 떨어져 나갔다. 덕분에 코너에 있는 건물들은 삼각형 구조로 지을 수밖에 없었던 것이다. 또 이 클럽은 1935년 맥스 고든에 의해 오픈될 때, 재즈뿐 아니라 다양한 시인들이나 포크 뮤지션들이 활동할 수 있게도 했다. 이곳은 좌파 성향의 지식인들이 많이 다녀간 곳으로 유명하다. 그 전통이 지금까지 계승되어, 상당히 진보적이고 급진적인 재즈도 많이 수용하고 있는 것이다.

일단 자리를 잡고, 손님들의 면면을 살펴본다. 모두가 너무들 남다르다. 맨 앞은 '하버드의 공부벌레들'처럼 생긴 유태인 청년 몇 명이 차지하고 있다. 첫눈에 봐도 무척이나 머리가 좋고, 책벌레처럼 생겨먹었다. 옆쪽을 바라보니 나처럼 혼자 온 젊은이들이 눈에 띈다. 특히 생머리를 길게 기른 미인형의 여성이 눈에 들어온다. 그녀는 포켓북을 펼쳐 들고 열심히 독서 중이다.

내 뒤에는 필라델피아에서 온 노부부가 앉아 있다. 그들이 먼저 말을 걸어와 한동안 담소를 나눴는데, 부부 모두 재즈 애호가라고 한다. 그러면서 필라델피아에 와도 좋은 재즈클럽이 많다고 자랑이다. 참 부러운 일이다. 부부가 함께 재즈를 즐기니 음반 살 때 싸울 일도 없고, 뉴욕에 온 김에 VV나 가자고 권유해도 트러블이 없다. 그러면서 함께 늙어가는 모습이 정말로 보기 좋았다.

벽을 바라보니 그야말로 이곳을 거친 재즈 자이언트의 사진이 가득하다. 덱스터 고든, 찰스 밍거스, 엘빈 존스 등 참 그리운 이름들이다. 최근에 이곳에서 라이브 음반을 낸 조 로바노는 이렇게 말했다.

"이곳에서 녹음할 때면, 여기를 거친 재즈 거장들의 숨결을 느낄 수 있습니다."

그렇다. 롤린스, 콜트레인, 빌 에반스, 페퍼, 플래너건, 윈턴……. 참으로 많은 거인들이 여기를 배경으로 한 라이브 앨범을 발표했다. 몽크와 마일스는 따로 앨범을 내지 않았지만, 출연은 많이 했다. 나는 지금 이 전설적인 공간에 와 있는 것이다. 그리고 지금 저 구석의 탈의실에는 마담 로레인이 앉아 있을 것이다. 살아 있는 재즈계의 전설, 영원한 재즈 뮤지션의 보금자리.

로레인은 창업자 맥스의 부인으로, 그가 1989년에 타계한 이후에도 계속 자리를 지키고 있다. 그 사이 많은 명문 클럽들이 문을 닫거나 이전했지만, 그녀는 종교처럼 일주일에 6일씩 단 하루도 빠지지 않고 출근해서 뮤지션들을 관리하고, 클럽 안팎의 살림을 돌봤다. 뉴욕의 이름 좀 있다 하는 뮤지션치고 과연 그녀의 도움을 받지 않은 이가 있을까?

마침 종업원이 주문을 받으러 왔으므로, 기다렸다는 듯 샘 애덤스를 주문했다. 이어서 빅밴드가 무대에 올랐다. 조금씩 연주가 열기를 띨 무렵, 당연하게도 〈Take the A Train〉이 나왔다. 〈New York New York〉 〈New York State of Mine〉이라는 노래들 못지않게 이 도시를 대표하는 곡이다. 순간 눈시울이 뜨거워졌다.

돌이켜보면 나는 순탄하게 재즈를 즐겨오지 못했다. 늘 곤궁한 주머니 사정으로 음반 한 장 사는 것에도 노심초사했고, 혹 빠진 것이 없나 컬렉션을 살폈으며, 틈만 나면 클럽이며 공연장을 다녔다. 책도 여러 권 냈고, 라디오와 TV에도 출연한 적이 있다. 하지만 늘 허기가 졌고, 갈증이 났다. 돈이 궁할 땐 피를 팔듯 CD를 방출한 적도 있었다. 그렇게 지치고 낙담할 때 늘 나를 위로해준 것은 알코올과 재즈였다. 어찌 되었건 나는 결국 이 재즈의 성지에 왔고, 샘 애덤스를 마시고 있으며, 재즈음악을 듣고 있다. 너무나 늦게 왔지만, 이 정도면 만족할 만하지 않은가?

그렇다. 오늘은 나를 위한 날이다. 호화 여객선을 타고 페트뤼스를 마시는 것은 아니지만, 지금 이 순간만큼은 하나도 부럽지 않다. 마시자. 즐기자. 이런 날이 매일 오는 것도 아니지 않은가.

그렇게 음영이 깊고, 뒷맛이 상큼하며, 투명한 맥주는 처음이었다.
무엇보다 그 고상한 풍미는, 마치 잠깐이지만
유럽의 귀족이라도 된 듯한 착각을 불러일으켰다.

travel
처음으로 사랑했던 맥주,
하이네켄

록 뮤지션 중에 이단아로 손꼽히는 프랭크 자파(Frank Zappa)라는 인물이 있다. 독특한 콧수염을 기르고, 다소 기인 같은 행동을 마다하지 않는 사람이지만, 자기만의 음악적 콘셉트를 훌륭한 록으로 승화시킨 그의 재능은 과연 감탄할 만하다. 기타 솜씨도 일품이어서 초기에 내놓은 〈핫 랫츠〉나 〈프레이크 아웃〉에서는 그의 불꽃 튀는 연주를 감상할 수 있다. 그런 그가 언젠가 맥주에 대해 재미있는 코멘트를 했다.

"맥주와 항공회사가 없으면 진정한 국가라고 할 수 없다. 축구팀이나 핵무기가 있으면 좀 도움이 되겠지만, 그래도 기본은 맥주다."

국가의 성립 요건으로 맥주를 언급하고 있으니, 자파라는 사람 직접 만나보지 않아도 지독한 맥주광임을 알 수 있다. 이 친구, 혹시 잔뜩 맥주를 퍼마시고 질펀하게 늘어져서 레코딩을 하지는 않았을까 하는 의심도 든다. 그의 음반에는 음산한 마약 기운보다는 강력한 알코올 냄새가 진동하니까 말이다.

맥주가 지구촌 구석구석에 널리 퍼지게 된 요인은, 주재료가 되는 보리가 척박한 환경에서도 무럭무럭 잘 자란다는 점도 있지만, 그 포장에 있어서도 큰 메리트가 있었던 것은 아닐까 싶다. 맥주의 역사를 보면 19세기 중반에 이미 병에 담아 판매하기 시작했고, 1935년에 이미 캔맥주가 나왔다. 독특한 스냅형 마개는 1962년에 발명되었다.

사실 1980년대만 해도 캔맥주는 보기 드문 존재였다. 한여름에 찌는 햇살 아래 흠뻑 젖어서 캠퍼스를 걷다보면, 누군가 시원한 그늘에서 캔맥주를 마시는 풍경을 가끔 볼 수 있었는데, 어딘지 모르게 부르주아적인 느낌을 풍겼다. 부러운 장면이었다. 그런데 이미 미국에서는 반세기 전에 캔맥주를 즐겼다 하니 지금 생각해보면 맥이 탁 풀린다. 아무튼 사태가 이러니 뒤늦게 와인업계에서 캔에 담은 와인을 출시하고 있는 것도 충분히 이해가 간다.

맥주 하면 우리는 가장 먼저 독일을 연상한다. 과연 프랑스가 와인이면, 영국은 위스키고, 러시아는 보드카이며, 독일은 맥주고, 멕시코는 데킬라, 일본은 청주다. 일종의 국가 이미지로서 각각의 고유의 술들이 있는 모양이다. 그건 그렇고 맥주 특유의, 어딘지 모르게 쌉싸래하고, 쓴맛은 과연 어디에서 기원하는 것일까? 그것은 맥주의 주원료인 보리에서 기원하지 않는다. 바로 홉에 있다. 사실 맥주가 처음 만들어졌을 때엔 홉이란 존재가 없었다. 그냥 보리와 물과 효모를 사용했을 뿐이다. 그런데 홉을 사용하기 이전의 맥주는 만들고 나면 며칠 안에 마셔야만 했다. 쉽게 상했기 때문이다. 막걸리나 동동주처럼 발효주가 갖고 있는 치명적인 보존기간의 문제를 맥주 역시 안고 있었던 것이다. 또 이때의 맥주는 보리껍질 같은 것이 둥둥 떠 있고, 맛도 걸쭉해서 오늘날의 상쾌하고, 시원한 맥주와는 거리가 멀어도 한참 멀었다.

그런데 약 11세기 무렵 이런 맥주에 홉이 첨가되면서 맥주는 화려한 변신을 한다. 원래 홉은 일종의 약용 식물로 다뤄져 왔다. 그런데 맥주에 첨가되면서 특유의 씁쓸한 맛이 가미되었을 뿐 아니라, 획기적으로 보존기간이 늘어났다. 그야말로 맥주의 화려한 변신이 이뤄진 것이다. 이렇게 독일 지역에서 홉을 첨가한 맥주 제조법이 널리 퍼진 가운데, 영국에는 이런 제조법의 전파가 비교적 늦어 15세기쯤이 되어서야 정착이 됐다.

맥주의 화려한 변신에는 홉의 첨가뿐만이 아니라 효모 배양법도 빼놓을 수 없는 기여를 했다. 19세기 덴마크의 식물학자가 효모 배양법을 발견해서 본격적으로 맥주 제조에 도입했는데, 영국은 다음 세기에나 이 배양법을 도입할 정도로 늦었다. 하여 이래저래 대륙과 영국은 맥주의 맛도 다르고, 공법도 다르다. 그러므로 아무래도 맥주의 종주국으로 독일을 꼽는 것은 무리가 없어 보인다. 크게 보면 독일을 중심으로, 네덜란드, 벨기에, 덴마크, 체코, 오스트리아 등 중부 유럽 쪽을 맥주 생산의 주요 벨트라고 할 수 있다. 덕분에 하이네켄, 벡스, 스텔라 아르투아, 칼스버그, 뢰벤브로이, 버드와이저 등 우리가 이름만 대면 알 수 있는 명작들이 줄줄이 이 지역에서 나오고 있다. 그중에서 하이네켄 이야기를 하고자 한다.

처음 내가 하이네켄을 접한 것은 1980년대 무렵이다. 대학 시절에 친구 집에서 이 맥주를 처음 접했는데, 그야말로 충격이었다. 아마 거기엔 꽤나 유복했던 그 친구네 맨션의 넓은 거실이며, 호화로운 가구며, 외제 오디오 등이 겹쳐서 일종의 무대 효과가 더해진 듯도 싶지만, 꼭 그것들 때문이 아니더라도 그때 맛본 감각은 지금도 잊히지 않는다. 당시만 해도 밍밍한 국산 맥주나 차갑기만 한 생맥주만 마셨던 터라, 그렇게 음영이 깊고, 뒷맛이 상큼하며, 투명한 맥주는 처음이었다. 무엇보다 그 고상한 풍미는, 마치 잠깐이지만 유럽의 귀족이라도 된 듯한 착각을 불러일으켰다. 이게 바로 독일 맥주구나(실은 하이네켄은 네덜란드 맥주이다) 하며 감탄했던 기억이 새롭다. 이후 틈만 나면 하이네켄을 찾았고, 1990년에 처음 유럽을 방문했을 때에도 하이네켄을 즐겨 마셨다. 당시에 루프트한자를 타고 이동했는데, 기내 서비스 리스트에 하이네켄이 올랐을 때 얼마나 감격했는지 모른다. 누가 훔쳐가기라도 할까봐 얼른 두 병이나 주문했던 기억이 새롭다.

1980년대를 돌이켜보면 사회의 변화가 심했다. 88올림픽이며, 6.29 선언이며, 민선 대통령의 등장 등 꽤 굵직굵직한 사건이 많았지만, 경제력도 엄청 상승해서, 맥주 역시 이에 걸맞게 상당한 속도로 보급되었다. 그중 하나가 바로 수입 맥주의 등장이다. 구체적으로 어떤 경로로 수입 맥주가 우리 손에 들어왔는지는 분명치 않은데, 아마 미군 PX를 통해 흘러 들어왔을 가능성이 크다. 당시에는 남대문이나 이태원에 가면 수입 맥주를 조금씩 구할 수 있었는데, 그중 제일 인기 있던 것이 하이네켄과 버드와이저였다. 특히 하이네켄은 유럽산이라는 마크를 달았을 뿐 아니라 디자인 또한 수려했기 때문에, 당연히 선망의 대상이었다. 기억이 정확하지 않지만 잠깐 동안 라이선스 맥주로 정식 제조도 되었던 것 같다. 칼스버그, 뢰벤브로이 역시 마찬가지였다.

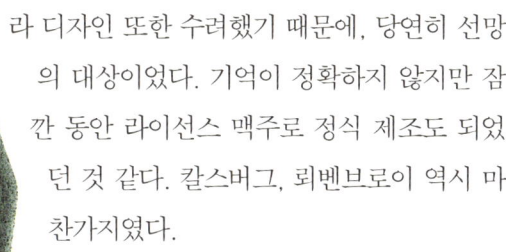

미국에서도 하이네켄은 인기가 꽤 높다. 케네디 대통령이 애용한 맥주라는 프리미엄도 있어서 멋을 조금 부리거나 지성인인 척을 하려면 다들 하이네켄부터 찾았다. 과연 케네디나 레이디 재키가 갖고 있는 프리미엄이 대단했던 모양이다.

이즈음 데이비드 린치 감독이 만든 〈블루 벨벳〉이라는 영화가 개봉한 적이 있다. 영화 속에서 악역으로 데니스 호퍼가 나오는데, 그 캐릭터가 참으로 가관이었다. 지독한 마약 중독에 변태성욕 그리고 살인 충동까지, 온갖 악이란 악은 다 갖고 있다. 그러면서도 여가수가 〈블루 벨벳〉을 노래하면 넋을 잃고 따라 부르는 악당이었다. 이런 그가 하이네켄이라면 진저리를 친다. "엿 같은 하이네켄!"하며 이 맥주를 마시는 사람들을 혐오하고 자신은 팹스트의 블루 리본(Blue Ribbon)만 마신다. 당시 나는 그런 악당의 모습이 도무지 이해가 안 됐다. 아니 어떻게 하이네켄을 모욕할 수 있는 것인가! 당시 내게 그 장면은 일종의 신성 모독처럼 여겨졌다. 나중에 안목이 넓어지고, 경험이 쌓이면서 세상에는 하이네켄 못지않게 좋은 맥주가 많다는 사실을 알았지만, 그래도 하이네켄은 내 첫사랑임은 분명하다. 물론 나는 지금도 팹스트를 경멸한다.

하이네켄을 만든 회사는 1873년에 네덜란드에서 시작됐다. 그곳은 당시만 해도 평범한 맥주를 만드는 데에 불과했는데, 1886년 H. 엘리온이라는 사람이 '하이네켄 A 이스트'라고 불리는 특수한 효모를 배양하게 되면서 오늘날의 독특한 하이네켄의 맛을 만들 수 있었다. 지금도 대부분의 제품은 네덜란드의 조에터부데라는 도시에서 제조되지만, 그 외 38개국 39개의 공장에서 라이선싱 방법으로 만들어지고 있다. 원래 5퍼센트의 알코올 도수를 갖지만, 이례적으로 아일랜드산은 4.3퍼센트에 그친다고 하니, 기회가 되면 따로 한번 맛을 보고 싶다.

2008년 2월, 어느 회사에서 의뢰받은 일로 런던을 방문하게 되었다. 실은 뉴욕과 런던에 가서 조사를 하는 것으로, 일 자체는 어렵지 않았지만, 인터뷰 대상자를 찾아 먼 곳까지 가야하는 데다가 영어로 인터뷰를 진행해야 했고, 호텔로 돌아와서는 바로 원고를 써야하는 상황이므로 꽤나 고된 작업이었다. 그러나 후한 보수와 해외여행을 할 수 있다는 메리트를 생각하며 꾹 참고 일을 했다. 그렇게 2주일가량 일을 하고 마친 뒤에는 온몸이 피곤했다. 그래서 일주일 정도 모든 것을 훌훌 털고 런던에서 시간을 보내기로 했다.

뉴욕과 런던을 비교하자면 가장 큰 차이는 물가가 아닐까 싶다. 레스토랑이건 커피숍이건 일단 들어가면 가격표에 쓰인 숫자가 같다. 처음에는 런던이 아무리 비싸도 뉴욕 정도구나 싶었지만, 찬찬히 살펴보니 뒤의 기호가 다르다. 한쪽은 달러, 다른 한쪽은 파운드였다. 다시 말해 런던의 물가가 뉴욕에 비해 정확히 두 배 정도 비쌌다. 파운드화의 강세에 맞물려 런던은 그야말로 살인적인 물가를 자랑했다. 이런 물가에서는 뭐 하나 옴짝달싹하기 힘든 처지였다. 사정이 이러다 보니 걸어서 다니는 수밖에 없었다. 다행히 숙소에서 젊은 아가씨 친구가 생겨서 함께 대화를 나누며 걸을 수 있어 지루하지는 않았다. 나의 런던 여행 파트너의 장점 중 하나는 술을 꽤 마실 줄 안다는 것이다. 그러니 맥주나 와인을 사다가 숙소에서 마시며 잡담을 나누는 재미도 있었다.

그러던 어느 날, 한참 술을 마시고 있는데, 누군가 불쑥 들어오더니 우리 둘을 노려봤다. 덩치도 크고, 눈도 부리부리한 게 한눈에 봐도 예사롭지 않았다. 그런데 더 무서운 말이 그의 입에서 나왔다.

"여기서 술을 마시고 있네?"

그럼 여기서 마시면 안 되는 거였나? 한데 그 친구는 이내 밖으로 나갔으므로, 뭐 저런 친구가 다 있나 하는 떨떠름한 기분으

로 나머지 잔을 비울 수밖에 없었다.

그런데 한 10분쯤 흘렀을까, 다시 그 친구가 나타났다. 그러더니 탁자 위에 뭘 하나 쾅 내려놓는 것이다. 놀랍게도 하이네켄 5리터짜리 통이다.

"우리 같이 마셔요!"

이때부터 파티가 시작되었다. 마침 식당으로 사용하던 이 방은 동시에 컴퓨터도 여러 대 갖추고 있어서 일종의 오락실 기능도 하고 있었다. 관광을 갔다 온 투숙객들이 하나둘씩 돌아오면서 이곳이 꽉 차게 되는 것은 당연한 이치. 게다가 뮤지컬을 전공한다는 예쁜 여성도 가세해서 멋지게 무반주로 '올 댓 재즈'를 뽑았으므로, 모닥불에 기름을 부은 꼴이 되었다. 화제와 웃음이 끊이지 않았다. 그 중심에 하이네켄 5리터가 있었다.

하이네켄 5리터의 주인인, 30대 초반의 이 남자는 확실히 독특한 캐릭터였다. 부친이 어릴 적부터 여행을 좋아한 덕분에 철이 들기 전에 이미 30여 개국을 다녔을 뿐 아니라, 철이 든 후에도 줄곧 여행을 다녀 총 70여 개국을 돌았다고 한다. 하지만 여행의 콘셉트가 어딘지 수상했다. 그는 파리의 에펠탑이나 개선문이 어디에 있는지 몰랐다. 베르사유나 루브르에는 들어간 일조차 없다고 했다. 그 대신 어느 바가 괜찮고, 어느 나이트클럽이 물이 좋으며, 어느 카페가 선수들이 모이는지는 훤히 꿰뚫고 있었다. 비단 파리만이 아니다. 그가 다닌 모든 도시는 술집과 디스코텍과 클럽의 정보로만 꽉 차 있었다. 낮에는 자고, 밤에는 마시는 이상적인 술꾼의 패턴이 현실화된 모습이었다. 정말이지 이 대목에서 탄복했다. 방문한 도시가 그 지역의 유물이나 유적이 아닌, 오로지 술집으로만 기억된다는 것. 여기서 만난 다양한 술과 음식 그리고 사람들로 어떤 도시든 그에게는 독자적인 형상과 의미를 갖는다. 그는 과연 무슨 소설이나 영화에 나올 법한 인물인데, 실제로 앞에 두고 보니 도무지 실감이 나지 않았다.

    여행이라는 것은 무작정 떠나는 것도 재미있지만, 대개는 테마라는 것이 있어서 누구는 그림을 쫓고, 누구는 오페라를 쫓고, 누구는 명승지를 쫓는다. 테마가 뚜렷할수록, 보고 듣는 것도 많고, 더욱 부지런히 움직이게 된다. 당연한 이치다. 하지만 그는 전혀 그럴 필요가 없다. 굳이 그런 정보나 명성에 얽매여서 일찍부터 돌아다니고, 길게 줄을 서고, 땀을 펄펄 흘릴 필요가 없다. 공항에서 나와 숙소를 찾은 다음, 술집에 가면 그만이다. 그뿐이다. 이런 식의 관점으로 도시를 관찰하다보면, 남들이 보지 못하고, 느끼지 못한 것을 나름대로 경험할 수 있을 것이다. 한때 술꾼으로 자처했던 나로서는, 그의 한량과 같은 삶의 패턴이 너무나 부럽기만 했다. 아마 앞으로도 이런 부류의 인간을 만나기는 힘들 것이다.

    그렇다면 뭣하러 돈을 싸들고 외국에 나가서 그런 식으로 술을 마시며 놀기만 하냐고 반문할 분들도 있을 것이다. 술집이라고 하면, 대한민국 천지에 널려있는데, 왜 굳이 비싼 외화를 낭비해가며 외국 술집에 돈을 퍼주느냐, 비난을 할만도 하다. 물론 인정한다. 하지만 옹색한 변명거리가 하나는 있다.

    "술맛이 다르잖아!"

술만 마시려고 한다면 어디든 문제가 되겠느냐? 마트에서 맥주나 와인을 사다가 집에서 마셔도 된다. 혼자 음악을 듣거나, 영화를 보면서 조금씩 홀짝이는 재미도 보통이 아니다. 하지만 진정한 술꾼의 무대는 역시 술집이다. 그게 나이트클럽이 되었건, 디스코텍이 되었건, 바가 되었건 혹은 음식점이 되었건 상관이 없다. 사람들과 어울려 서로 권하고 웃고 떠드는 맛이 어쩌면 그 어떤 명주보다 더 술맛을 돋우는 요소이기 때문이다. 술을 그 자체로만 즐기는 것도 어떤 면에서 탐미적이고, 철학적인 면이 있겠지만, 좀 외롭고 쓸쓸하다.

　　아무튼 이때의 만남이 내게 끼친 영향이 있다면, 되도록 혼자 마시는 것을 자제하게 되었다는 점이다. 물론 그렇다고 오로지 술집에 가기 위해 비행기 티켓을 끊을 만한 팔자는 되지 못한다. 그렇기에 가끔 그 친구 생각이 난다. 그는 지금쯤 어느 나라의, 무슨 술집에서, 누구와 술을 마시고 있을까? 혹 여행지에서 로맨스라도 생겨 멋진 데이트라도 하고 있지 않을까? 나중에 우연히 만나게 되면, 그때 런던의 민박에서 하이네켄을 마시며 했던 약속이나 지키자고 말할 것이다. 언제 한번 남아메리카 대륙에나 같이 가자고. 거기 술집도 끝내주니까. 아마 그러면 그는 당장 내일 보따리를 싸자고 달려들지도 모르겠다.

아쭈로의 정식 이름은 '네스트로 아쭈로'로 '푸른 리본'이라는 뜻이다.
하이네켄처럼 녹색 빛이 감도는 병에 담겨 있는데,
독일 지역 맥주처럼 다소 냉랭하고 도수가 높기는 하지만,
향이 풍부하고 맛이 부드럽다.

travel

맨유의 승리와
아쭈로 맥주의 상관관계

살아가면서 인상적인 풍경을 만날 때가 있다. 자연 경관을 이야기하자는 것은 아니다. 인간이 만들어낸 건축물과 자연의 풍광이 멋지게 어우러진 것을 말하고자 한다. 그것은 어느 산 속의 외진 오두막집일 수도 있고, 한겨울의 산사일 수도 있으며, 혼잡한 도시 한쪽의 후미진 골목길일 수도 있다. 또 외국의 어느 기념물이나 멋진 빌딩일 수도 있다. 저마다 자신의 마음에 확 와닿는 뭔가가 있기 마련이다. 아직까지 그런 것이 없다면 좀 더 여행을 다녀보라고 권하고 싶다.

내게 가장 큰 충격을 준 풍경은 로마에 있는 포로 로마노(Foro Romano)라는 지역이다. 이에 관해서는 약간의 설명이 필요할 듯하다.

여러 번 유럽을 방문했음에도 불구하고, 어쩐 일인지 이탈리아와는 별로 인연이 없었다. 언젠가는 꼭 가봐야지 하면서도 먹고사는 일에 치여서 이탈리아는커녕, 유럽에 갈 일조차 없었다. 그러던 어느 날 우연히 〈로마〉라는 미국 드라마를 보게 되었다. 역사와 허구를 적절히 섞은 이 작품은 카이사르의 집권과 몰락이 주요 무대로, 옥타비아누스의 황제 즉위로 시즌 2의 막을 내린다. 로마 전체 역사에서 시오노 나나미가 찬미해마지 않았던 가장 이상적인 로마인이 바로 카이사르인데, 이번에 집중적으로 접하면서 슬슬 그에 관한 책이 읽고 싶어졌다. 『로마인 이야기』를 일사천리로 읽은 것은 그다음의 수순이다.

카이사르다, 로마다 하고 보니, 로마에 가보자는 결심이 섰다. 그리고 몇 달 움직이다보니 여건이 조성이 되었다. 마침 후배 H군도 함께 가겠다고 해서 여행 파트너까지 생겼다. 결국 프랑크푸르트-뮌헨-니스-칸을 돌아보고 나서 로마에 왔다. 야간열차를 타고, 처음 맛보는 이탈리아 맥주에 감격해하며, 고생고생 해서 로마에 온 것이다.

테르미니 역에 도착해서 숙소를 찾고, 짐을 풀고, 간단한 샤워를 하고, 옷을 갈아입고 나니 오전 11시쯤 되었다. 왠지 모르게 가슴이 설렌다. 드디어 출발이다. 첫 행선지는 콜로세움. 이왕 느낄 거면 제대로 느끼자 싶어서 겁도 없이 걸어서 테르미니에서 콜로세움까지 갔다. 여기서 두어 시간을 보내고, 어기적어기적 개선문을 지나 팔라티노 언덕을 향했다.

순간 눈앞에 펼쳐진 장대한 풍경. 발밑에는 고대 로마의 핵심이었던 포로 로마노의 유적이 가득한 가운데, 그 너머로 로마의 오래된 건축물들이 촘촘히 들어차서 펼치는 현란한 파노라마가 숨을 멎게 한다. 다양한 형태로 지어진 지붕들이 엮어내는 그림도 그림이지만, 그 스케일과 박력이 압도적이어서 과연 제국의 수도다운 위세로 나를 옥죄어왔다.

그렇다. 문득 나는 카이사르가 호령하던 로마 시대로 이동한 것이다. 이 어마어마한 문명의 유산 앞에 나는 한없이 작아져 마치 하나의 먼지밖에 되지 않았다. 참담하기도 하고, 감격스럽기도 했다. 가위에 눌린 것처럼 꼼짝할 수 없어서 한동안 머릿속이 하얗게 바랜 느낌이 들었다.

문득 옆을 바라보니 H군 역시 충격을 먹고 나와 똑같은 사이즈로 줄어들어 버렸다. 둘 다 로마의 풍광에 완전히 KO패를 당했다. 기진맥진한 우리는 수돗가 근방의 바위 위에 걸터앉아 한동안 입을 열지 못했다. 이때의 충격 때문일까? 하루 종일 판테온, 트레비 분수, 스페인 광장을 돌아다녀도 뭐가 뭔지 정신을 차릴 수 없었다. 그러다 결국 깜빡해서 지갑과 현금을 잃어버리고 말았다. 정확히 말하면 지하철 안에서 소매치기를 당한 것이다. 위대한 문명의 그늘이고, 위험이고, 방심의 결과다. 그 덕분에 하루 동안 로마의 여러 모습을 한꺼번에 봐버린 기분이 되었다. 봐도 한꺼번에 너무 많이 봐버린 것이다.

로마에 두 번째로 간 것은 바로 이듬 해였다. 이때는 본격적으로 로마에 머물기로 결심하고 약 3주간 지냈다. 그렇다고 호텔에 머물면서 룸서비스로 식사를 해결할 수준은 아니었다. 무조건 한인 민박집에서 지내야 했는데, 다행히 테르미니 역 부근에는

발에 채일 만큼 숙소가 많았다. 그중 한 군데를 골라 지내기로 했다. 다른 도시와 달리, 로마를 관광하는 사람들은 아무리 짧게 잡아서 3~4일은 지내야 한다. 최소한 시내 관광에 하루, 바티칸 투어에 하루를 보내고, 남부 투어라고 해서 폼페이-나폴리-포시타노 등으로 이어지는 코스에 또 하루를 써야 하기 때문이다. 덕분에 한곳에 오래 머무르다 보면, 친구나 동료가 생기기 마련이다. 또 나름대로 위계질서 같은 것이 생겨서 독자적인 분위기가 형성된다.

내 경우엔 로마에 머무른 지 4일 정도 후에 일이 벌어졌다. 국내의 한 대기업에 다니다가 그만둔 친구 한 명이 인터넷을 통해 알게 된 젊은 친구와 동행해서 이곳에 왔다가, 나와 죽이 맞아 그만 형님 아우 하는 사이가 된 것이다. 그런데 오랫동안 조직 생활에 몸담았던 이 친구가 숙소를 군대로 개조해놨다. 그래봐야 남자 손님이 여덟 명에서 열 명 정도인데도, 일단 내가 방장이 되고, 자기는 군기반장이 된 것이다.

이 친구와 지낸 일주일은 내게는 천국, 다른 여행자들에겐 지옥이었을 것이다. 일단 새벽에 눈을 뜨면 그 친구가 재빨리 무릎을 꿇다시피 달려와 안부를 캐묻는다. 밤새 안녕하셨나요 하는 식이다. 아침식사 자리에서도 내가 숟가락을 들기 전에는 아무도 음식에 손대지 못했다. 저녁은 어땠냐고? 당연히 술 파티인데, 술이 모자라면 젊은 순으로 심부름을 갔다 왔다. 군대 내무반이 따로 없는 상황이었다.

실은 우리 모두 이런 상황을 즐겼다. 일종의 게임처럼, 군대

비슷한 위계질서를 만들어놓고, 함께 생활한 것이다. 덕분에 술자리에서 다양한 이야기들이 나왔는데, 그중에는 집안 사정을 토로하거나, 여자친구와 문제가 있거나, 회사를 더 다니느니 마느니 하는, 지극히 개인적인 부분도 나왔다. 만일 누가 멍청한 질문을 던지거나, 바보 같은 말을 하면 당장 비난이 터져 나왔고, 멋진 말을 하면 박수 세례가 이어졌다. 이 상황이 너무 재미있어서, 원래 4일 정도 체류하고 스페인으로 건너가기로 했던 그 친구가 일정을 수정할 정도였다.

로마에서 매일 우리가 술을 마셨다고 해서, 로마 사람들도 덩달아 술꾼들이냐 하면 그것은 크나큰 오산이다. 로마는 5월부터 더위가 몰아치는 지역이고, 또 저녁 9시가 넘어야 해가 지므로, 의외로 술 마시는 사람들이 적다. 카페나 술집이 많기는 하지만, 자세히 보면 현지인은 별로 없다. 대개 그들은 집에서 식사를 하고, 간단한 음료로 마무리 짓는다. 무슨 행사나 모임이 있을 때에만 술을 마시며, 그나마도 몇 잔 정도에서 그친다.

이런 부분을 이해하지 못하면, 낭패를 볼 수가 있다. 특히, 화려함와 퇴폐의 극을 치달았던 로마 문명의 후예라는 점이 오버랩이 되어 이곳에 사는 사람들도 그런 부류로 볼 수도 있는데, 현실은 정반대다. 덕분에 로마에서는 와인보다는 맥주가 더 선호되는 편이다. 독일과 체코와 영국은 맥주, 프랑스와 스페인과 이탈리아는 와인이라는 선입견 때문에 로마에서 맥주 구경하기가 쉽지 않다고 생각하겠지만, 이 또한 현실과 다르다.

이탈리아 맥주는 독특한 캐릭터가 있다. 그중에 좋아하는 것은 아쭈로(Azzuro)라는 브랜드인데 하이네켄처럼 녹색 빛이 감도는 병에 담겨 있다. 이 맥주의 특징은 독일 지역 맥주처럼 다소 냉랭하고, 도수가 높기는 하지만, 향이 풍부하고, 맛이 부드럽다는 것이다. 말하자면 하이네켄과 아사히 맥주의 중간 맛 정도일까? 아무튼 아쭈로 맥주를 알고 나서부터는 매일 밤 달고 살았다. 당시 숙소에 있던 친구들도 내 덕에 이 맥주 맛을 알게 되고서는 모두 포로가 되었으니, 방장이라는 권력이 아쭈로 추종자들을 만들어 낸 셈이다.

아쭈로의 정식 이름은 '네스트로 아쭈로'로 '블루 리본'이라는 뜻이다. 원래 아쭈로는 페로니라는 메이커에서 만든 것으로, 이탈리아 지역에 주로 팔리던 제품이었다. 페로니가 1846년 비제바노에서 설립되었고, 그후 아쭈로가 1965년에 각가 나왔으니 상당한 역사를 가진 셈이다.

한데 페로니가 SAB 밀러라는 거대 그룹에 흡수되면서 지금은 유럽 전역에서 만날 수 있게 되었다. SAB가 얼마나 아쭈로에 관심이 많은가 하면, 따로 페로니 이름을 딴 패션 브랜드를 설립한 정도였다. 얼마 전에는 런던에서 '엠포리오 페로니'라고 정식 런칭을 했다. 참고로 이 그룹은 밀러뿐 아니라, 우르, 그롤시, 캐슬 등 여러 유명 맥주를 사들여 엄청난 매출을 올리고 있다. 남아공 출신의 작은 맥주 회사가 이 정도의 거대 기업이 된 신데렐라 스토리는 책 한 권 분량이 넘을 만큼 방대하고 또 엄청난데, 아무래도 좋으니 우리나라에서도 아쭈로를 자주 만났으면 하는 바람이다.

5월의 유럽은, 관광 시즌은 아니다. 일종의 비수기에 해당한다. 그러나 눈에 보이지 않게 바쁘다. 6월부터 몰아닥칠 전 세계 관광객들을 상대하기 위해 부지런히 청소하고, 칠하고, 보수하기 때문이다. 본격적인 축제 앞에서 숨 가쁘게 마지막 정비를 끝내는 시기인 셈이다.

　축구로 말하면 각국의 정규 리그가 끝나고, 대망의 챔피언스 리그의 우승자를 가리는 순간이기도 하다. 이 경기의 승자가 전 유럽 축구 클럽의 챔피언이 되는 것이다. 우리의 축구 문화와 그들이 다른 점은 이렇다. 국가 대항전 성격을 띠는 A매치에 우리가 열광하는 반면, 의외로 클럽 대항전에는 무심하다. 이런 상황은 아시아 각국이 비슷해서, 매년 아시아 지역의 프로 축구팀을 대상으로 하는 대회가 열리곤 있지만 관중 수는 많지 않다. 하지만 유럽에서는 클럽 대항전이 A매치를 압도한다. 월드컵 정도가 되면 난리를 떨지만, 자신이 사는 연고지를 대표하는 클럽의 경기와 비교하면 그 진정성이나 충성도 면에서 상당히 떨어지는 편이다.

　예를 들어 오랫동안 아스날 팀의 추종자로 살아왔던 닉 혼비조차 『피버 피치』라는 책에서 월드컵이나 A매치를 탐탁지 않게 여긴다. 축구라는 종목은 근본적으로 자기의 팀을 중심으로 성립되어 그 대항전에서 열광하는 것인 만큼, 뜬금없이 국가 간의 대결을 조장하는 A매치에 그렇게 큰 매력을 못 느끼는 것이다.

　어찌 보면 속 좁은 의견이지만, 자신의 하루하루와 밀접한 관계를 맺게 되는 클럽에 대한 애정을 보면 확실히 그때그때 경기를 위해 조직되는 국가대표 팀에 향하는 기대나 사랑은 약할 수밖에 없다. 그래서 국가대표, 일명 '국대 경기'에만 열광하고 또 응원하는 사람들은 진짜 축구광이 아니라는 이야기도 있다. 그들이 애국자인 것은 맞지만, 축구를 좋아하는 사람은 아니라는 것이다. 꽤 일리가 있다. 그런 면에서 챔피언스 리그가 유럽에서 갖는 위상은 절대적이다. 아니, 월드컵보다 더 리얼하고, 박진감 있게 다가온다.

마침 내가 이탈리아를 여행하던 시기에 영국을 연고지로 한 숙명의 라이벌 맨체스터 유나이티드(이하 맨유)와 첼시 간의 결승전이 벌어져 여러모로 화제가 되었다. 특히 맨유의 주축인 박지성이 과연 이번 결승에 나올 것인가 말 것인가를 가지고 많은 추측이 벌어지기도 했다. 결과적으로 그는 출전하지 못했지만, 아무튼 꽤 재미있는 경기였다. 그런데 내가 묵고 있는 숙소에는 아쉽게도 TV가 없었다. 또 한꺼번에 많은 투숙객들이 몰려가서 중계를 볼 만한 공간도 딱히 떠오르지 않았다. 하지만 이 경기를 보고 싶은 마음은 나뿐이 아니었다. 투숙객 중에는 프리미어 리그를 직접 보기 위해 맨체스터나 리버풀까지 다녀온 이가 있을 정도니, 일종의 리더로서 이번 경기의 시청은 꼭 이뤄져야 했다. 책임이 막중했다.

일단 역으로 가보자는 생각이 들었다. 그래도 테르미니 역인데, 설마 이런 대사를 중계하는 곳이 하나도 없을까? 일종의 인솔 책임자가 되어 나는 일곱 명의 젊은 축구 팬들을 이끌고 숙소를 나섰다. 현지 시작으로 8시에 경기가 시작되니, 서둘러 저녁을 먹고 우루루 나서는 꼴이 되었다.

역 근처에 큰 맥주집을 하나 찾아냈다. 주말이면 지하를 디스코텍으로 쓰고 있는 곳으로, 바로 여기에 대형 TV가 설치되어 있었다. 정말이지 사막에서 오아시스를 만난 격이다. 서둘러 지하로 몰려갔더니, 이미 한쪽에는 많은 이탈리아 축구 팬들이 자리를 잡고 있었다. 다행히 한구석에 TV가 또 한 대 있었으므로, 우리는 그쪽을 차지했다. 참고로 로마에선 맨유가 원수나 다름없다. 2007년 시즌, AS 로마에게 참혹한 패배를 선사했기 때문이다. 특히 호나우두는 '공공의 적'이다. 눈앞에 보이면 냅다 달려들어 주먹을 날릴 만한 분위기다.

그러므로 맨유 팬인 나는 아무런 내색을 할 수 없었다. 다행히 일행 중에 첼시 팬이 있었으므로, 우리 쪽도 사이좋게 반반씩 맨유 대 첼시의 구도가 형성될 수 있었다. 약간 억지로 짠 구도이긴 하지만, 이렇게 응원하는 팀이 나뉘어야 경기를 보는 맛이 있다.

이 맥주집의 입장료는 10유로로 커다란 맥주를 캔 하나로 받고, 경기를 관람할 수 있었다. 이번에도 아쭈로 맥주를 시켰다. 성격으로 보면 독일 쪽에 가깝지만, 그렇다고 야멸찬 구석은 없다. 이탈리아와 독일 맥주의 장점을 교묘하게 혼합했다고나 할까?

이윽고 경기가 시작되면서 박지성 대신 들어온 하그리브스가 양쪽 사이드를 부지런히 움직였다. 스케일이 크고, 선이 굵은 축구를 구사하는 첼시가 다분히 남성적이라면 오밀조밀한 패스와 재치로 무장한 맨유는 어딘지 여성적이다. 다행히 하그리브스의 활약으로 조금씩 첼시 진영에 틈이 보인다. 결국 전반전의 중반 무렵에, 멋진 센터링을 받아 헤딩슛으로 마무리한 호나우두

덕으로 맨유가 한 골 얻는다. 그러나 집요한 첼시의 반격은 전반전 종료 직전, 램파드의 가벼운 밀어넣기로 승부를 원점으로 돌렸다. 이후 후반전, 연장전 모두 득점 없이 비기는 답답한 힘겨루기가 이어졌다. 후반전에 박지성이 출전해서 한바탕 휘저었으면 어땠을까 하는 바람이지만, 그는 출전 대기자 명단에조차 이름을 올리지 못했다. 아, 야박한 퍼거슨 감독!

이상하게도 연장에 들어와서는 첼시의 일방적인 페이스로 진행되었다. 계속 위기 상황이 이어지고, 몇 번이나 가슴 철렁하는 상황이 나왔다. 덕분에 속이 타서 아쭈로 두 병을 더 시켜서 마셨다. 긴장하고, 조마조마해서, 시간 가는 줄 몰랐던 것이다.

그런데 이상하게도 아쭈로를 시킬 때마다 맨유는 구사일생으로 실점 위기를 벗어났다. 슬쩍 옆을 보니 첼시를 응원했던 젊은 친구들의 표정이 어둡다. 승부차기로 갈 경우, 승리를 확신할 수 없다는 느낌 때문이었다. 그들이 바라는 역전 골은 끝내 터지지 않았다.

승부차기에 다다랐을 때 다시 아쭈로를 시켰다. 그리고 속으로 기원했다. 얄팍한 호주머니를 털어 너를 마시는 만큼, 그에 대한 보상은 꼭 해야 하는 것 아니냐라는 말도 안 되는 협박도 했다. 그게 통했는지, 맨유는 천신만고 끝에 승리했다. 나도 병을 비우며 고맙다는 말을 몇 번이나 했다.

그 다음해인 2009년에도 역시 맨유가 결승에 올라왔다. 이번에는 박지성도 출전했고, 전 대회의 우승자가 또 올라왔다는 점에서 여러 기대감을 갖게 했는데, 문제는 상대가 바르셀로나라는 점이었다. 여기엔 메시를 비롯해 앙리, 푸욜, 에투 등 기량이 출중한 플레이어들이 즐비해서, 결국 맨유는 힘 한 번 써보지 못하고 완패했다.

나는 이 경기를 비엔나 숙소에서 봤는데, 첫 골을 에투에게 내줄 때 이미 패배를 짐작했다. 무슨 징크스인지 모르겠지만, 이 때 내 손에 들린 것은 아쭈로가 아니라 뢰벤브로이였기 때문이다. 아쭈로의 수호를 받지 못한 맨유의 패배는 어쩌면 당연한 것이었다.

그러므로 혹시 다음에 맨유가 결승에 올라간다면, 무슨 수를 써서라도 아쭈로를 구해서 마셔야겠다. 나만의 착각이겠지만, 좋아하는 클럽을 향한 나만의 작은 의식이라고 보면 될 것 같다. 이 탈리아산 맥주와 맨유 사이에 무슨 연관성이 있는지 모르겠지만, 나는 지금도 맨유가 바르셀로나에게 진 것이 순전히 아쭈로가 내 손에 없었기 때문이라고 생각하고 있다.

최근에 강남의 어느 이탈리아 레스토랑에서 아쭈로를 발견하자 너무나 반가워 곧장 시켜서 마신 적이 있다. 그리고 당시 숙소에 있던 친구들은 어디서 무엇을 하고 있을까 생각했다. 아마 그들도 이 녀석을 보게 되면, 나를 떠올릴 것이다. 그리고 우리만의 즐거운 게임을 흐뭇하게 회상할 것이다.

2010년 4월 9일 초판 1쇄 발행
2012년 11월 16일 초판 2쇄 발행

지은이 | 이종학
발행인 | 전재국

본부장 | 이광자
단행본개발실장 | 박지원
책임편집 | 이효원
마케팅실장 | 정유한
책임마케팅 | 정남익 김진학 임형준 황기철
제작 | 정웅래 박순이

발행처 (주)시공사
출판등록 1989년 5월 10일(제3-248호)

주소 | 서울 서초구 사임당로 82(우편번호 137-879)
전화 | 편집 (02)2046-2853 · 영업 (02)2046-2800
팩스 | 편집 (02)585-1755 · 영업 (02)588-0835
홈페이지 | www.sigongsa.com

ISBN 978-89-527-5836-1 13810

값은 뒤표지에 있습니다.
파본이나 잘못된 책은 구입하신 곳에서 교환해 드립니다.